SIBERIAN HUSKY
- Heute -

Chris & Caroline Kisko
Sheila & Simon Luxmoore

Kynos Verlag

DANKSAGUNG

Wir haben versucht, Ihnen eine kleine Ahnung von allen Aspekten dieser wundervollen Arbeitshunderasse zu vermitteln. Dazu mussten wir umfangreiche Recherchen anstellen, um Hintergrundinformationen zum Siberian Husky aus verschiedenen Ländern zusammenzutragen. Unser Dank geht an zahlreiche Freunde und Fotografen, darunter: Pam Thomas, Kim Leblanc, Nancy Van Gelderen-Parker, Michelle Menger, Olli Kaarnisto, Anneliese Braun-Witschel, Philippe Bescond, Dorle Linzenmeier, Daniela Vidal Leaver, Rikki Bergendahl, Angelo Bernardini, Barbara Fisk, Elsie Chadwick, Maya Brunner, Elly und Jorgen Hansen, Rosemary und Don Hooker, Leigh und Susan Gilchrist, Tom und Annette Iliffe, Kathy Stewart, Brent und Kathy Thomas, Sandy Cairns, Anna-Lee Forsberg, Julie McGuire, Richard Smith, Annie Jackson, Thierry Fontaine, Val Stockman.

Englische Originalausgabe:
© Ringpress Books Ltd., Lydney, Gloucestershire

Aus dem Englischen übertragen von Gisela Rau

© 2001 KYNOS VERLAG • Dr. Dieter Fleig GmbH
Am Remelsbach 30 • D-54570 Mürlenbach/Eifel
Telefon: 06594/653 • Telefax: 06594/452
Internet: http://www.kynos-verlag.de

Gesamtherstellung: Ringpress Books Ltd., Lydney, Gloucestershire

ISBN 3-933228-44-1

Das Werk einschließlich aller seiner Teile ist urheberrechtlich geschützt. Jede Verwertung außerhalb der engen Grenzen des Urheberrechtsgesetzes ist ohne schriftliche Zustimmung des Verlages unzulässig und strafbar. Das gilt insbesondere für Vervielfältigungen, Übersetzungen, Mikroverfilmungen und die Einspeicherung und Verarbeitung in elektronischen Systemen.

VORWORT

Das prachtvolle Haarkleid und das ursprüngliche Aussehen des Siberian Husky rufen in jedem von uns bestimmte Assoziationen hervor. Bilder einer Wildnis, in der ein Team von Hunden sich ins Geschirr wirft, um seinem Herrn und Meister zu dienen. Bilder von Hunden, Wind, Schnee und Abenteuer. Viele Menschen haben versucht, sich den Traum von diesem Leben durch den Besitz einer dieser charismatischen Kreaturen zu verwirklichen.

Niemand weiß genau, warum der Wolf, ein einsames, scheues Rudeltier, sich mit dem Menschen anfreundete, aber diese Partnerschaft war ein Geschenk des Himmels. Hier waren zwei Wesen, die ihr Lager und ihr Revier teilen und sich gegenseitig unterstützen konnten. Möglicherweise arbeitete der Hund mehr an dieser Beziehung als der Mensch und wurde irgendwann als Arbeitskamerad akzeptiert. Arbeit bedeutete im Fall des frühen Siberian Husky vermutlich ein Dasein als Jagd- und Rudelgefährte. Seine Körpergröße lässt uns vermuten, dass das Ziehen von Lastschlitten nicht die Aufgabe war, für die er ursprünglich entwickelt wurde. Die umgängliche Art des Siberian Husky könnte uns auch zu der Annahme führen, dass dies ein Hund war, der als gleichberechtigter Partner neben dem Menschen lebte - im gemeinsamen Kampf ums Überleben gegen die widrigsten Klimabedingungen überhaupt.

Inmitten dieser vertrauten Kontinuität schlug die Geschichte der Menschheit plötzlich ein neues Kapitel auf – Ereignisse fanden statt, die diesen Hund plötzlich in die erste Reihe der Arbeitshunde rückten.

Es war der Goldrausch von Alaska – die Entdeckung und die Besiedlung eines unbekannten Gebietes. Alaska war ein raues, atemberaubend schönes Land, das den Hunden die Erfüllung einer Aufgabe ermöglichte, die, im Nachhinein betrachtet, der wahre Grund ihrer Existenz zu sein scheint. Sie waren das Mittel, mit dessen Hilfe der Mensch in dieser unwirtlichen Wildnis entdecken, handeln und gedeihen konnte. Das Hundeteam ermöglichte Existenz und Fortschritt von Leben in einer Geschwindigkeit, die der Mensch dringend benötigte. Da der Mensch aber erfinderisch ist, spürt er ständig das Verlangen nach neuen Herausforderungen. Man war stolz, ein Hundeteam zu besitzen, das mehr als dasjenige des Freundes oder anderer Wettkämpfer leisten konnte.

Irgendwann begegneten einem Pelzhändler aus Alaska namens Goosak die kleinen, leichten Huskies Sibiriens – er hatte einen Hund gefunden, der willig und stark genug war, um einen Schlitten zu ziehen, dabei aber relativ klein, gut gebaut und fähig, diese Aufgabe auch in großer Schnelligkeit zu erfüllen. Der Siberian Husky war da.

Sein Einfluss war sofort spürbar: den Schlittenhundeführern eröffnete sich eine neue Perspektive. Dieser Arbeitshund hinterließ einen bleibenden Einfluss auf die Hundewelt. Seine Erscheinung und Ausstrahlung hinterließen Eindruck bei allen, die ihm über den Weg liefen. Diese Schönheit wurde immer weiter gesucht und verfeinert, sei es für den Ausstellungsring oder den Besitzerstolz eines Menschen. Nur ein konstanter Faktor ist immer in diesem Hund erhalten geblieben – sein Schlittenhunderbe. Diese Tatsache war von entscheidender Bedeutung für den Erhalt seiner Fähigkeiten. Die meisten Besitzer dieses einmaligen Schlittenhundes sind entweder in der einen oder anderen Form in diesem Sport aktiv oder träumen zumindest davon.

Der Siberian Husky kann seine wahre Herkunft nie verleugnen.

Inhaltsverzeichnis

VORWORT 3

Kapitel 1: DIE GESCHICHTE DES SIBERIAN HUSKY 6
Die Rasse entsteht. Sowjetische Intervention. Die Rettung des Siberian Husky. Das All-Alaska Sweepstakes Rennen. Der legendäre Seppala. Der Siberian in England.

Kapitel 2: DIE AUSWAHL EINES SIBERIAN HUSKY 13
Richtige Prioritäten setzen. Rüde oder Hündin? Welpe oder erwachsener Hund? Vorbereitungen für Ihren Hund. Auswahl eines Welpen. Eintragung. Die Ahnentafel. Haarkleid und Haarfarbe. Ihr Welpe kommt ins Haus.

Kapitel 3: HALTUNG UND PFLEGE DES SIBERIAN HUSKY 21
Welpenpflege. Erziehung zur Stubenreinheit. Sozialisation. Der Schlafplatz. Erziehung zur Leinenführigkeit. Halsbänder. Kauen ist wichtig! Sicherheitsmaßnahmen. Welpen und erwachsene Hunde. Andere Haustiere. Grunderziehung. »Sitz« und »Bleib«. Der Jagdtrieb. Der vielseitige Husky. Gesundheitsfragen. Welpenfutter. Appetit des erwachsenen Hundes. Ausgewogene Ernährung. Futtermenge. Der Futternapf. Das Haarkleid des Siberian Husky. Fellpflege. Utensilien zur Fellpflege. Baden. Bewegung. Die Pflege des älteren Hundes. Rudelhaltung. Unterbringung eines Rudels. Kontrolle über das Rudel. Rudelalltag.

Kapitel 4: SCHLITTENHUNDESPORT MIT DEM SIBERIAN HUSKY 43
Das Abenteuer Schlittenhundesport. Informationen sammeln. Vergleiche ziehen. Grundregeln. Grundlegende Eigenschaften. Essen und trinken. Ausrüstung. Trainings- und Renngefährte. Quads. Training ohne Schnee. Beleuchtung. Andere wichtige Ausrüstungsgegenstände. Transport. Ausbildung und Konditionstraining. Führen Sie Buch! Trainingszeiten. Ausbildung von Junghunden. Ein Gespann zusammenstellen. Der ältere Hund. Ausstellungs- und Schnelligkeitstraining. Der Trainingsplan. Eine Einheit formen. Stimmkommandos. Gewöhnung an Umweltreize. Tränkepausen. Risiken. Die Trainingsstrecke. Rennen.

Kapitel 5: DIE RASSESTANDARDS   70
Der Originalstandard. Die heutigen Standards (FCI, CKC, Kennel Club). Interpretation der Standards.

Kapitel 6: AUSSTELLUNGEN   94
So fängt man an. Welche Klasse? Typen von Ausstellungen. Vorbereitung auf die Ausstellungen. Transport. Ankunft auf der Ausstellung. Handling. Im Ring. Gewinnen und verlieren. Sibirische Streiche. Richten. Checkliste für die Ausstellungsausrüstung.

Kapitel 7: GESUNDHEITSFÜRSORGE UND ERBLICHE KRANKHEITEN   102
Innere Parasiten. Äußere Parasiten. Hautkrankheiten. Zinkmangel. Nässende Ekzeme. Die Siberian Husky Hündin (Hitze. Scheinträchtigkeit. Kastration. Pyometra). Probleme bei der Geburt (Wehenschwäche. Eklampsie. Mastitis). Erblich bedingte Krankheiten (Augenprobleme. Hüften und Ellbogen. Zinkmangel. Liver Shunt - Portocavaler Shunt. Hyperthyreose). Unfruchtbarkeit (Monorchismus und Kryptorchismus). Impfungen. Sonnenbrand und Überhitzung. Pfoten beißen. Störungen des Verdauungssystems.

Kapitel 8: ZUCHT UND AUFZUCHT EINES WURFES   114
Ihre Hündin - eine Zuchthündin? Auswahl eines Zuchtrüden. Gesundheitsfragen. Vom richtigen Zeitpunkt. Wiederholtes Decken. Das Decken. Die Deckbescheinigung/Der Deckschein. Die tragende Hündin. Vorbereitungen auf den Wurf. Die Geburt. Nach der Geburt. Entwöhnung. Entwurmungen. Impfungen. Frühe Sozialisation. Papiere. Versicherung. Ein gutes Zuhause finden. Der Tag des Abschieds. Tierheime und Vermittlung. Ein Neuling im Rudel.

Kapitel 9: SIBERIAN HUSKIES IN GROSSBRITANNIEN   128
Der erste Rüdenchampion. Zugänge aus Holland. Champions auf Ausstellungen und den Trails. Neuere Importe. Obedience und Agility. Zuchtverbände. Arbeitshunde-Organisationen. Einige Spitzenzüchter. »Entwicklungshilfe« von Übersee.

Kapitel 10: SIBERIAN HUSKIES IN NORDAMERIKA   139
Kanada (Harry Wheeler, Die Wiederbelebung der Seppala Linie. Uelen. Snowmist. Towman. Lokiboden. Kimlan. Andere Zwinger. Schlittenhunderennen in Kanda). USA (Die ersten Hunde. Nach dem Zweiten Weltkrieg. Rassige Schönheiten. Die Verbindung. Andere einflussreiche Hunde. Die Trennung. Hunde von heute).

Kapitel 11: SIBERIAN HUSKIES IN ALLER WELT   157
Australien. Dänemark. Finnland. Frankreich. Deutschland. Italien. Niederlande. Norwegen. Spanien.

1 DIE GESCHICHTE DES SIBERIAN HUSKY

Niemand kann mit Sicherheit sagen, wann Menschen zum ersten Mal Hunde vor einen Schlitten spannten. Es erscheint wahrscheinlich, dass die Idee, Hunde im Geschirr arbeiten zu lassen, von den Völkern Eurasiens ausging. Fest steht, dass die Eskimos vor 1500 Jahren Hunde zum Schlittenziehen benutzten, es gibt aber auch Hinweise darauf, dass Schlittenhunde 4000 Jahre und älter sind. Begleitet von ihren schakalartigen Hunden zogen die Menschen Zentralasiens aus, um die abgelegenen Gebiete Sibiriens und der Arktis zu besiedeln. Ihre Hunde, die sich mit den einheimischen Wölfen vermischten, wurden zu dem, was wir heute als »Nordische Hunde« bezeichnen. Aus dieser frühzeitlichen Gruppe nordischer Hunde bildeten sich Rassen mit individuellen Eigenschaften heraus, die sich über die Jahrtausende hinweg erhalten haben. Unter diesen nordischen Hunden ist der Siberian Husky heute sicherlich der am besten bekannte.

DIE RASSE ENTSTEHT

Das Wort »Husky« wurde ursprünglich von Arbeitern der Hudson Bay Company als Bezeichnung für Eskimos gebraucht. Es ist eine Verstümmelung von »Esky«, einem Slangwort für Eskimo.

Der Siberian Husky ist eine geheimnisvolle Hunderasse, die den Menschen seit mehr als 3000 Jahren fasziniert.

Die Geschichte des Siberian Husky

»Husky« bezog sich später auf alle Schlitten ziehenden Hunderassen mit dichtem Fell, spitzem Fang, Stehohren und buschiger Rute. Als die Rasse in Nordamerika ankam, nannte man sie zur Unterscheidung von den Huskies der Eskimos »Siberian Husky« – der Name ist ihr seither erhalten geblieben.

Man nimmt an, dass der Siberian Husky zuerst vom Volk der Tschuktschen im Nordosten Sibiriens gezüchtet wurde. Er teilt mit diesem Volk eine lange gemeinsame Geschichte, die vermutlich über dreitausend Jahre oder mehr zurückreicht und hatte eine entscheidende Bedeutung für dessen Überleben. Außerdem war er fester Bestandteil der tschukotischen Kultur. Schriftliche Überlieferungen sind leider nicht vorhanden, da die Tschuktschen keine Schrift kannten. Ihr Lebensstil blieb aber über Jahrzehnte und Jahrhunderte stets gleich – sie waren Neuerungen gegenüber eher skeptisch und zogen es vor, an den alten Gewohnheiten festzuhalten.

Die Lebensgewohnheiten der Tschuktschen lassen sich in zwei Typen einteilen: die Bewohner des Binnenlandes hielten Rentiere und Dorfhunde – dies waren jedoch nicht die gleichen Hunde, wie sie die an der arktischen und pazifischen Küste lebenden Menschen hielten – eine Gegend, die bis zu Beginn des zwanzigsten Jahrhunderts noch völlig ohne russischen Einfluss geblieben war. Dieses Küstenvolk züchtete die tschukotischen Schlittenhunde. Die Tschuktschen waren keine Nomaden, sondern Dorfbewohner, die in festen Siedlungen entlang der arktischen Küste lebten. Dorthin waren sie nach einer Reihe von Kriegen verschlagen worden, die die Russen gegen die Eskimos um den Zugang zur Behringstraße führten. Da sie in immer ärmere Jagdgebiete zurückgedrängt wurden, entwickelten die Tschuktschen eine Langstrecken-Schlittenhunderasse, die nur wenig Futter brauchte, um große Entfernungen über das Packeis bis zur offenen See und die Jagdreviere der Tschuktschen zurückzulegen, um danach wieder in die Dörfer zurückzulaufen. Sie schufen also die Rasse, die wir heute kennen. Sie waren ein stolzes, unabhängiges Volk. Die Russen hatten jahrhundertelang versucht, die Tschuktschen zu unterwerfen und Mitte des achtzehnten Jahrhunderts versucht, sie vollständig auszurotten. Diese Menschen überlebten nur aufgrund ihrer Zähigkeit, ihres starken Willens und ihrer Hunde. Im Jahr 1837 wurde ein Vertrag unterzeichnet, der den Tschuktschen politische und kulturelle Unabhängigkeit von Russland garantierte.

Ihre Isolation sicherte die Reinheit der Hunde und ließ ihre Kultur bis zur Mitte des neunzehnten Jahrhunderts völlig unverändert fortbestehen. Interessant ist die Feststellung, dass die geringe Körpergröße der Hunde durch eine größere Anzahl von Tieren wettgemacht wurde: oftmals dadurch, dass man Hunde aus den Nachbardörfern auslieh, um Teams von 16 oder 18 Hunden für eine besonders lange Reise zusammen zu bekommen. Zwischen dem, was wir von den Hunden der Tschuktschen wissen und unseren eigenen Siberian Huskies bestehen viele Übereinstimmungen. Ihre Schnelligkeit, Ausdauer und Fähigkeit, große Strecken mit geringem Energiebedarf zurückzulegen, sind in den heutigen Hunden wiederzufinden. Die Rüden waren zurückhaltend-würdevoll, die Hündinnen anhänglich und intelligent. Die Hunde schliefen häufig in den Iglus der Tschuktschen und wärmten die Kinder – etwas, das bei anderen arktischen Volksstämmen nicht üblich war.

Hunderennen waren zu dieser Zeit bereits durchaus verbreitet. Im Jahr 1869 wurde das berühmte 150-Meilen-Rennen zwischen einem russischen Offizier, der ein Gespann russischer Schlittenhunde fuhr, und einem Tschuktschen mit seinen Hunden ausgetragen. Das tschukotische Team gewann mit über einer Stunde Vorsprung!

SOWJETISCHE INTERVENTION

Leider gelang es den machthabenden Sowjets zu Beginn des zwanzigsten Jahrhunderts, das Volk der Tschuktschen zu unterwerfen, indem sie die Dorfältesten töteten und das alte Stammessystem zerstörten. Russen und andere Volksstämme besiedelten das Land der Tschuktschen, brachten ihre eigenen Hunde mit und brachten die Geschichte des Siberian Husky durcheinander.

So ist heute in der westlichen Literatur immer wieder zu lesen, dass das Ursprungsgebiet der tschukotischen Schlittenhunde die Region Kolyma sei. Tatsächlich aber ist dies sehr unwahrscheinlich, denn die Tschuktschen hatten in dieser Gegend jahrhundertelang überhaupt keine Hunde gezüchtet.

Ein weiterer Faktor, der es erschwerte, die Abstammung des Siberian Husky zurückzuverfolgen, war eine politische Entscheidung der Sowjetregierung. Als die Sowjets in den 1930er Jahren den Wert von Schlittenhunden für Transportzwecke erkannt hatten, richteten sie ein System ein, das alle nordischen Hunderassen in vier Gruppen unterteilte: Schlittenhunde, Hunde zur Jagd auf Großwild, Hunde zur Jagd auf Rentiere und Hunde zur Jagd auf Niederwild. Der tschukotische Hund wurde ausdrücklich ausgeschlossen, weil er angeblich zu klein war, um die schwere Aufgabe des Schlittenziehens erfüllen zu können.

Einige Jahre später verbot die Sowjetregierung sogar die Zucht von Hunden, die in

Die Sowjets versuchten planmäßig, kleine, einheimische Schlittenhunde auszurotten.

keine dieser vier Kategorien fielen und nahm für sich in Anspruch, dass nur ihre Zughunde den Titel »Siberian Husky« verdienten.

DIE RETTUNG DES SIBERIAN HUSKY

Die Sowjets begannen Mitte der 1920er Jahre mit einer systematischen Ausrottung der kleinen Schlittenhunde einheimischer Volksstämme. So war es ein Glück, dass William Goosak und William Madsen in den ersten Jahren des 20. Jahrhunderts, etwas später auch Fox Maule Ramsay und Iver Olsen, ihre Hunde bei den Tschuktschen einkauften und so den Fortbestand der Rasse für das 21. Jahrhundert sicherten. Der letzte Direktimport in die USA wurde von Olaf Swenson im Jahr 1930 durchgeführt. Swenson hatte einen fünfjährigen Exklusivvertrag zur Warenlieferung nach Sibirien

Die Geschichte des Siberian Husky

und zur Pelzausfuhr von dort, so dass er die Schlittenhunde gut kannte und deren besondere Qualitäten zu schätzen wusste. Als sein Schiff im Winter 1929 im Packeis festsaß, reiste er 4500 Meilen über Eis und Land bis zur transsibirischen Eisenbahn. Sein Schlittenhundeteam schickte er zurück zum Schiff, von wo er es im nächsten Frühjahr abholte und nach Neuengland brachte. Swenson kaufte die besten Hunde, die er bekommen konnte. Er wusste um die tschukotische Sitte, ein liebevolles, harmonisches Zusammenleben mit ihren Hunden zu pflegen. Die Tschuktschen glaubten, dass ihre Hunde den Eingang zum Himmel bewachten und dass jemand, der einen Hund misshandelt hatte, niemals dorthin gelangen könnte. Swenson brachte also gute Erfahrungen und gute Hunde mit in die USA und trug maßgeblich zum Erhalt des Siberian Husky bei, wie wir ihn heute kennen.

DAS ALL-ALASKA SWEEPSTAKES RENNEN

Als im Jahr 1880 in Alaska Gold gefunden wurde, strömten Abenteurer von überall her in die Region, um ihr Glück zu suchen. Nur wenige hatten wirklich Erfolg, aber die Bevölkerung Alaskas wuchs und verlangte nach mehr Nahrungsmitteln und deren Transport. Durch das extrem kalte Klima waren viele Gegenden monatelang völlig von der Außenwelt abgeschnitten – die einzige Möglichkeit, dorthin oder von dort weg zu gelangen war ein Schlittenhundegespann. Dieses wurde aus den örtlich vorhandenen Hunden zusammengestellt, unter denen es sowohl nordische Typen als auch größere, südliche Typen mit kürzerem Haarkleid und Schlappohren gab. Viele dieser Hunde waren ihren Besitzern schlichtweg gestohlen und in den Norden verschleppt worden. Eine typische städtische Siedlung dieser Zeit war Nome, wo Hunde nicht nur eine Schlüsselrolle für das Überleben der Bevölkerung spielten, sondern Gespanne auch der ganze Stolz ihrer jeweiligen Besitzer waren. So war es unvermeidlich, dass einer den anderen mit Geschichten über die unglaublichen Leistungen seiner Hunde übertrumpfte und sich bald herausstellte, dass die einzige Möglichkeit

Zur Zeit des großen Goldrausches in Alaska wurden Schlittenhunderennen populär.

zur Überprüfung, wer das beste Gespann besäße, die Durchführung von Rennen war.

So wurde im Jahr 1907 der Nome Kennel Club als Organisator und Sponsor des All-Alaska Sweepstakes Rennens gegründet, der Regeln ausarbeitete und eine Rennstrecke festlegte. Die Strecke führte von Nome nach Candle und wieder zurück – über eine Distanz von 408 Meilen mit den verschiedensten Gelände- und Wetterbedingungen. Da das Rennen für den April angekündigt war, fanden den Winter über mehrere kleinere Rennen statt, um die Hunde und Fahrer auf die vor ihnen liegende Aufgabe vorzubereiten.

Im Jahr des ersten Rennens, 1908, brachte der Pelzhändler William Goosak ein Gespann kleiner Hunde aus Sibirien mit. Diese Hunde wirkten neben den gewohnten Zughunden so klein, dass man Goosak auslachte. Im Rennen des Jahres 1909 kamen sie, entgegen aller Vermutungen und Gefahren vor dem Norweger Thurstrup als Dritte ins Ziel – wobei sie nur durch taktische Fehlentscheidungen des Gespannführers Zeit verloren hatten. Ein junger Mann namens »Fox« Maule Ramsay, ein schottischer Goldsucher und Sportsmann, war so angetan von den Qualitäten dieser kleinen Hunde, dass er einen Schoner anheuerte und im nächsten Sommer nach Sibirien fuhr, um in der Siedlung Markova am Fluss Anadyr 70 Siberian Huskies zu erwerben. Ramsay brachte die Hunde zusammen mit zwei einheimischen Gespannführern mit nach Nome. Mit der Zeit wuchs das Interesse an Schlittenhunderennen. Die Arbeitsgeschirre wurden zu leichteren Renngeschirren verfeinert, die Schlitten wurden leichter und der gesamte Sport wurde ernsthafter betrieben.

Im Jahr 1910 brachte Ramsay drei Gespanne von Siberian Huskies ins Rennen. Eins davon, gefahren von John »Iron Man« Johnson, gewann in Rekordzeit: 408 Meilen in 74 Stunden, 14 Minuten und 37 Sekunden. Dieser Rekord wurde bis heute nicht gebrochen. Ramsay kam als Zweiter ins Ziel. Der Grundstein für eine wachsende Popularität des Siberian Husky war gelegt.

DER LEGENDÄRE SEPPALA
In den Jahren 1915 bis 1917 wurde das All-Alaska Sweepstakes Rennen von Leonard Seppala mit einem Gespann Siberian Huskies gewonnen. Dieser Mann wurde als der größte »Musher« (Schlittenhundeführer) aller Zeiten zur Legende. Seppala, ein Norweger, war zu Beginn des Jahrhunderts als Goldsucher nach Alaska gegangen. Nach seiner Teilnahme am Sweepstakes Rennen im Jahr 1914 war er vom Schlittenhundesport geradezu besessen. Dabei hatte er seine Teilnahme eher einem Zufall zu verdanken, nämlich der Absage einer Expedition des Forschers Roald Amundsen – der als Begleiter vorgesehene Seppala blieb so mit Hunden und viel Zeit zurück.

Die berühmteste Legende um Seppala wurde im Jahr 1925 geboren, als er und sein Gespann die entscheidende Rolle beim Transport von Serum gegen die Diphtherie von Nenana nach Nome spielten. Der drohende Ausbruch einer Diphtherie-Epidemie in Nome im zeitigen Frühjahr führte schnell zu einer Knappheit des Gegenmittels Antitoxin, dessen nächstgelegener Vorrat in Anchorage lagerte. Von dort konnte es per Eisenbahn bis nach Nenana gebracht werden, der Weitertransport nach Nome war aber unmöglich – außer mit Schlittenhunden. Um den Transport zu beschleunigen, kam man überein, ein Gespann von Nenana auszusenden, während Seppala ihnen entgegenfuhr. Sobald er das Gespann mit dem Serum im Gepäck getroffen hatte, drehte Seppala um und fuhr im Renntempo

*Sepalla mit seinem Gespann, Ottawa 1931. Von rechts nach links: Tserko (linker Leithund); Bonzo (rechter Leithund); Kreevanka (linker Mittelhund); Bijou sowie Smokey, Matte und Kingeak.
Foto mit freundlicher Genehmigung von Dale und Nancy Wolfe, Ohio.*

zurück nach Nome – eine riskante Fahrt voller Gefahren. Die Tapferkeit Seppalas und seines Mitfahrers sowie die Schnelligkeit und Ausdauer der Hunde verhinderten eine größere Diphtherie-Epidemie, so dass man sie als Helden feierte. Seppalas berühmtester Leithund war Togo, der über Jahre hinweg sein Leithund bei Rennen blieb. Seinen erinnerungswürdigsten Einsatz hatte er jedoch beim in die Geschichte eingegangenen »Serum-Rennen«.

Nach dem Serum-Rennen reiste Seppala mit seinen Siberian Gespannen die Ostküste der Vereinigten Staaten entlang und gewann, wie schon in Alaska, ein Rennen nach dem anderen. So ist es hauptsächlich Seppala zu verdanken, dass der Siberian Husky als Hunderasse in ganz Amerika bekannt wurde.

Der Siberian Husky wurde im Jahr 1930 offiziell vom American Kennel Club als Rasse anerkannt, der erste Rassestandard wurde 1932 veröffentlicht. Der Siberian Husky Club of America wurde 1938 gegründet.

DER SIBERIAN IN ENGLAND

Auch wenn der Siberian Husky in England erst seit den 70er Jahren des zwangzigsten Jahrhunderts eine nennenswerte Entwicklung erfahren hat, so wurde er doch nachweislich schon ein Jahrhundert zuvor in diesem Land gehalten. Nicht sicher ist, ob es sich dabei um Siberian Huskies oder andere Husky-Arten handelte, aber in ihrem Erscheinungsbild waren sie dem heutigen Siberian Husky sehr ähnlich. Diese Hunde verbrachten den Großteil ihres Lebens im Zoo, nur selten waren sie auch auf Ausstellungen zu sehen. Ausnahmen waren die Huskies im Besitz von Mr. W.K. Taunton und Mr. H.C. Brook, die seltene Hunderassen »sammelten« und Ende des 19. Jahrhunderts einige von ihnen importierten

Taunton's bester Hund hieß Sir John Franklin und gewann in den Jahren von 1879 bis 1881 zahlreiche Preise. Mit der Hündin Zoe, deren Eltern Huskies der Londoner Zoologischen Gesellschaft waren, brachte er mehrere Würfe. Zu Mr. Brookes Hunden gehörte Arctic King, der der Überlieferung nach zwar rassetypisch, aber mit 55 cm eher klein war; und Farthest North, ein mit 63 - 64 cm größerer und schön gezeichneter Hund.

Den Huskies gelang es jedoch nicht, größere Popularität zu erlangen; möglicher-

Siberian Husky -Heute-

weise aufgrund von Gerüchten über ihre angebliche Wildheit – ein Ruf, der ihnen von manchen Menschen, die erst noch vom sanften Wesen des Siberian überzeugt werden müssen, angehängt wird! In etwas späteren Jahren wurde ein Husky namens Angugssuak, ebenfalls aus dem Besitz der Londoner Zoologischen Gesellschaft, relativ regelmäßig ausgestellt, unter anderem 1938 und 1939 auch auf Crufts.

Die Popularität des Siberian Husky stieg beständig, so dass er heute über die ganze Welt verbreitet ist. Die Geschichte der Rasse in den einzelnen Ländern wird in späteren Kapiteln noch ausführlich dargestellt.

Der Siberian Husky ist heute in der ganzen Welt zuhause und beliebt.

2 AUSWAHL EINES SIBERIAN HUSKY

Der Siberian Husky ist ein Opfer seines eigenen guten Aussehens. Die meisten Menschen werden von seinem bestechenden Äußeren und fröhlichen Wesen angezogen, in der Tat aber ist der Siberian Husky nicht der richtige Familienhund für jedermann! Der Jagdtrieb in ihm ist immer noch stark – die Ähnlichkeit zu seinen wölfischen Vorfahren ist auf einen Blick erkennbar – und in seinem Kopf sehr präsent. Natürlich gibt es auch hier Ausnahmen wie den Hund, der nicht einmal im Traum daran denken würde, seinem Besitzer von der Seite zu weichen, geschweige denn, Nachbars Katze oder Kaninchen zu jagen – aber für die Mehrheit der Siberians ist es unabdingbar, sie an der Leine oder jederzeit sicher umzäunt zu halten.

Siberians können zwar erzogen werden, sie sind aber sicher nicht erste Wahl für jemanden, der beispielsweise Obedience als ernsthaften Sport betreiben möchte. Sie haben einfach anderes im Sinn! Auch jedem, der eine Katze oder ein anderes kleineres Haustier besitzt, wird streng empfohlen, sich anderweitig umzusehen! Siberians lieben die Gesellschaft von Menschen und kommen gut mit anderen Hunden aus, am liebsten

Siberian Husky Welpen sind unwiderstehlich - aber wägen Sie gründlich ab, bevor Sie einen zu sich nehmen.

sind sie aber unter ihresgleichen. Genau aus diesem Grund ist es auch so ein Vergnügen, sie im Rudel zu halten!

Wenn sie einzeln gehalten werden, benötigen sie viel Aufmerksamkeit von Seiten des Menschen. Den ganzen Tag allein gelassen zu werden und darauf zu warten, dass ihr Besitzer von der Arbeit nach Hause kommt, ist nicht das Richtige für sie.

Leider neigen sie dazu, »erst zu handeln, dann zu denken«, wenn es um kleine Hunde geht. Für einen Siberian sieht ein sehr kleiner Hund oder ein Welpe auf den ersten Blick möglicherweise aus wie ein Kaninchen oder eine Katze – es ist deshalb ratsam, ihn allmählich mit anderen Tieren bekannt zu machen und ihn nicht mit kleineren, verletzlichen Haustieren alleine zu lassen.

Wenn Sie dann noch die Tatsache hinzunehmen, dass der Siberian Husky ein vorzüglicher Buddler von Erdlöchern ist, werden Sie verstehen, dass er nicht das passende Haustier für jedermann ist. Wenn Sie Wert auf Ihren Garten legen, müssen Sie sich damit abfinden, Ihren Husky aus ihm auszusperren und ihn in seiner eigenen, sicheren Anlage zu halten. Dazu benötigen Sie einen Auslauf mit Betonboden mit hoher Maschendrahtumzäunung – Hecken oder Holzzäune sind nur zu leicht, um drüber oder drunter herauszukommen!

RICHTIGE PRIORITÄTEN SETZEN
Der Siberian Husky kommt in mehreren verschiedenen »Typen« vor. Welchen davon Sie für sich auswählen, kann davon abhängen, was Sie mit dem Hund vor haben und wo Sie leben. Möchten Sie Ihren Hund ausstellen? Möchten Sie ihn ins Zuggeschirr spannen? Möchten Sie an Schlittenhunderennen teilnehmen oder das Ganze nur zum Spaß betreiben? Möchten Sie lediglich einen Familienhund? Oder vielleicht alles zusammen?

Vor allen anderen Überlegungen muss unbedingt eines Priorität haben: Sie müssen den Hund als Familienmitglied wollen. Egal, ob Sie mit Ihrem Siberian arbeiten oder ihn ausstellen, irgendwann kommt die Zeit, wo entweder Sie oder der Hund die Lust an diesen Betätigungen verlieren – sei es durch Alter, schwindendes Interesse oder Zeitmangel. Ganz gleich, wie die Situation dann aussieht – Ihr Hund braucht auch weiterhin ein liebevolles Zuhause, Futter und Bewegung! Nehmen Sie deshalb nie einen Hund allein aus dem Beweggrund heraus, mit ihm Sport treiben zu wollen. Wenn Sie den Hund um seiner selbst willen haben möchten, ist alles andere nur ein Bonus. Halten Sie sich deshalb auch von Züchtern fern, die »nur als Arbeits-/Showhund abzugeben« inserieren. Auch Züchter sollten viel mehr Wert auf die langfristige Stabilität des künftigen Zuhauses ihrer Welpen legen. Gehen Sie zu demjenigen Züchter, der stärker an Ihrer Person interessiert ist als an der Frage, ob Sie an Wettkämpfen teilnehmen möchten.

Um auf die Frage der verschiedenen Typen zurückzukommen: In manchen Ländern ist es möglich, einen Hund zu erwerben, der im Gespann und im Ausstellungsring gleich großen Erfolg haben wird. In anderen Ländern dagegen wurde die Rasse in Ausstellungs- und Arbeitshundetypen aufgegliedert, zwischen denen Sie wählen müssen. Wenn Sie an keiner der beiden Zielsetzungen interessiert sind, haben Sie die freie Auswahl. Bedenken Sie dabei, dass der Rassestandard für den Siberian Husky keine bestimmte Fell- oder Augenfarbe festlegt und dass Züchter es oft nicht gerne sehen, wenn Kaufinteressenten nach bestimmten Färbungen von Haarkleid und Auge fragen. Siberians werden nicht »auf Bestellung« geboren. Sie kommen, wie sie sind – und darüber hinaus kann sich die Farbe und Markierung des Haarkleides mit den Jahren so sehr verändern, dass Sie in einigen Jahren, wenn Sie alte Fotos aus der Welpenzeit ansehen, glauben, einen anderen Hund vor sich zu haben!

RÜDE ODER HÜNDIN?

Möchten Sie einen Rüden oder eine Hündin? Dies ist größtenteils eine Frage der persönlichen Vorlieben und wird oft dadurch geprägt, mit welchem Hund wir als Kind groß geworden sind. Bedenken Sie immer, dass jede Diskussion über die Vorzüge eines Geschlechtes gegenüber dem anderen zwangsläufig voller Verallgemeinerungen steckt. Rüden sind größer und kräftiger, weshalb sie möglicherweise an der Leine schwieriger zu kontrollieren sind. Hündinnen können anderen Mitgliedern des Siberian-Rudels gegenüber »charmanter« und eher jagdorientiert sein. Natürlich gibt es immer individuelle Unterschiede, aber beide Geschlechter sind anhänglich und genießen es, wenn man ihnen Aufmerksamkeit schenkt. In der Regel warten beide aber eher, dass Sie zu ihnen kommen als umgekehrt. Hündinnen kommen in die Hitze, während Rüden die unangenehme Angewohnheit haben, ihren Hinterlauf an den Reifen anderer Leute Autos zu heben – womit sie sich in einer belebten Wohngegend durchaus unbeliebt machen können. Da sich eine Kastration immer auf die Schönheit des Haarkleides auswirkt, hören Sie nicht auf Menschen, die Ihnen sagen, die Frage nach Rüde oder Hündin stelle sich nicht, da sie ja beide kastrieren lassen könnten. Denken Sie lieber darüber nach, Ihrer Hündin »die Pille« zu geben, falls die Hitzeperioden ein Problem darstellen.

WELPE ODER ERWACHSENER HUND?

Die meisten Menschen haben, wenn sie an Hundekauf denken, das Bild eines Welpen vor ihrem inneren Auge. Das hat gegenüber einem erwachsenen Hund zwar gewisse Vorteile, es kann aber auch lohnenswert sein, einen Hund aus der Tierhilfe zu übernehmen. Siberians werden regelmäßig von Tierhilfsorganisationen vermittelt – meistens deshalb, weil die Vorbesitzer sich nicht genügend Gedanken um die Verpflichtung, die sie eingegangen sind, und die besonderen Bedürfnisse dieses Hundes gemacht haben.

Ob Sie einen Rüden oder eine Hündin auswählen, ist eine Frage des persönlichen Geschmacks.

Siberian Husky -Heute-

Die Gründe für eine Abgabe ins Tierheim sind aber oft die gleichen wie bei anderen Rassen auch – Scheidung, Geburt eines Babys, Umzug in eine nicht hundegeeignete Umgebung und so weiter. Keiner dieser Gründe ist Schuld des Hundes und es kommt in der Tat eher selten vor, dass Siberians aufgrund von Wesensmängeln abgegeben werden. Sie verhalten sich eben wie Siberian Huskies und nicht wie Labrador Retriever. Einen erwachsenen Hund zu übernehmen, kann deshalb weniger riskant sein als bei vielen anderen Rassen.

Ein Welpe hat den Vorteil, dass Sie ihn von Beginn an ganz nach Ihren Lebensumständen formen können. Dagegen steht als Nachteil, dass ein Welpe viel Zeit zur Erziehung in Anspruch nimmt und generell mehr Aufmerksamkeit verlangt, häufigeres Füttern, viel Spielen und Erziehung zur Stubenreinheit inbegriffen. Ein erwachsener Hund aus dem Tierheim ist in der Regel bereits stubenrein (sogar aus reiner Zwingerhaltung stammende Hunde lernen es sehr schnell) und meistens etwas anhänglicher als »normale« erwachsene Hunde, da sie nun endlich ein Zuhause gefunden haben, in dem ihnen viel Aufmerksamkeit zuteil wird. Wenn etwas über die Vergangenheit Ihres Hundes bekannt ist, werden Sie auch wissen, ob er Kinder und andere Haustiere gewöhnt ist oder nicht. Finden Sie heraus, ob es andere bestimmte »Problempunkte« bei diesem Hund gibt – zwar ungewöhnlich für Siberians, aber gut, wenn man es im Voraus weiß!

VORBEREITUNGEN FÜR IHREN HUND

Ihr neuer Hund, egal ob Welpe oder Erwachsener, braucht einen Schlafplatz. Am besten geeignet sind Kunststoffschalen mit einer Textileinlage, da sie nicht so leicht zerkaut werden. Altmodische Weidenkörbe oder moderne gefüllte Liegekissen werden nur zu schnell in Einzelteile zerlegt, die beim Verschlucken ernste Schäden verursachen können. Kaufen Sie zwei Stoffeinlagen, damit Sie immer eine waschen können und eine in Reserve haben!

Zur Grundausstattung gehören außerdem Wasser- und Futternapf (aus Stabilitätsgründen am besten aus Edelstahl), Halsband und Leine (muss mit zunehmendem Wachstum des Hundes ausgetauscht werden), eine Ausziehleine, eine Bürste und ein Kamm. Für das Haarkleid eines Siberian Husky sind Drahtbürsten sehr effektiv, aber nehmen Sie eine weiche Version mit Kügelchen auf den Borstenköpfen, die sanfter zur Haut ist. Bevor Sie ein neues Pflegewerkzeug an Ihrem Hund ausprobieren, sollten Sie sich damit selbst über den Handrücken streichen: Wenn es Ihnen unangenehm ist, benutzen Sie es auch nicht für Ihren Hund. Ein weitgezahnter Metallkamm leistet gute Dienste beim Reinigen der Bürste, kann aber auch zur Pflege des längeren Haares an der Rute und den Hosen verwendet werden. Die

Überprüfen Sie die Sicherheit Ihrer Zäune und Hoftore, bevor Sie den Welpen zu sich nach Haus bringen.

meisten Hunde hassen es allerdings, wenn man die Rute kämmt oder bürstet. Sie ist die Verlängerung des Hunderückens, behandeln Sie sie daher mit Vorsicht.

Als Zusatzausrüstung ist ein Hundekäfig sehr nützlich, besonders, um Welpen zur Stubenreinheit zu erziehen oder Neuzugänge an schon im Haushalt lebende Hunde zu gewöhnen. Um einen Hund sicher unterzubringen, während Sie selbst mit anderen Dingen beschäftigt sind, ist der Käfig von unschätzbarem Wert. Selbstverständlich sollte kein Hund endlose Stunden des Wartens in einem Käfig zubringen müssen; aber wenn Sie Ihren Welpen frühzeitig an Aufenthalte darin gewöhnen, werden Sie jahrelang mit den Früchten dieser Arbeit belohnt werden. Wie man einen Welpen an den Käfig gewöhnt, wird später in diesem Buch beschrieben. Bevor Sie Ihren Welpen mit nach Hause bringen, muss dort entweder ein zweckmäßiger Auslauf eingerichtet oder ein sicher eingezäunter Garten vorhanden sein. Auch dies wird später noch ausführlich besprochen – aber warten Sie mit diesen Dingen nicht, bis der Welpe schon da ist! Junge Hunde können sich durch die kleinsten Löcher zwängen, während ein erwachsener Siberian Husky einen 1,50 m hohen Zaun mit Leichtigkeit überspringt oder sich darunter hindurch gräbt.

AUSWAHL EINES WELPEN

Versuchen Sie, den Termin für die Wurfbesichtigung so zu legen, dass Sie die Welpen im Alter von einigen Wochen sehen. Nicht alle Züchter möchten zu einem frühen Zeitpunkt Besucher im Haus haben, da diese die Hündin stören könnten. Bis zu einem Alter von etwa drei Wochen sind Welpen aber ohnehin nicht sonderlich interessant anzusehen, da sie sich noch nicht viel bewegen oder spielen. Am besten ist ein Alter von

Wurfbesichtigungen finden in der Regel statt, wenn die Welpen drei bis sechs Wochen alt sind.

vier bis sechs Wochen, dann können Sie auch mit dem Züchter besprechen, welcher Welpe am besten zu Ihnen passen wird. Über die Frage »Rüde oder Hündin« und die Fellfarbe haben wir bereits gesprochen, von ganz entscheidender Bedeutung ist aber auch das Wesen des Hundes. Aus dem Verhalten eines Welpen gegenüber seinen Wurfgeschwistern kann man durchaus Rückschlüsse ziehen, wie sich der Hund später einmal entwickeln wird.

Der Züchter ist in der Lage zu urteilen, welcher Welpe am besten zu Ihnen passt oder er überlässt Ihnen die Auswahl zwischen einigen bestimmten Welpen. Seien Sie nicht enttäuscht, wenn Sie nicht aus dem gesamten Wurf frei auswählen können, denn sicherlich sind einige Welpen schon vergeben und einer bleibt beim Züchter.

Gerade bei Siberian Huskies ist es nicht einfach, den »Star des Wurfes« herauszufinden, der vermutlich später einmal Lorbeeren im Ausstellungsring ernten wird. Siberians verändern ihr Aussehen im Laufe des

Da Welpen sich während des Wachstums noch stark verändern, ist es nicht leicht, jetzt schon bestimmte Veranlagungen zu erkennen.

Wachstums sehr stark und sind erst im Alter von drei Jahren körperlich voll ausgereift. Es kann deshalb schwierig sein, den überdurchschnittlich guten Welpen herauszufinden. Außerdem gibt es innerhalb der Rasse so viel Typenvarianz, dass es auch mehr als einen »Star des Wurfes« geben kann. Einem erfahrenen Züchter gelingt es gewöhnlich, die für Ausstellungen am besten geeigneten Hunde herauszusuchen. Da die Eigenschaften eines guten Arbeitshundes wie Laufbereitschaft erblich bedingt sind, wird der gesamte Wurf in dieser Beziehung recht ähnlich sein, vorausgesetzt natürlich, die Hunde sind entsprechend trainiert.

EINTRAGUNG

Bei Abholung des Welpen erhalten Sie vom Züchter eine Kopie der Ahnentafel und ein unterschriebenes Besitzdokument, mit dem Sie den Besitzwechsel eintragen lassen können. Das fertig ausgefüllte Besitzdokument wird an die ausstellende Behörde geschickt (Kennel Club in England, American Kennel Club in den USA, VDH bzw. dem VDH angehörende Zuchtverbände in Deutschland). Dort stellt man ein neues Papier aus, in dem Sie als Besitzer des Hundes eingetragen sind. Je nach Land kann dieses Dokument auch besondere Angaben oder Einschränkungen zum Verwendungszweck des Hundes enthalten. In England kann ein Züchter dort beispielsweise vermerken lassen, dass der Hund nicht ohne seine Zustimmung exportiert werden darf – das ermöglicht ihm, den Weg »seines« Hundes zu verfolgen. Solche Vermerke müssen dem Käufer bei der Auswahl eines Welpen genau erläutert werden. Im Normalfall können Sie auf Verlangen des neuen Besitzers auch vom Züchter aufgehoben werden.

DIE AHNENTAFEL

Die Ahnentafel führt in der Regel drei oder fünf Vorfahrengenerationen des Hundes auf. Ob Sie eine ausführlichere Ahnentafel verlangen, ist eine Frage dessen, wie sehr Sie sich für dieses Thema interessieren. Die Erstellung einer ausführlichen Ahnentafel dauert in der Regel recht lange, in manchen Ländern kann die ausstellende Behörde per Computer Ahnentafeln aus den Eintragungsdaten aller registrierten Hunde erstellen.

Sicher ist es ratsam, sich ein wenig mit dem Studium von Ahnentafeln zu befassen oder Fachkundige für die Rasse zu befragen, welche Informationen über einzelne darin aufgeführte Hunde erhältlich sind – beispielsweise welche Erfolge diese Hunde in Rennen oder im Ausstellungsring hatten. Der Einsatz eines Rüden zur Zucht, der im Sport erfolgreich war, ist zwar keine Garantie für gute Arbeitshunde, erhöht aber die Wahrscheinlichkeit. Auf jeden Fall werden Sie es interessant finden, etwas über die Vorfahren Ihres Welpen herauszufinden – egal, ob Sie später mit ihm Wettkämpfe bestreiten möchten oder nicht. Wie bei allen anderen

Rassen auch kommen beim Siberian Husky hin und wieder bestimmte Erbkrankheiten vor. Versuchen Sie deshalb, so viel wie möglich über die Vorfahren eines Welpen herauszufinden, bevor Sie sich für einen Kameraden entscheiden, dem Sie die nächsten fünfzehn oder mehr Jahre lang verpflichtet sein werden. Lesen Sie das Kapitel über die Gesundheit für Informationen über Erbkrankheiten und lassen Sie sich von Fachleuten beraten, bevor Sie »ins kalte Wasser springen«.

In vielen Ahnentafeln werden Sie Hinweise auf Linienzucht finden, was bedeutet, dass miteinander verwandte Hunde einer Familie oder Linie, die auf einen gemeinsamen Vorfahr zurückgeht, verpaart werden. Mit anderen Worten: ein und derselbe Hund kommt mehrmals in der Ahnentafel vor. Weniger häufig ist die Inzucht, das heißt die Verpaarung enger Verwandter wie beispielsweise Vater mit Tochter. Beide Techniken werden angewandt, um erwünschte Merkmale (wie guten Körperbau, gute Laufleistung etc.) in der Nachkommenschaft genetisch zu »fixieren«. Gerade die Inzucht kann aber auch unerwünschte Merkmale verstärkt zum Vorschein bringen. Diese Technik sollte daher nur von sehr erfahrenen Züchtern angewendet werden und nur dann, wenn feststeht, dass die einzelnen Linien frei von Erbkrankheiten sind. Immer dann, wenn die erbliche Disposition unbekannt oder nicht ganz klar ist, ist eine so genannte Auskreuzung auf nicht verwandte Linien ratsam.

HAARKLEID UND HAARFARBE

Es ist gar nichts Ungewöhnliches, Siberians mit zwei verschiedenfarbigen Augen oder sogar in sich gemischtfarbigen Augen (teilweise blau und teilweise braun) zu sehen. Diese Spielarten machen einen Teil des besonderen Charmes der Rasse aus. Bei sehr vielen Hunderassen bringt ja das Bestreben, auf eine bestimmte Fellfarbe, ein bestimmtes Abzeichenmuster und eine ganz bestimme Augenfarbe hin zu züchten oft mit sich, dass diese Merkmale stärker gewichtet werden als Körperbau und Bewegung. Es liegt auf der Hand, dass dies nicht im Interesse der Arbeitstauglichkeit eines Hundes sein kann, weshalb der Fellfarbe und der Verteilung der Abzeichen für das Ideal des Siberian Husky niemals Bedeutung beigemessen wurde.

Für das Haarkleid an sich und dessen Beschaffenheit gilt das Gesagte jedoch nicht. Obwohl ihm im Rassestandard keine betont starke Bedeutung beigemessen wird, ist es doch Tatsache, dass ein Siberian Husky mit einem überlangen und »wolligen« Haarkleid als Arbeitshund Nachteile haben wird, da er beim anstrengenden, schnellen Schlittenziehen über lange Distanzen schnell überhitzt. Für einen Familienhund oder jemanden, der mit seinem Hund in der Obedience aktiv werden möchte, stellt dies natürlich kein Problem dar, ist aber für einen Arbeits- oder Ausstellungshund nicht ratsam. Trotzdem muss man zugeben, dass das »wollige« Haarkleid eines der attraktivsten überhaupt ist und dass die Besitzer solcher Hunde ihren »Wollknäueln« sehr zugetan sind. Zu bedenken ist allerdings, dass solche Hunde mehr Aufwand in der Fellpflege bedeuten. Auch sollte man bei ihnen von einer Kastration absehen, da diese das Haarkleid wirklich ruinieren würde.

Die häufigsten Farben sind grau-weiß, schwarz-weiß und seltener rot-weiß. Mitunter kommen auch Schecken und einfarbige Hunde vor, die (von einfarbig weißen Hunden abgesehen) meistens weiße Abzeichen im Gesicht haben. Das »schmutzige Gesicht« ist farbig mit nur ganz wenig Weiß – die wolfähnlichste Zeichnung beim Siberian Husky. Die häufigsten Augenfarben sind blau und braun, die aber in den verschiedensten Schattierungen von eisgrau bis tiefbau und lohfarben bis dunkelbraun reichen. Falls Sie die Wunschvorstellung einer bestimmten Fellzeichnung im Kopf haben, sollten Sie diese bei der Besichtigung eines Wurfes etwas zurücktreten lassen. Bedenken Sie, dass die Abzeichen bei Siberian Huskies sich mit der Zeit erheblich verändern können: Bis der Hund ein oder zwei Jahre alt ist, können die ursprünglichen schwarzen Abzeichen rund um die Augen völlig verblasst sein, so dass Fotos ein und des selben Hundes, im Abstand von nur einem Jahr geschossen, erhebliche Veränderungen zeigen können.

IHR WELPE KOMMT INS HAUS
Sie haben also nun einen Welpen ausgesucht und die Zeit ist gekommen, um ihn abzuholen und mit nach Hause zu nehmen. Der Züchter hat Sie im Vorfeld informiert, in welchem Alter Sie den Welpen abholen können. Die diesbezüglichen Ansichten gehen auseinander; einige sind der Meinung, dass die Welpen so früh wie möglich aus dem Haus sollten, schon mit etwa sechs Wochen, weil dies eine frühzeitige Sozialisation und Gewöhnung an die neue Umgebung ermögliche. Andere hingegen argumentieren, sechs Wochen seien entschieden zu früh, insbesondere für ein Rudeltier, das einen Großteil des richtigen Verhaltens von seiner Mutter lernt. Wir selbst behalten deshalb die Welpen bis zu einem Alter von zehn Wochen.

Die Autofahrt ins neue Heim kann für den Welpen Stress bedeuten, obwohl die meisten Siberian Huskies keine Probleme mit dem Autofahren haben. Vielleicht hat auch der Züchter die Welpen schon ein- oder zweimal im Auto transportiert – zum Impftermin oder nur, um sie an das Auto zu gewöhnen. In diesem Fall haben Sie weniger

Beim Siberian Husky kommen viele verschiedene Farben und Abzeichen vor.

Probleme. Falls Sie alleine fahren, müssen Sie einen Käfig mitnehmen, damit der Welpe während der Fahrt sicher aufgehoben ist. Das ist im Übrigen auch dann ratsam, wenn Sie Mitfahrer haben, da der Welpe auf einer längeren Fahrt in Ruhe schlafen können und sicher verwahrt sein muss, wenn Sie aus irgendeinem Grund einmal aus dem Auto aussteigen. Eine gute Maßnahme ist es, ein Stück Decke mit zum Züchter zu nehmen, mit der die Welpen alle zusammen spielen und dieses dann Ihrem Welpen auf der Rückfahrt in den Käfig zu legen – er hat dann etwas vertraut Riechendes, in das er sich hineinkuscheln kann.

Auf einer langen Heimreise müssen Sie Toilettenpausen für den Hund einlegen. Suchen Sie sich ein Plätzchen abseits der Straße und vergewissern Sie sich, ob das Halsband fest sitzt. Ein leichtes Führgeschirr wäre in diesem Fall besser, da der Welpe nicht so leicht hinausschlüpfen kann wie aus einem Halsband.

3 HALTUNG UND PFLEGE DES SIBERIAN HUSKY

Überdenken Sie Ihren Entschluss, einen Welpen zu sich nehmen, gründlich. Sie werden das gesamte Leben des Tieres bestimmen – vom Welpenalter über Pubertät und Jugendjahre bis zum Erwachsensein und Alter. Dieser ernüchternde Gedanke sollte Sie daran erinnern, dass Sie hier eine ernsthafte Verpflichtung für ein anderes Leben eingehen. Fragen Sie sich, was Sie eigentlich von diesem Welpen erwarten. Soll er zum Familienhund heranwachsen, Ihr individueller Begleiter sein, ein Ausstellungshund, ein Hund für Schlittenrennen oder alles zusammen? Die meisten Welpen werden deshalb von ihren Besitzern ausgesucht, weil sie die schönsten und besten der Welt sind – und damit verdienen sie auch das Beste!

WELPENPFLEGE

Lassen Sie den Welpen von dem Moment an, da er zu Ihnen nach Hause kommt, spüren, dass er willkommen ist und machen Sie ihn mit seiner neuen Welt bekannt. Er braucht einen Schlafplatz, Spielzeug, einen Wassernapf und einen sicheren Freiraum, in dem er nach Herzenslust spielen und entdecken kann. Zu Beginn wird ihm alles fremd erscheinen, besonders, wo er doch gerade Mutter und Geschwister verlassen

Von dem Moment an, da der Welpe bei Ihnen zuhause ankommt, sind Sie für sein weiteres Schicksal verantwortlich.

hat. Sein ganzes Leben wurde auf den Kopf gestellt – nun braucht er die Bestätigung, dass ihm in der neuen Umgebung nichts geschieht. Am besten gönnen Sie ihm während der ersten 24 Stunden so viel Ruhe wie möglich, damit er sich an sein neues Zuhause gewöhnen kann. Sparen Sie die Aufregung neuer Bekanntschaften noch für den nächsten Tag auf. Da junge Hunde sehr anpassungsfähig sind, wird Ihr Welpe sich in ein paar Tagen wohlfühlen und sich gut in sein neues Zuhause eingefügt haben. Jetzt ist es Zeit, ihm mehr von der Welt zu zeigen.

ERZIEHUNG ZUR STUBENREINHEIT
Altmodische Methoden, um einen Hund zur Stubenreinheit zu erziehen, sind schlichtweg eines – veraltet. Stubenreinheit ist eigentlich ganz einfach zu erreichen, und zwar ohne Zeitung, Mit-der-Nase-hineinstoßen und Ausschimpfen. Arbeiten Sie stattdessen mit dem Junghund und versuchen Sie, seine Handlungen vorausschauend zu lenken, anstatt sie zu korrigieren. Sobald er bei Ihnen zuhause ist, zeigen Sie ihm, wo er sich lösen soll. Wenn er dazu in den Garten gehen soll, tragen Sie ihn hinaus, sobald er aufwacht. Bleiben Sie bei ihm und loben Sie ihn, wenn er sich löst. Wichtig ist, dass Sie den Welpen nicht nur hinausbringen und dann sich selbst überlassen, denn in diesem Fall könnte es passieren, dass er so lange vor der Türe sitzend auf Sie wartet, bis Sie ihn wieder hineinlassen – um sich dann prompt auf dem Teppich zu lösen. Bleiben Sie also bei ihm bis er sich gelöst hat und bringen ihn dann zurück ins Haus. Wiederholen Sie die Prozedur jede Stunde, nach jeder Mahlzeit und jedes Mal, wenn der Welpe aus einem Schläfchen aufwacht.

Da die Blase sich weiter entwickelt und der Junghund stetig mehr Kontrolle über sie gewinnt, wird es Ihnen allmählich gelingen,

Regelmäßige Ausflüge in den Garten lassen die Erziehung zur Stubenreinheit zu einer unkomplizierten Angelegenheit werden.

die Zeiträume zwischen den Gartengängen zu verlängern. Es kann zwischen sechs Monaten und einem Jahr dauern, bis Ihr Junghund zuverlässig stubenrein ist – erwarten Sie deshalb keine Wunder und schimpfen Sie ihn nicht aus, wenn Sie einmal vergessen haben, ihn rechtzeitig hinauszubringen. Häufig werden Rüden schneller stubenrein als Hündinnen, aber Ausnahmen bestätigen wie überall die Regel. Sie werden schnell lernen, zu erkennen, wann Ihr Hund hinaus muss, während er seinerseits lernt, Sie durch einen Blick auf die Haustür darauf aufmerksam zu machen. Achten Sie also auf diese Signale! Hunde ziehen es vor, sich immer an ganz bestimmten Stellen zu lösen und suchen sich ihren eigenen Toilettenplatz aus, wenn man ihnen die Entscheidung überlässt. Das wird dann zum Problem, wenn dieser Platz nicht mit Ihren Vorstellungen übereinstimmt und der Junghund bereits eine bestimmte Stelle im Haus auserkoren hat. Es kann dann sehr schwierig sein, ihm dieses Verhalten wieder abzugewöhnen! In Zwingerhaltung oder, wie viele Siberians, in Rudel-Auslaufhaltung lebende Hunde lernen, nur einen bestimmten Bereich zum sich Lösen zu benutzen und begrenzen so den Raum, in dem sie spielen oder ruhen.

SOZIALISATION
Ganz wichtig ist, Ihren Welpen so früh und gut wie möglich zu sozialisieren. Beaufsichtigen Sie ihn, wenn er neue Bekanntschaften schließt. Machen Sie ihn mit Familienmitgliedern, Freunden und jedem, der Ihr Haus betritt, bekannt. »Möchten Sie unseren Welpen sehen?« ist eine Aufforderung, der so gut wie jeder nachkommt und die Ihrem Junghund eine gute Gelegenheit bietet, sein Wissen über die Welt zu erweitern und neue, verschiedene Menschen kennen zu lernen.

Versuchen Sie, den Junghund schon früh mit allen möglichen Geräuschen bekannt zu machen. Ein Hund, der vor dem Geräusch eines Staubsaugers, eines Donners oder eines Rasenmähers Angst hat, kann im späteren Zusammenleben Probleme bereiten. Versuchen Sie, Ihren Hund und seine Bedürfnisse zu verstehen. Er wird von seinen Instinkten geleitet und hat das Bedürfnis ererbt, die Welt zu erkunden und zu erfahren. Seine wichtigsten Instrumente dabei sind Nase und Fang: erlauben Sie ihm deshalb, an Spielzeugen nach Herzenslust zu beißen und zu kauen. Üben Sie Nachsicht, wenn er auch Gegenstände, die Sie nicht als Spielzeug vorgesehen hatten, zu diesem Zweck benutzt – er kann den Unterschied nicht kennen. Bewahren Sie lieber wertvolle Dinge außerhalb seiner Reichweite auf.

DER SCHLAFPLATZ
Wichtig ist, dass Ihr Junghund einen eigenen Schlafplatz bekommt. Siberian Huskies sind in der Regel sehr freundlich, begrüßen fröhlich jeden Menschen und sind für Streicheleinheiten stets dankbar; trotzdem sind sie aber im Tiefsten ihres Herzens eher reservierte Hunde. Sie brauchen unbedingt einen Rückzugsplatz – sei es eine Ecke oder eine erhöht angebrachte Plattform im Garten. Besonders dankbar sind sie für ein Versteck – eine Höhle-, in die sie sich zurückziehen können.

Wenn Sie nur einen oder zwei Siberians halten, verbringen die Hunde wahrscheinlich die meiste Zeit im Haus. Genügend Bewegung vorausgesetzt, sind Siberians sehr ruhige Hausbewohner, die sich so lange zu einem Schläfchen zurückziehen, bis etwas Interessantes geschieht. Das einzige Argument gegen die Haltung von Siberians im Haus ist ihr starkes Haaren. Mit regelmäßigem Bürsten und dem fleißigen Einsatz des Staubsaugers ist dieses Problem aber gut in den Griff zu bekommen. Das Haarkleid des Siberian Husky riecht nicht, wenn er zwei- oder dreimal pro Jahr gebadet wird. Sein freundliches Wesen und die Tatsache, dass er in der Regel im Haus nichts anfrisst und nicht sabbert, machen ihn zu einem angenehmen Hausgenossen, der keine Speichelflecken oder sonstige Schäden verursacht.

ERZIEHUHG ZUR LEINENFÜHRIGKEIT
Wählen Sie zunächst ein kleines Halsband mit Schnalle aus, das nicht zu eng, aber auch nicht so lose sitzt, dass der Junghund daran kauen oder sich sogar mit den Zähnen darin verfangen kann. Dieses Halsband sollte er zu Beginn im Haus für kurze Zeit tragen, ehe es ihm wieder abgenommen wird. Wiederholen Sie diese Prozedur so lange, bis der Hund sich an das Tragen, An- und Ausziehen des Halsbandes gewöhnt hat. Spielen Sie mit ihm, nachdem Sie das Halsband angezogen haben – so verknüpft er das

Die Erziehung zur Leinenführigkeit beginnt schon beim Welpen.

Tragen des Halsbandes schnell mit etwas Angenehmem. Versuchen Sie zu erreichen, dass er ruhig sitzt oder steht, während Sie das Halsband anlegen – die Aufregung kommt erst hinterher.

Mindestens genauso wichtig ist, dass Ihr Junghund das erste Anlegen der Leine als angenehme Erfahrung empfindet. Lassen Sie ihn zunächst mit angelegtem Halsband spielen und ermuntern ihn dann, an ganz lockerer Leine zu Ihnen heranzukommen. Überlassen Sie Ihrem angeleinten Junghund zunächst einmal die Führung, damit er sich nicht festgehalten fühlt. Nach und nach wird er Halsband und Leine als Kommunikationsmittel akzeptieren, über das Sie ihm mitteilen, wohin er gehen soll. Da er außerdem sowieso die meiste Zeit bei Ihnen sein möchte, gibt die Leine ihm auch die Sicherheit, dass er nahe bei Ihnen bleiben kann.

Die Leine ist nicht nur ein Instrument der Begrenzung und Kontrolle, sondern auch der Verständigung, über das Ihr Hund Anzeichen für Ihre derzeitige Stimmungslage wahrnimmt.

HALSBÄNDER

Mit dem Älterwerden des Hundes brauchen Sie ein größeres Halsband und auch eines, das von der Stabilität her seinen Kräften entspricht. Auch wenn sie gut zur Leinenführigkeit erzogen wurden, können Siberians plötzlich enorme, ungeahnte Kräfte entwickeln, wenn sie etwas gesehen haben, das sie unbedingt haben möchten – eine Katze oder ein Kaninchen beispielsweise. Es wäre weniger gut, ausgerechnet in diesem Moment feststellen zu müssen, dass das Halsband einem plötzlichen Ruck nicht standhält!

Kaufen Sie ein eher breites (ca. 2 cm) Halsband aus Nylon mit einer Schnalle. Sowohl die Schnalle des Halsbandes als auch der Karabinerhaken der Leine sollten aus massivem Messing gefertigt sein – Messing ist stabil und friert im Winter nicht fest, wenn Sie versuchen, an einem frostigen Morgen den Haken zu öffnen. Würgekettenhalsbänder sind definitiv »out« für den Siberian – sie gehören bestenfalls in den Ausstellungsring, aber da auch nur in sehr erfahrene Hände. Selbst von Halbwürgern ist abzuraten. Beachten Sie, dass die Verwendung von Würgehalsbändern in Schlittenhunderennen in manchen Ländern einen Verstoß gegen das Wettkampfreglement

Führgeschirre sind hilfreich, um einen Junghund leinenführig zu machen.

Welpen müssen ihrem Kaubedürfnis nachgehen können, um den Zahnwechsel zu erleichtern und Langeweile vorzubeugen.

bedeutet. In den meisten Fällen ist ein einfaches, flaches Halsband mit Schnalle das Beste für den Siberian. Es muss so angepasst werden, dass Sie noch mindestens zwei Finger darunter schieben können. Siberians sind recht talentiert darin, sich rückwärts aus dem Halsband herauszumanövrieren, verschnallen Sie es deshalb auch nicht zu locker.

Führgeschirre aus weichem Nylongewebe sind eine gute Alternative zum Halsband, besonders, wenn Sie in städtischer Umgebung mit Ihrem Hund unterwegs sind. Sie können sich darauf verlassen, dass er nicht wie aus einem Halsband hinausschlüpfen kann, wenn ihn etwas erschrecken sollte (der Verkehr beispielsweise). Auch hier ist das richtige Anpassen wichtig. Wählen Sie ein Geschirr, das sich gut verstellen lässt und sich anschmiegt, ohne zu reiben.

KAUEN IST WICHTIG!
Der natürliche Trieb eines Hundes, an etwas zu kauen, ist während der Welpenzeit am stärksten. Kauen unterstützt die Entwicklung von Zähnen und Kiefer und erleichtert den Zahnwechsel. Mitunter kommt es vor, dass ein Milchzahn nicht ausfällt, obwohl der neue Zahn schon durchgebrochen ist – fragen Sie in diesem Fall Ihren Tierarzt um Rat.

Für Welpen ist Kauen sowohl ein Spiel als auch eine Möglichkeit, die Welt zu entdecken. Stellen Sie deshalb sicher, dass Ihr Junghund genügend geeignete Spielzeuge zum Kauen und Spielen zur Verfügung hat. Am besten geeignet sind solche aus stabilem Hartgummi, während weiche »Quietschspielzeuge« leicht verschluckt werden können und sich deshalb weder für Welpen noch für erwachsene Hunde eignen. Auch Tennisbälle sind ungeeignet, da sie leicht zerkaut und die Einzelteile dann verschluckt werden können. Große Stücke Kaminholz dagegen sorgen für Stunden spannender Beschäftigung.

Auch für den erwachsenen Hund ist Spielzeug wichtig, da so Langeweile vermieden wird und Sie verhindern, dass sich der Hund sein eigenes Kauspielzeug (wie z.B. ein Tischbein) aussucht. Die Intensität des Kauens ist von Hund zu Hund verschieden, es ist aber für einen erwachsenen Hund völlig normal und gesund. Es kann helfen, Zahnbeläge zu entfernen und ständiger Zugang zu Kauspielzeug ist eine gute Methode, um das Entstehen von Zahnstein zu verhindern.

SICHERHEITSMASSNAHMEN
In modernen Haushalten wimmelt es im Normalfall nur so von Elektrokabeln, die sich durchaus als tödlich erweisen können, wenn sie eingesteckt bleiben und der Welpe unbeaufsichtigt in der Nähe spielt. Steine und Kiesel sind ebenfalls gefährlich, da sie sich im Darm festsetzen und beim Verschlucken unsäglichen Schaden anrichten

können. Haben Sie immer ein Auge darauf, was Ihr Junghund als Nächstes in den Fang nehmen könnte und vermeiden Sie so Probleme im Voraus. Außerdem ist es lohnenswert, die Ausscheidungen des Hundes etwas näher zu betrachten (auch, ihr Fehlen zu bemerken), da sie ein guter Indikator für den Gesundheitszustand des Hundes sind und Zeugnis von verschluckten Fremdkörpern ablegen. Hunde, die vom Nichtstun gelangweilt sind, fangen an, alle möglichen Gegenstände zu benagen. Besonders Kunststoff- oder Metallgegenstände können gefährlich werden und außerdem Giftstoffe enthalten. Ein unbeaufsichtigter Hund könnte sich beim neugierigen Erkunden Ihrer interessanten Wohnung verletzen. Die beste Vorbeugung dagegen ist körperliche und geistige Beschäftigung! Geeignetes Spielzeug, Spaziergänge, Ausfahrten im Auto und Besuche bei Freunden sind gute Methoden, um Ihren Hund glücklich zu machen.

WELPEN UND ERWACHSENE HUNDE
Wenn Ihr Welpe Teil einer Familie werden soll, in der schon einige Hunde leben, müssen Sie ihn schrittweise mit dem Rudel bekannt machen. Siberian Husky Welpen scheinen ein natürliches und besonders starkes Bedürfnis zu haben, mit erwachsenen Hunden zu kommunizieren. Sie suchen ihre Nähe und zeigen sich dann sofort unterwürfig.

Die Reaktion des erwachsenen Hundes ist von Individuum zu Individuum verschieden, in der Regel aber aufmerksam und abwartend. Eine erwachsene Hündin könnte zurückhaltend sein, weil sie befürchtet, dass »Mama« in der Nähe ist und ihre Kleinen beschützt. Die meisten Hündinnen warnen deshalb den Welpen mit Stimmsignalen fortzubleiben, versuchen aber in den meisten Fällen, selbst Distanz zwischen sich und den Welpen zu bringen. Der erwachsene Siberian Rüde ist je nach seiner Position in der Rudelrangordnung entweder völlig desinteressiert oder versucht, den Welpen zu dominieren. »Den Welpen seinen Platz finden zu lassen« ist deshalb sowohl für den Welpen als auch für das Rudel eine möglicherweise gefährliche Situation, da ein einziger Angst- oder Schmerzschrei des Welpen zu einer Massenattacke von Seiten der Erwachsenen führen kann. Es *verbietet* sich deshalb, Welpen mit erwachsenen Rudelmitgliedern unbeaufsichtigt alleine zu lassen, und sei es auch nur für ein paar Minuten.

Einige Erwachsene, meistens die Älteren, werden Spaß am Spiel mit dem Welpen finden, und mit der Weiterentwicklung dieser Beziehung wird auch eine entspanntere

Siberian Husky Welpen sind gerne mit erwachsenen Hunden zusammen.

Wenn sie ruhig und vernünftig miteinander bekannt gemacht wurden, können Welpen und erwachsene Hunde viel Spaß miteinander haben.

Atmosphäre entstehen. Der wichtigste Faktor in dieser Zeit des gegenseitigen Kennenlernens ist Ihre Aufsicht, aber mischen Sie sich nur dann ein, wenn der Welpe wirklich in Gefahr ist. Wenn der Welpe ohne allzu viel »Hilfe« von Ihrer Seite mit den Erwachsenen spielen darf, wird er mehr über Hundeverhalten lernen und sich besser in das Rudel einfügen. Mit der Zeit werden alle Erwachsenen den Welpen akzeptieren und zu einer von Spiel- und Ruhezeiten geprägten Tagesordnung übergehen, die allen ein glückliches Zusammenleben ermöglicht.

ANDERE HAUSTIERE
In der Regel sind Siberian Huskies nicht die Rasse der Wahl, wenn es darum geht, sie mit anderen kleineren Haustieren zusammen zu halten. Ein einzelner Hund kann trotzdem lernen, mit einer Katze oder einem anderen Tier zusammen zu leben, vorausgesetzt, er wird schon im Welpenalter damit bekannt gemacht und die Katze läuft nicht vor dem Hund weg, wenn dieser erwachsen geworden ist. Der Jagd- und Beutetrieb ist bei den meisten Siberians sehr stark und sie sind sich einfach nicht bewusst, dass sie einen »Freund« jagen, wenn die Katze durch den Garten flitzt. Zwar gibt es Ausnahmen von dieser Regel, diese sind aber sehr selten.

Wenn Ihr Siberian Husky ein »Einzelhund« ist oder nur mit einem weiteren Hund zusammenlebt, müssen Sie ihn im Welpenalter mit möglichst vielen anderen Hunden zusammenbringen, damit er gut sozialisiert wird. Beaufsichtigen Sie diese Treffen, um die Sicherheit des Welpen zu gewährleisten und beobachten Sie seine Reaktionen gegenüber anderen Hunden – daraus können Sie Rückschlüsse auf die zukünftige Entwicklung seines Wesens ziehen. Probleme hinsichtlich Aggression oder Dominanz können jetzt noch durch gezieltes Training bekämpft werden, um für die Zukunft Schwierigkeiten zu verhindern. In Haushalten mit nur einem Hund ist das besonders wichtig, da im Normalfall das Rudel mit seiner hierarchischen Struktur Fehlverhalten korrigiert.

GRUNDERZIEHUNG
Die bleibenden Verhaltensmuster Ihres Siberian Husky werden in seinen ersten Lebensmonaten geformt, deshalb müssen Sie jetzt festlegen, was Sie später beim

erwachsenen Hund akzeptabel finden werden und was nicht. Wenn der Welpe zu Ihnen hinaufhüpft, um Ihnen durchs Gesicht zu schlecken, mag das niedlich erscheinen, es ist Ihnen aber sicher nicht mehr so recht, wenn der erwachsene Hund Ihnen in seinem Eifer, Sie begrüßen zu wollen, die Brille von der Nase schlägt oder mit seinen Pfoten durch Ihr Gesicht kratzt.

Es ist sehr wichtig, potenzielle unerwünschte und unsoziale Verhaltensweisen bereits im Welpenalter zu unterbinden, denn der erwachsene Hund kann später nicht mehr verstehen, warum nun plötzlich etwas bestraft wird, das vorher erlaubt war.

Zwar können Ihnen Hundeschulen mit wertvoller Unterstützung zur Seite stehen, der Erfolg einer Grunderziehung, die Ihr Hund für ein geregeltes Leben benötigt, hängt aber davon ab, mit welcher Konsequenz Sie das umsetzen, was Sie beide gelernt haben. Konsequenz ist in der Erziehung das Wichtigste überhaupt. Verwirren Sie Ihren Hund nicht, indem Sie ihm zuhause etwas erlauben, was in der Hundeschule völlig inakzeptabel ist. Alles, was Sie von ihm in einer Übungsstunde erwarten, sollten Sie auch zu jedem anderen Zeitpunkt von ihm erwarten können, sei es, nicht hochzuspringen oder am Straßenrand neben Ihnen sitzen zu bleiben. Ihre Konsequenz und Geduld zahlen sich mit Sicherheit aus!

Der Besuch einer Hundeschule bietet außerdem auch Gelegenheit, mit dem Hund einen Ausflug zu unternehmen. Ihr Hund sollte lernen, dass immer dann, wenn Sie Halsband und Leine hervorholen, angenehme Unternehmungen bevorstehen. Alleine die Autofahrt bis zur Hundeschule ist ja schon ein kleines Abenteuer für sich. Ihr Hund wird noch lieber Auto fahren, wenn er ein eigenes sicheres Plätzchen mit einer soliden Oberfläche hat, auf der er nicht während der Fahrt hin- und herrutscht. Wenn der Hund sicher bis zur Hundeschule gefahren wird und nach nur kurzer Reise dort angenehme Dinge erlebt, wird er später auch längere Fahrten mit Leichtigkeit ertragen.

Viele Besitzer von Siberian Huskies sind sowohl im Schlittenhundesport als auch auf Ausstellungen aktiv. Zwar ist das Training für beide Betätigungen sehr verschieden, wenn nicht sogar gegensätzlich, aber ein Siberian kann sehr wohl anhand der äußeren Umstände Unterscheidungen machen. Derselbe Hund, der sich heute mit voller Kraft ins Zuggeschirr wirft, kann morgen an durchhängender Leine neben Ihnen hergehen oder seinen schönen Körper ruhig stehend und voller stolzem Selbstbewusstsein dem Richter präsentieren. Alles, was Sie an den Hunden um sich herum beobachten, das Gute wie auch das Schlechte, ist nur ein Resultat der Erziehung.

»SITZ« UND »BLEIB«
Auch wenn Sie nicht beabsichtigen, Ihren Hund auszustellen und in Obedience- oder Begleithundprüfungen aktiv zu werden, macht es Sinn, die Grundkommandos »Sitz« und »Bleib« einzuüben. Sie können sich als von unschätzbarem Wert erweisen! Siberian Huskies lernen schnell, sind aber manchmal recht dickköpfig. Es stimmt, dass die meisten Siberians, wenn sie gerufen werden, eher fröhlich-verspielt umherspringen, in die entgegengesetzte Richtung laufen oder sich hinlegen, als zu Ihnen zu kommen – obwohl sie genau wissen, was gemeint ist! Die Erziehung von Siberian Huskies ist eine Frage von Wiederholungen und Belohnungen. Verwenden Sie stets die gleichen Kommandos und belohnen Sie erwünschtes Verhalten immer, und sei es nur durch ein kurzes Streicheln oder ein »Guter Hund!« Eine kleine Futterbelohnung bewirkt noch

mehr! Genau wie beim Einüben der Kommandos zum Richtungswechsel auf dem Trail können Sie auch hier ganz einfach vorgehen: Sie warten, bis Ihr Hund sich zufällig hinsetzt, sagen genau in diesem Moment »Sitz« und belohnen ihn dafür, was er scheinbar gerade eben auf Ihren Wunsch hin getan hat! Er wird sehr schnell begreifen, dass es sich lohnt, zu tun, was Sie von ihm verlangen. Allmählich können Sie dann die Gelegenheiten, zu denen Sie Futterbelohnungen geben, immer weiter reduzieren, bis nur noch ein stimmliches Lob ausreicht. Überfordern Sie Ihren Junghund nicht, indem Sie zu viel auf einmal üben – arbeiten Sie lieber kürzer, dafür aber öfter an der Grunderziehung.

Der Siberian Husky ist von Natur aus ein Jäger.

DER JAGDTRIEB

Keine noch so gründliche Erziehung wird die Tatsache aus der Welt schaffen, dass Ihr Siberian Husky einen tief verwurzelten Jagdtrieb in sich trägt. Er kann ruhig daliegen oder spielen, um dann plötzlich aufzuspringen, eine Beute zu jagen und zu töten. Vielleicht ist es gerade dieser stark ausgeprägte Jagdtrieb, der den Siberian zu einem so erfolgreichen Schlittenhund macht – wo der Jagdtrieb auf das Ziehen umgelenkt wird. Ihr »Haus-Husky« wird sich nicht von einem Arbeitshund unterscheiden, wenn es um Nachbars Katze, einen kleineren Hund oder ein Kaninchen geht. Im besten Fall führt dies zu einer peinlichen Situation, im schlimmsten Fall zu einem Unglück, das unangenehm für Sie und gefährlich für Ihren Hund ist – denn in vielen Ländern sieht die Gesetzgebung inzwischen vor, dass ein Hund, der nicht unter der Kontrolle seines Besitzers steht, getötet werden darf. In unserer heutigen modernen Gesellschaft ist es deshalb sowohl für die Beziehungen zu Ihren Mitmenschen als auch für Gesundheit und Wohlergehen des Hundes unerlässlich, dass Sie Ihren Siberian jederzeit unter Kontrolle haben.

DER VIELSEITIGE HUSKY

Wie man mit Siberians arbeitet und sie ausstellt, wird an anderer Stelle dieses Buches noch ausführlich beschrieben; auf jeden Fall aber ist diese Rasse wahrhaft vielseitig und macht freudig jede Betätigung mit, die Sie sich gerade ausgedacht haben!

Sie sind nicht erste Wahl für jemanden, der sich an Obedience-Wettkämpfen beteiligen möchte, aber sie lernen schnell und sind extrem beweglich. Wenn sie sich erst dazu entschließen, können sie sowohl in Obedience als auch in Agility sehr gut sein, aber sie brauchen einen Menschen mit

Der Siberian Husky lernt schnell und gerne, ist aber nicht der optimal geeignete Hund für Unterordnungswettkämpfe.

Geduld. Die natürliche Überschwänglichkeit des Siberian Husky kommt oft in den unpassendsten Situationen zum Vorschein – indem er beispielsweise begeistert um den Wettkampfring rast und das Gelächter der Zuschauer genießt! Es gibt genügend Hundeschulen, die Sie besuchen können, um weiter voranzukommen.

So genannte »Welpenspielgruppen« bieten eine hervorragende Möglichkeit, um Welpen mit der Außenwelt bekannt zu machen. Gewöhnlich werden sie von Hundeschulen, manchmal auch von Tierarztpraxen veranstaltet. Bei dieser Gelegenheit können Sie Ihrem Welpen auch schon die Grundkommandos »Sitz«, »Platz« und »Bleib« zu einem frühen Zeitpunkt beibringen. Die meisten Obedience-Kurse nehmen erst Hunde ab einem Alter von sechs Monaten auf, bereiten Sie sich deshalb schon zuhause mit der Grunderziehung vor.

Agility baut im Normalfall auf dem Obedience-Training auf. Auch hierfür benötigen Sie zunächst eine Hundeschule, bis Sie die nötige Ausrüstung auch zuhause haben. Dieser Sport lässt sich aber am besten unter der Anleitung erfahrener Trainer erlernen.

Siberians haben es in beiden Disziplinen zu Erfolgen auf hohem Niveau geschafft, so dass Sie auch dann mit Ihrem Hund Wettkämpfe bestreiten können, wenn weder der Schlittenhundesport noch der Ausstellungsring für Sie in Frage kommen.

GESUNDHEITSFRAGEN

Impfungen und Entwurmungen, Flohkontrolle und Futterqualität werden später noch besprochen, aber als Hundebesitzer müssen Sie auch noch weitere Aspekte für das Wohlergehen Ihres Hundes betrachten.

Setzen Sie sich selbst einen Zeitpunkt für einen regelmäßigen Gesundheitscheck Ihres Hundes. Schauen Sie sich die Ohren an: Sind sie innen sauber, gibt es Anzeichen für eine starke Ansammlung von Ohrschmalz oder kratzt sich Ihr Hund dort häufig? Sind seine Augen klar und ohne Ausfluss, ist das Haar unter den Augen sauber und unverklebt? Sind seine Zähne in gutem Zustand? Suchen Sie nach Zahnstein-Ablagerungen am Zahnhals oder Anzeichen für beschädigte oder gesprungene Zähne. Bewegt sich der Hund normal und in seiner gewohnten Gangart? Schon ein leichtes Lahmen kann Anzeichen für eine wunde Pfote, einen eingetretenen Dorn oder Splitter oder eine Muskelverletzung in Lauf oder Schulter sein. Streichen Sie mit den Händen über seinen Körper und ertasten Sie die Körperkonturen unter dem Fell: Ist der Hund fett oder unterhalb seines Normalgewichtes? Sie sollten seine Rippen deutlich fühlen können und er muss hager, aber nicht dünn sein. Vielleicht finden Sie bei dieser Gelegenheit auch eine Zecke oder eine Stelle mit Hautausschlag,

Prüfen Sie den Zustand Ihres Hundes regelmäßig, um ihn in Top-Verfassung zu halten.

die Sie vorher nicht bemerkt hatten.

Werfen Sie auch ein Auge auf seinen Kot, der Ihnen viel über den allgemeinen Gesundheitszustand sagen kann. Leichter Durchfall kommt bei Siberians häufiger vor und kann Anzeichen für eine Überfütterung sein. Falls Ihr Hund Untergewicht hat, bauen Sie ihn lieber mit mehreren kleineren Mahlzeiten pro Tag auf als mit einer großen. Der Siberian Husky ist leichter gebaut als sein Aussehen vermuten lässt. Sein Futterbedarf ist deshalb geringer, als manche Menschen annehmen würden, besonders, wenn er mit Trockenfutter ernährt wird. Siberian Huskies können sehr empfindlich auf Änderungen ihrer Ernährungsgewohnheiten reagieren, sei es durch Futtermenge oder Wechsel der Marke. Durch Abtasten seines Körpers und Beobachtung seines Stuhlgangs können Sie immer die richtige Futtermenge für ihn herausfinden.

Zum Thema »Stuhlgang« wäre noch anzumerken, dass es für Hunde jeden Alters, besonders aber für Welpen, normal ist, Kot zu fressen. Viele Hunde lassen mit dem Erwachsenwerden wieder von dieser Gewohnheit ab; da dies aber ein Hauptübertragungsweg für Wurminfektionen ist, sollten Sie stets hinter Ihrem Hund aufräumen.

WELPENFUTTER

Suchen Sie für Ihren Welpen ein spezielles Welpen- oder Juniorfutter aus. Die Futterstückchen sollten von mittlerer Größe sein, damit der Hund gezwungen wird, zu kauen anstatt einfach hinunterzuschlucken. Ab einem Alter von etwa neun Monaten können Sie zu einem Erwachsenenfutter wechseln, am besten zu einem sehr guten Markenfutter für Hunde mit hohem Aktivitätsniveau, besonders, wenn Sie vorhaben, Ihren Hund vor den Schlitten zu spannen. Führen Sie jede Futterumstellung langsam und über mehrere Tage hinweg durch, um Magenverstimmungen zu vermeiden. Füttern Sie die gewohnte Menge, bis Ihr Hund etwa ein Jahr alt ist und geben Sie erst dann die für einen erwachsenen Hund normale Menge.

Hunde sind Gewohnheitstiere, weshalb Futterbelohnungen auch immer nur Belohnungen bleiben und nicht Teil der täglichen Ernährung werden sollten. Wenn Sie sich daran halten, können Sie Futterbelohnungen

Regelmäßigkeit ist wichtig – besonders wenn es ums Fressen geht!

als wirksame Erziehungshilfe einsetzen. Ein kleiner Hundekuchen vor dem Schlafengehen, wenn Sie das Licht ausknipsen, hilft Ihrem Welpen bestimmt, diesen Teil des Tagesablaufes besser zu akzeptieren. Auch ein kleiner Leckerbissen für das Herankommen ist sicher eine gute Idee, besonders bei Siberian Huskies, die in diesem Punkt gern etwas stur zu sein pflegen!

APPETIT DES ERWACHSENEN HUNDES
Wie viel Futter Ihr Hund letztendlich frisst, hängt von seiner Bewegungsmenge, der Außentemperatur und dem Alter ab. Siberian Huskies sind keine geborenen Vielfraße, weshalb gelegentliche Futterverweigerungen, insbesondere bei Rüden, kein Anlass zu besonderer Besorgnis sind. Ein einzeln gehaltener Hund frisst nicht so gierig wie ein im Rudel lebender, da der Konkurrenzkampf wegfällt. Falls Ihr Hund ansonsten gesund und guter Dinge ist, wird ein gelegentlicher Appetitmangel höchstens ein oder zwei Tage lang anhalten. In manchen Fällen, besonders in Rudeln, kann er auch Anzeichen für eine leichte Unpässlichkeit sein. Im Normalfall erholen sich die Hunde von solcherlei Wehwehchen sehr schnell; aber befragen Sie Ihren Tierarzt, wenn Sie sich Sorgen machen.

Rüden verlieren ihren Appetit, falls eine Hündin in der Nähe in die Hitze kommt. Auch das ist völlig normal und kann eine ganze Zeit lang anhalten. Diese Situation kann auch andere Verhaltensänderungen hervorrufen wie Aggression gegenüber anderen Rüden, Spannung und Stress im Rudel und herzzerreißendes Heulen (mit Vorliebe mitten in der Nacht). All dies wird Ihre Geduld auf eine harte Probe stellen, da die Hunde aber nichts weiter tun, als ihren Instinkten gemäß zu handeln, wäre es unfair,

Bei sehr warmem Wetter zeigen Siberian Huskies oft nur wenig Appetit.

ihnen etwas anderes als Verständnis entgegenzubringen.

AUSGEWOGENE ERNÄHRUNG
Die richtige Zusammensetzung der Ernährung hängt von mehreren Faktoren wie Alter, Aktivität und Gesundheit ab. In den meisten Fällen bietet ein Komplett-Trockenfutter die größte Bequemlichkeit und die Sicherheit, dass Sie ein vollwertiges und ausgewogenes Futter geben, das speziell auf die Bedürfnisse Ihres Hundes abgestimmt ist. Es gibt weniger als ein halbes Dutzend wirklich hochwertiger Trockenfutter auf dem Markt, weshalb Sie auch einmal hinter die bunten Werbeplakate schauen müssen, um die besten herauszufinden.

Andere erhältliche Futterarten sind Dosenfutter, Futter mit einem Gehalt an Restfeuchtigkeit, Frischfutter und gefrorenes Futter. Frisches oder gefrorenes Fleisch muss mit Futterflocken gemischt werden. Außerdem müssen Vitamine hinzugefügt werden, um eine ausbalancierte Ernährung zu erreichen. Sie sehen, diese Art der Fütterung hat Nachteile, aber die Hunde lieben sie! Dosenfutter oder Futter mit Restfeuchtigkeit sind zum Teil Komplettfutter, müssen aber zum Teil auch noch ergänzt werden. Lesen Sie aufmerksam die Angaben auf der Packung, um festzustellen, ob es sich um ein Alleinfutter oder ein Zusatzfutter handelt. Zusatz- oder Mischfutter müssen mit anderen Zutaten gemischt werden, um eine ausgewogene Ernährung zusammenstellen zu können. Ein Nachteil dieser Futtersorten ist die hohe Menge an Futter, die Sie geben müssen, da der größte Teil davon aus Feuchtigkeit besteht. Wenn Sie Trockenfutter geben, deckt der Hund seinen Wasserbedarf aus dem Wassernapf; manche Leute bevorzugen es aber auch, das Trockenfutter mit Wasser gemischt zu geben. Nochmals – Hunde lieben Dosenfutter! Manche Besitzer entschließen sich deshalb, zusätzlich zum Trockenfutter noch etwas Dosenfutter hinzuzugeben – nicht, weil es unbedingt nötig wäre, aber so haben sie das Gefühl, ihrem Hund eine schmackhaftere Mahlzeit zu servieren!

Es gibt zwei verschiedene Typen von Trockenfutter: gepresstes Futter in Pellet- oder Nuggetform und Müsli-artige Flockenmischungen. Solange es sich um beste Qualität handelt, sind beide Futtersorten gleich gut geeignet, aber lassen Sie die Finger von billigen Flockenfuttern. Das Verdauungssystem von Hunden ist nicht in der Lage, Rohfasern aufzuschließen und zu verdauen, wovon dieses Flockenfutter große Mengen enthält. Die unverdauten Flocken und Getreidekörner kommen deshalb im Stuhlgang wieder zum Vorschein! Um die schlechte Verdaulichkeit auszugleichen, müssen Sie größere Mengen füttern, weshalb Sie letzten Endes kein Geld sparen und Ihrem Hund keinen Gefallen tun. Siberian Huskies haben in der Regel einen eher empfindlichen Verdauungsapparat, deshalb scheinen hochwertige Allein-Trockenfutter, möglichst ohne Zusatz von Weizenkleie, am besten für sie geeignet zu sein – sie verursachen am wenigsten Magenverstimmungen und führen zu gesunden, glücklichen Hunden.

Industriell hergestellte Hundefutter sind in den letzten Jahren immer raffinierter geworden, so dass Sie heute Spezialfutter für verschiedene Lebensalter, Größen, aktive oder übergewichtige Hunde finden.

FUTTERMENGE
Die Frage der richtigen Futtermenge müssen Sie am besten für sich allein entscheiden. Verlassen Sie sich nicht unbedingt auf die Mengenangaben auf der Futterpackung, denn diese sind nur eine Richtlinie des Herstellers, keine universal gültige Angabe. Gehen Sie zu Beginn von der auf der Packung angegebenen Menge aus. Mit der

Manchmal sucht sich ein Siberian Husky auch selbst sein Futter aus - Brombeeren sind eine beliebte Zwischenmahlzeit.

Siberian Husky -Heute-

Zeit können Sie die Menge variieren, wenn Sie sehen, wie Ihr Hund sich entwickelt. Er sollte schlank und gut bemuskelt, aber nicht dünn sein. Sobald er über- oder untergewichtig zu werden droht, müssen Sie die Futtermenge entsprechend anpassen. Nehmen Sie Mengenänderungen immer schrittweise vor, da die plötzliche Fütterung einer wesentlich größeren Menge fast immer zu Durchfall führt. Am besten können Sie Gewicht und Gesamtkondition Ihres Hundes beurteilen, wenn Sie mit den Händen über Wirbelsäule und Rippen streichen. Sie sollten gut mit Fleisch bedeckt, aber nicht unter Fett verschwunden sein. Sie müssen die Rippen deutlich fühlen können, ohne zwischen den einzelnen Rippen im Fett zu versinken. Halten Sie sich das Bild eines menschlichen Athleten vor Augen – nie wird Ihnen ein erfolgreicher Läufer begegnen, bei dem man die Rippen nicht sehen kann.

Trotzdem ist die Unterscheidung zwischen »schlank« und »dünn« wichtig, denn ein Hund darf genauso wenig abgemagert wie übergewichtig sein. Hunde fühlen sich wesentlich wohler, wenn sie körperlich fit und in der Lage sind, zu rennen und zu spielen, als nur aus dem Grund überfüttert zu sein, weil der Besitzer dem perfekt inszenierten Betteln (worin Hunde besonders gut sind) nicht widerstehen konnte! Es liegt in Ihrer Verantwortung, Ihren Hund gesund und fit zu erhalten – dies sollten Sie als einen der wichtigsten Aspekte der Hundehaltung betrachten.

Futterbelohnungen können die Ernährung Ihres Hundes ergänzen, aber achten Sie darauf, dass die Gabe von Leckerchen immer auf ein Minimum beschränkt bleibt und nicht aus dem Ruder läuft. Futterbelohnungen können bei der Erziehung sehr hilfreich sein, insbesondere bei Welpen. Wenn nötig, müssen Sie die Futtermenge entsprechend reduzieren.

Die Ernährung von Welpen wird im Kapitel über das Züchten noch näher besprochen, als Faustregel kann jedoch gelten, dass Sie bis zu einem Alter von zwölf Wochen vier Mahlzeiten täglich geben sollten, bis zum Alter von sechs Monaten drei und danach zwei Mahlzeiten pro Tag.

Für Sie zwar unbequemer, aber für die Hunde besser ist es, zweimal täglich zu füttern, da sie dann nicht so eine große Menge auf einmal verdauen müssen. Wenn wir unsere gesamte Tagesration auf einmal verzehren müssten, würden wir uns danach völlig übersättigt fühlen, um einige Stunden später wieder hungrig zu sein – und Ihrem Hund geht es nicht anders.

DER FUTTERNAPF
Futternäpfe gibt es aus Kunststoff, Porzellan, Edelstahl und Steingut. Bedenken Sie, dass ein Junghund Spaß daran finden wird, mit seinem Futternapf zu spielen – suchen Sie deshalb etwas Unzerbrechliches aus. Kunststoff kann zerkaut werden, weshalb die meisten Besitzer von Siberians Edelstahlnäpfe bevorzugen. Diese sehen

Der erwachsene Husky bekommt zwei Mahlzeiten pro Tag.

nach einigen Jahren zwar etwas mitgenommen aus, halten aber den Zähnen des Hundes und dem Zahn der Zeit stand!

DAS HAARKLEID DES SIBERIAN HUSKY

Ihr Siberian Husky ist auf die meisten Wetterextreme gut eingerichtet. Sein dichtes, doppeltes Haarkleid ist ein optimaler Schutz gegen eiskalte Winde und Schneegestöber. Gleichzeitig ist es ein ebenso gutes Schutzschild gegen Wasser – es ist durchaus nicht ungewöhnlich, Siberians im Regen liegen zu sehen, die sich offenbar nicht das Geringste aus dem Wetter machen. Nur ein kurzes Schütteln, und einige Minuten später ist das Fell wieder trocken und in seinem ursprünglichen Zustand. Regentropfen können kaum das dichte Haar durchdringen, so dass die Haut immer trocken bleibt. Nur kurz mit einem Handtuch abgerieben, kann er deshalb gleich nach dem Regen wieder ins Haus, ohne Ihre Möbel zu ruinieren.

Für Welpen gilt das Gesagte allerdings nicht. Bevor das raue Deckhaar wächst, ist das Welpenfell weich und viel weniger wasserfest als das eines erwachsenen Hundes. Welpen müssen deshalb sorgfältig abgetrocknet werden, wenn sie in einen Regenschauer geraten sind. Im Alter von vier bis fünf Monaten haben sie dann genügend Deckhaar geschoben, um schlechtem Wetter zu trotzen; nach einem Regenspaziergang sollten sie aber trotzdem möglichst schnell getrocknet werden. Auch »Oldies« sind für ein Abrubbeln mit dem Handtuch dankbar.

Sein Haarkleid schützt den Siberian Husky aber auch noch auf andere Weise. Es dient als Isolierschicht, die bis zu einem gewissen Maß zuviel Sonnenlicht und Hitze vom Körper fernhalten kann. Viele Huskies räkeln sich gerne ausgiebig in der Sonne oder vor dem Kaminfeuer, was aber ebenfalls Probleme verursachen kann, da die Hitze nicht so schnell vom Körper abgestoßen werden kann wie bei kurzhaarigeren Rassen. Falls Ihr Hund in warmer und sonniger Umgebung lebt, sollten Sie deshalb immer darauf achten, dass er regelmäßig einen Schattenplatz aufsuchen kann. Siberians kommen ganz gut mit Hitze zurecht, vielleicht auch wegen ihres ruhigen und entspannten Wesens, das ihnen neben der Beschaffenheit ihres Haarkleides ermöglicht, sich unter Klimabedingungen wohl zu fühlen, die anderen Hunden Unwohlsein bereiten würden. Solange ein Schattenplatz vorhanden ist, am besten noch ein kühles Lüftchen dazu, kühle Fliesen oder Betonboden und genügend frisches Wasser, bleibt Ihr Siberian Husky auch über längere Hitzeperioden hinweg guter Dinge.

Das dicke Haarkleid schützt vor Nässe und Kälte, es dauert aber einige Monate, bis das Fell eines Junghundes wasserfest ist.

Genauso wichtig ist, dass Ihr Hund bei schlechtem Wetter einen geeigneten Unterschlupf finden kann, obwohl er natürlich am liebsten mit Ihnen ins Haus kommen möchte!

Bürsten dient nicht nur der Pflege des Haarkleides, sondern auch der Pflege Ihrer Beziehung zum Hund.

FELLPFLEGE

Das Haarkleid des Siberian Husky ist recht robust und benötigt keine ständige Pflege. Trotzdem wird es ab und zu nicht schaden, wenn Sie der Natur ein wenig nachhelfen – nicht nur, damit das Zusammenleben mit dem Hund für Sie angenehm bleibt, sondern auch, damit er selbst sich wohlfühlt. Er wird die Aufmerksamkeit sicher genießen, die Sie ihm während der Fellpflege entgegenbringen und für das Entfernen loser, juckender Haare dankbar sein – vorausgesetzt, Sie haben ihn schon im Welpenalter an diese Prozedur gewöhnt.

Das Bürsten und Auskämmen der losen Haare kann zu einer recht ermüdenden Angelegenheit werden, wenn es nicht regelmäßig durchgeführt wird. Gewöhnen Sie sich und den Hund frühzeitig an eine regelmäßige Pflegeroutine, damit immer ein glattes Fell ohne ständig rieselnde Unterwolle erhalten bleibt. Dabei haben Sie gleichzeitig Gelegenheit, Ihren Hund und seinen Gesundheitszustand gründlich zu überprüfen – Gewicht, Ohren, Pfoten und so weiter. Auch kleinere Kratzer und Verletzungen, die sonst unter dem dicken Fell verborgen geblieben wären, fallen Ihnen dabei auf. Fellpflege stellt sicher, dass Sie mit dem Hund »in Kontakt bleiben« und kann Ihre beiderseitige Beziehung vertiefen.

UTENSILIEN ZUR FELLPFLEGE

Welche Utensilien am besten für die Fellpflege Ihres Hundes geeignet sind, kommt größtenteils auf die Beschaffenheit und Länge seines Haarkleides an. Die meisten Haarkleider sprechen gut auf eine Behandlung mit Drahthaarbürsten an, achten Sie aber darauf, dass Sie eine Bürste guter Qualität mit Plastikkügelchen auf den Borstenenden verwenden, damit die Hundehaut nicht verletzt werden kann. Ein weitgezahnter Metallkamm ist nützlich, um die Bürste zu reinigen und verfilzte Stellen zu entwirren, besonders im feineren Fell hinter den Ohren und an der Rute. Die meisten Hunde hassen es, wenn man sich an ihrer Rute zu schaffen macht, was aber fast immer daran liegt, dass der Mensch versucht, sie hochzuhalten, um sie besser bürsten zu können. Viel weniger umangenehm ist es Ihrem Hund, wenn Sie die Rute im Liegen bürsten und nur in Richtung des Haarwuchses arbeiten, denn so wird die Rute nicht in eine unnatürliche und unbequeme Haltung gezwungen. Eine Schere mit abgerundeten Enden tut gute Dienste, um das Haar um die Pfotenballen herum zurückzuschneiden. Mehr braucht es gar nicht, um Ihren Siberian Husky immer gut gepflegt aussehen zu lassen!

BADEN

Siberians müssen nicht oft gebadet werden. Zwei – bis dreimal pro Jahr reicht völlig aus, es sei denn, Sie haben einen weißen Hund

und möchten regelmäßig ausstellen. Nach einem Bad mit warmem Wasser, Hundeshampoo und anschließender gründlicher Dusche mit klarem Wasser ist Ihr Hund sauber und riecht gut. Während der Sommermonate können Sie Ihren Hund einfach draußen im Garten trocknen lassen – aber achten Sie auf Maulwurfshügel oder ähnliche interessante Objekte, in denen er sich genüsslich wälzen und Ihre Arbeit ruinieren könnte! Bei schlechtem Wetter trocknen Sie ihn ab und föhnen ihn, falls er dies akzeptiert. Noch einmal muss betont werden, dass frühzeitige Gewöhnung an all diese Dinge sich auszahlt.

BEWEGUNG

Die meisten Siberians versuchen zu ziehen, sobald sie an der Leine sind – dieser natürliche Trieb wurde über Generationen hinweg züchterisch in ihnen verankert. Trotzdem können Sie Ihrem Hund mit ein wenig Mühe auch vernünftiges Gehen beibringen – ein Kurs bei der örtlichen Hundeschule hilft sicher weiter. Der Versuch, einen ziehenden Hund mit einem Würgehalsband korrigieren zu wollen, ist sinnlos und gefährlich. Führgeschirre oder Kopfhalfter dagegen können sehr effektiv sein, wenn sich der Hund erst einmal daran gewöhnt hat.

Tägliche Bewegung ist für einen Hund, der keine Rennen läuft, besonders wichtig. Wer seinen Husky regelmäßig einspannt, entwickelt bald seinen eigenen Trainingsplan, nach dem die Hunde vielleicht einige Tage bewegt werden, um dann einige Tage lang auszuruhen. Gespannhunde müssen das ganze Jahr über bewegt werden, und falls das Wetter einen Strich durch das Schlitten- oder Wagentraining macht, muss ein morgendlicher Spaziergang die Arbeit im Geschirr ersetzen. Das ganze Jahr über Bewegung zu haben, ist für alle Hunde

Wer führt hier wen spazieren? Siberian Huskies ziehen gerne an der Leine.

wichtig, der Siberian Husky macht da keine Ausnahme: er ist kein Motorrad, dass außerhalb der Saison weggestellt und erst im nächsten Sommer wieder hervorgeholt werden kann.

Wenn Ihr Hund jeden Tag spazieren geführt wird, sollten Sie dabei Wetter, Ihren Tagesablauf sowie Alter und Fitness des Hundes mit einplanen. Einige Tipps sind sicher hilfreich:

- Im Sommer sollten Sie während einer kühleren Tageszeit gehen, um die Hitzebelastung zu verringern.
- Täglich eine halbe bis ganze Stunde reicht für die meisten Siberians aus – in der Regel würden sie es aber auch gerne länger genießen!
- Durch das tägliche Training erreichen Sie so viel Kondition, dass Sie am Wochenende ohne Probleme für sich oder den Hund zu einer dreistündigen Wanderung aufbrechen können.
- Passen Sie das Maß der Bewegung dem Alter des Hundes an – gehen Sie kürzere Strecken.
- Die Bewegung von Junghunden sollte begrenzt werden, bis sie ganz ausgewach-

Eine Flexi-Leine erlaubt Ihrem Hund mehr Freiheit, während Sie ihn trotzdem noch unter Kontrolle haben.

sen sind; viel Spielen und kurze Spaziergänge reichen aus. Längere Märsche sollten noch nicht unternommen werden, solange das Knochenwachstum nicht abgeschlossen ist.

Sicherlich ist es wichtig, dafür zu sorgen, dass Ihr Hund nicht aus Haus oder Garten entkommen kann; regelmäßige Bewegung wird aber mit Sicherheit seinen Wunsch verringern, dies zu tun! Falls Sie eine gut umzäunte Wiese finden, ist freies Laufen eines der größten Vergnügen für Ihren Siberian Husky! Sollte ein Freilaufenlassen nicht möglich sein, ist eine Ausziehleine von unschätzbarem Wert. Ihr Hund wird sehr schnell lernen, wie weit er laufen kann, bevor er das Ende der Leine erreicht und sich danach einrichten.

DIE PFLEGE DES ÄLTEREN HUNDES
Siberian Huskies sind in der Regel eine recht langlebige Rasse und bleiben auch dann gesund, wenn sie die Zehnjahresmarke überschritten haben, vor allem, wenn sie in guter Kondition gehalten und richtig ernährt wurden.

Möglicherweise stellen Sie fest, dass Ihr Hund im Alter etwas pflegebedürftiger wird und eine regelmäßige Gesundheitsinspektion ihm gut tut. Streichen Sie mit den Händen über Körper und Läufe – falls Sie dabei kleine Knoten und Verdickungen finden, stellen Sie diese gleich dem Tierarzt vor.

Wichtig ist auch, die Zähne regelmäßig auf Zahnstein, Verfärbungen oder Risse kontrollieren zu lassen, da sonst Zahnfleischentzündungen entstehen könnten.

Sowohl für das Futter als auch für die Bewegung gilt das Motto: Weniger, aber öfter! Vielleicht stellen Sie auf drei Mahlzeiten pro Tag und einige kürzere Spaziergänge um. Letztendlich können Sie selbst am besten beurteilen, was Ihrem Oldie am besten bekommt. Möglicherweise stellen Sie fest, dass die Fressgewohnheiten Ihres Hundes sich ändern und er mäkeliger wird. Viele Besitzer finden dann heraus, dass die beste Lösung ist, dem Hund nur das zu geben, was er am liebsten frisst, da sein Appetit abnimmt. Sehen Sie die Ernährungsregeln jetzt nicht mehr so streng: Es ist viel wichtiger, dass Ihr Hund glücklich alt wird, als dass Sie einen perfekten Diätplan verfolgen.

Ältere Hunde sind dankbar für einen weicheren Liegeplatz, da sie steifer und unbeweglicher werden. Falls sie in der oberen Etage schlafen, kann es sein, dass sie beim Treppensteigen ein wenig Unterstützung brauchen. Falls sich eine leichte Inkontinenz einstellt, sorgen Sie für eine wasserfeste Schlafunterlage mit waschbarem Textilbezug, um sich selbst das Leben leichter zu machen. Niemals dürfen ältere Hunde für solche Vorkommnisse bestraft werden – sie haben ihre Erziehung zur

Haltung und Pflege des Siberian Husky

Stubenreinheit nicht vergessen, sondern einfach die Kontrolle über ihre Blase verloren, wie das auch bei älteren Menschen häufiger vorkommt. Geben Sie ihm häufig Gelegenheit, ins Freie zu gehen – das mindert das Risiko und lässt auch den Hund entspannter sein. Manche Siberian Huskies werden im Alter etwas mürrischer, vor allem, wenn sie im Rudel leben. Es wird immer schwieriger für sie, eine ranghohe Position zu behalten – aus Sicht des Hundes ist eine gewisse Aggressivität der beste Weg, um mit dieser Situation umzugehen. Wenn Sie sich dieser Tatsache bewusst sind, gibt es auch einen Lösungsweg.

Für die Hunde dreht es sich nur darum, das Gesicht zu wahren – lassen Sie Ihre Senioren deshalb nicht in der Gesellschaft von rüpelhaften Halbstarken im Sturm-und-Drang-Alter alleine. Ältere Hunde sollten mehr Zeit im Haus verbringen dürfen, weg vom Rest des Rudels. Beobachten Sie sie, wenn sie sich im Rudel aufhalten. Vermitteln Sie Ihrem alten Hund das Gefühl, dass er immer noch gebraucht wird, auch wenn Sie und der Rest des Rudels wissen, dass es eigentlich nicht so ist – das ist alles, was er braucht, um zufrieden alt zu werden.

In der Regel beginnen jetzt auch Ihre Tierarztrechnungen immer höher zu werden. Obwohl Siberian Huskies gesunde Hunde sind, werden Sie doch feststellen, dass größere und kleinere Gebrechen jetzt häufiger vorkommen. Lassen Sie diese so früh wie möglich behandeln, damit sie sich nicht zu größeren und teureren Gesundheitsproblemen auswachsen. Ihr alter Hund verdient die beste Pflege, die Sie ihm geben können. Denken Sie nur an all die Jahre voller Freundschaft und Treue, die er Ihnen geschenkt hat, und Ihnen wird klar, dass Sie ihm auch im Alter Dank schulden!

RUDELHALTUNG
Richtige Unterbringung ist für einen einzelnen Husky genauso wichtig wie für ein ganzes Rudel. Wenn Sie Ihren Hund frei umherstreunen oder aus dem Haus, einem schlecht umzäunten Auslauf oder Garten entwischen lassen, ist dies unverantwortlich und gefährdet sowohl Ihren Hund als auch andere Tiere. Da Siberians besonders gute Buddler sind, muss die Auslaufbefestigung aus Beton, Pflastersteinen oder Steinfliesen bestehen. Beton ist auch leicht sauber zu halten und kann regelmäßig desinfiziert werden. Wenn er richtig drainiert wurde, trocknet er auch sehr schnell wieder ab. Ein Anstrich mit guter Außenfarbe oder einem Kunststofflack macht diese Oberfläche besonders leicht zu reinigen und verhindert, dass der Auslauf mit der Zeit unhygienisch wird und riecht, besonders, wenn Sie ein größeres Rudel halten. Beton ist ideal zu reinigen, bedenken Sie aber, dass im Winter eine rutschige Eisschicht darauf entstehen kann – womit die Hunde aber gut zurecht kommen.

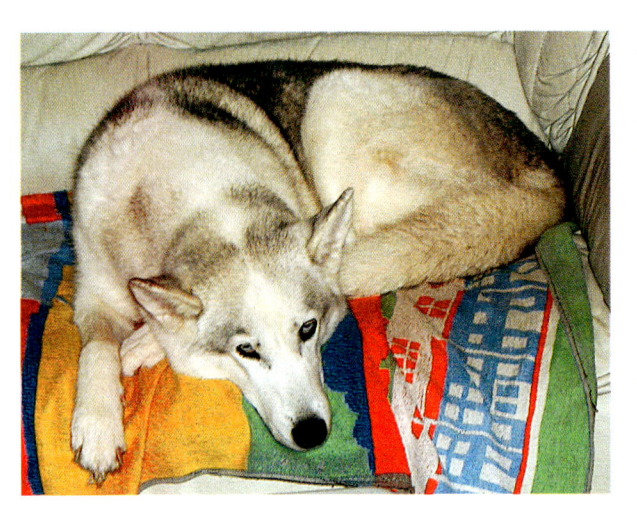

Ältere Hunde sind für mehr Komfort besonders dankbar.

Siberian Husky -Heute-

Steinfliesen oder Verbundpflastersteine sind ebenfalls geeignet, aber weniger hygienisch, da sich Schmutz in den Fugen ansammeln kann. Tägliches Abspritzen mit einem Hochdruckreiniger und einem modernen, nicht bleichenden Desinfektionsmittel stellt sicher, dass der Auslauf geruchs- und keimfrei bleibt. Was wiederum bewirkt, dass auch Ihr Hund nicht unangenehm riecht! Das Haarkleid des Siberian Husky speichert in der Regel keine Gerüche, aber ein ständiges Liegen auf von Urin durchtränktem Beton ist sicherlich nicht gerade hilfreich!

Bewahren Sie Ihr gesamtes Putzmaterial in Reichweite von Zwinger und Auslauf auf. Sie brauchen unbedingt: einen Wasseranschluss, einen Wischmop, einen Eimer, einen Gartenschlauch, tiergeeignetes Desinfektionsmittel sowie eine Schaufel und einen Eimer zum Aufsammeln der Exkremente. Für die schmutzigeren Aufgaben sind auch Gummi-Haushaltshandschuhe sehr hilfreich! Das Behältnis zum Aufsammeln der Exkremente sollte einen schließenden Deckel haben, damit keine Fliegen hineingelangen, sowie der Hygiene halber mit Plastikfolie oder Müllbeuteln ausgeschlagen sein. Bei der Entsorgung der Fäkalien sind die örtlichen Vorschriften zu beachten: dicht in Müllbeutel verpackt in den Hausmüll, über die Oberflächenentwässerung oder Vergraben im Erdreich. Erkundigen Sie sich bei Ihrer Stadt- oder Gemeindeverwaltung.

Beton oder Pflastersteine sind zwar gut als Liegefläche für Hunde geeignet, aber sehr hart, weshalb Druckschwielen entstehen können, vor allem an den Ellbogen. Ohne jeden Zweifel lieben es die Huskies, in erhöhter Position zu sitzen oder zu liegen. Unter einer erhöhten Holzplattform kann die Luft zirkulieren, so bleibt der Hund kühl und trocken. Achten Sie darauf, ob die Abstände zwischen den einzelnen Holzlatten eng genug sind, damit sich keine Hundepfote darin festklemmen kann. Auch eine Holzpalette oder ein altes Plastikfass bieten eine gute Sitzgelegenheit, die Ihr Husky begeistert annehmen wird, falls Sie keinen Platz für eine Plattform haben.

Wenn Ihr Hund draußen lebt, ist ein geeigneter Schutz vor Regen und Sonne ein Muss. Ein den ganzen Tag über schattiges Plätzchen ist natürlich kühler als eines, das sich erst abkühlen muss, wenn die Sonne darüber hinweg gegangen ist. Wenn nichts anderes verfügbar ist, bieten ein großer Sonnenschirm oder eine Pergola etwas Schutz. Ihr Siberian Husky wird sich dann vor Regen oder Sonne zurückziehen, wenn er das Bedürfnis dazu verspürt. Bei einigen Hunden, die Sonnenbäder nehmen oder im Regen bleiben, müssen Sie aber selbst urteilen, wann es besser ist, sie ins Haus zu bringen. Das Haarkleid des Siberian ist zwar

Huskies sind berühmt-berüchtigt für ihr Talent zum Löchergraben.

sehr wetterfest, aber zu viel Sonne kann Hautschäden verursachen und bis auf die Haut durchdringende Nässe zieht Unwohlsein, wenn nicht sogar Schlimmeres nach sich.

UNTERBRINGUNG EINES RUDELS

Wenn Sie mehrere Siberians als Rudel zusammen halten, müssen Sie sich Gedanken um die richtige Unterbringung machen, vor allem, wenn die Hunde nicht im Haus leben sollen. Da Siberians es genießen, zur Familie zu gehören, sind sie natürlich am liebsten im Haus – wenn das nicht geht, sollten Sie so viel Zeit wie möglich mit ihnen draußen verbringen. Ideal wäre ein wettergeschützter, trockener Ort, der leicht saubergehalten werden kann und an dem sich auch Menschen zusammen mit den Hunden aufhalten können. Auch im Innenbereich tun Holzplattformen gute Dienste, damit die Hunde nicht auf dem blanken Boden und in der Zugluft liegen müssen. Auch werden Rüden so davon abgehalten, ständig auf die Liegeplätze anderer zu urinieren! Ovale Kunststoff-Liegekörbchen mit einer Vetbed-Einlage werden von den meisten Hunden gern angenommen und sind einfach sauber zu halten. Ein Wirtschaftsraum zur Futterzubereitung, zum Waschen und Trocknen der Liegedecken und zum Aufbewahren von Halsbändern und Leinen kann sich als sehr arbeitserleichternd und zeitsparend erweisen.

KONTROLLE ÜBER DAS RUDEL

Hunderudel verlangen ein gewisses Management. Der beste Weg zu einem Desaster wäre es, einfach einige Hunde zusammen in einen Auslauf zu sperren und sie sich selbst zu überlassen. Zwar ist es durchaus möglich, 10, 15 oder sogar 20 Hunde gleichzeitig zu füttern und alle harmonisch zusammenleben

Im Hundeauslauf muss es auch Schattenplätze geben.

zu lassen, aber nur dann, wenn Sie jederzeit die Kontrolle behalten und unerwünschtes Verhalten sofort unterbinden. Konsequenz ist die Schlüsselfunktion schlechthin, um ein Hunderudel, sei es klein oder groß, erfolgreich zu managen.

Grundlegend wichtig ist es beispielsweise, Situationen zu vermeiden, die zu Kämpfen innerhalb des Rudels führen könnten. Da ein Rudel hierarchisch aufgebaut ist, führt die Ankunft eines neuen Hundes jedes Mal zur Festlegung einer neuen Rangordnung. Bei Rüden ist dies durch das Setzen von Geruchsmarken und aggressive Körpersprache leichter zu erkennen, aber auch Hündinnen haben ihre Hierarchie. Erfahrungsgemäß tendieren Probleme, die sich rein zwischen Hündinnen entwickeln, zu weitreichenderen Konsequenzen. Rüden messen sich in der Regel zuerst durch direkten Augenkontakt. Plötzliche Änderungen im sozialen Status können aber auch echte Kampfsituationen mit Verletzungsfolgen hervorrufen. Wegen des dichten Haarkleides der Siberians sind die

Auch Siberian Huskies lieben gemütliche Abende vor dem Kamin.

Verletzungen meist nicht so schlimm, trotzdem müssen Kämpfe natürlich jederzeit vermieden werden. Auch Hunde, die im Kontakt mit anderen immer ruhig und friedlich erscheinen, können beispielsweise vom Streit um das Futter provoziert werden und ganz plötzlich eine Attacke starten. Auch heiße Hündinnen sind oft ein Grund für Streit! Ganz wichtig ist, dass das Rudel Ihre Autorität akzeptiert. Die Hunde müssen wissen, dass Kämpfen für Sie völlig inakzeptabel ist. Diese Grundregel muss fest in den Gedächtnissen der Hunde verankert werden, solange sie noch jung sind und sich gegenseitig noch keinen großen Schaden zufügen können.

RUDELALLTAG

Ein geregelter Tagesablauf sorgt bei den Hunden für ein Gefühl von Zufriedenheit und Sicherheit. Füttern, Saubermachen und Ruhen sollten immer zur etwa gleichen Zeit erfolgen. Weitere wichtige Bestandteile des Alltagslebens sind Bewegung im Zuggeschirr oder Spaziergänge an der Ausziehleine und viel menschliche Gesellschaft. Besuche von Freunden und Passanten sind immer willkommen und bringen Abwechslung ins Tagesgeschehen. Hunde bleiben geistig reger, wenn sie auf Plattformen klettern, im Auslauf umhertollen, an Spielzeug kauen und es bewachen und viel mit ihren Menschen spielen können, von vielen kleinen Nickerchen unterbrochen. Immer wenn Sie aus dem Haus müssen und die Möglichkeit haben, einen oder zwei Hunde mitzunehmen, tun Sie es, selbst wenn es nur um einen kurzen Einkauf mit einem Stopp im Park geht.

Das gemütliche Ende eines ereignisreichen Tages wird am liebsten im Haus verbracht – im eigenen Raum, vor dem Fernseher (am besten in menschlicher Gesellschaft) oder vor dem offenen Kamin.

Es erfordert schon einiges an Zugeständnissen, wenn wir unseren Hunden das beste Leben ermöglichen wollen, das wir ihnen bieten können. Bevor Sie beschließen, Ihr Rudel zu vergrößern, sollten Sie deshalb gründlich überdenken, ob Sie in der Lage sind, die Ansprüche an Platz, Zeit und Kosten zu erfüllen.

Diese Ratschläge mögen ein wenig so klingen, als wollten wir Ihnen die Sache madig machen, aber sie helfen dabei, Ihre Hunde zu glücklichen und gut angepassten Gefährten zu machen, wenn Sie sich schon einmal für die Hundehaltung entschieden haben. Ihre Hunde werden Ihnen Ihre Bemühungen mehr als danken!

4 SCHLITTENHUNDESPORT MIT DEM SIBERIAN HUSKY

Diese schöne Hunderasse spricht auch sehr viele Menschen an, die kein Interesse an ihrer Arbeitstauglichkeit haben – so kommt es, dass viele Siberians stets auf ein Leben als Haustier und auf den Ausstellungsring beschränkt bleiben.

Auch Sie haben möglicherweise nicht die Absicht, mit Ihrem Hund zu arbeiten, wenn Sie Ihren ersten Siberian Husky kaufen. Das bedeutet, dass der Erhalt der Gebrauchstüchtigkeit und Arbeitsleistung der Rasse in den Händen derer liegt, die mit ihren Hunden arbeiten, wenn diese Eigenschaften in Zukunft nicht verloren gehen sollen.

Viele, die anfangs nur vom Aussehen des Siberian Husky angezogen wurden, entdecken später, dass sie auch an der Schlittenhundearbeit Freude haben – egal, ob sie in kalten oder eher südlichen Gefilden zuhause sind.

Schlittenhunderennen sind aufregend und spannend für alle Beteiligten! Iditarod 1997.

DAS ABENTEUER SCHLITTENHUNDESPORT

Bevor Sie sich in dieses Abenteuer stürzen, sollten Sie sich einige grundlegende Fragen stellen. Was ist Ihr Ziel, was möchten Sie erreichen?

Vielleicht möchten Sie Ihren Siberian Husky einfach nur regelmäßig bewegen und dabei das Leben in der Natur genießen – frische Luft, Morgendunst, Sonnenauf- und Sonnenuntergänge.

Vielleicht möchten Sie aber auch im Gegensatz dazu ein ganzes Team von Siberians zusammenstellen und sich auf dem höchst möglichen Niveau an Schlittenhunderennen daheim oder auswärts beteiligen.

Zwischen beiden Extremen gibt es natürlich noch eine Fülle von Möglichkeiten, und vielleicht ändern sich auch Ihre Vorlieben mit der Zeit.

INFORMATIONEN SAMMELN

Sie können sich erst dann für eine Sache entscheiden, wenn Sie die verschiedenen Möglichkeiten kennen und wissen, welchen Aufwand sie erfordern. Gehen Sie folgendermaßen vor:

Nehmen Sie Kontakt zu verschiedenen Zwingern auf, die mit ihren Hunden aktiv im Schlittenhundesport arbeiten. Die Adressen erhalten Sie entweder über Ihren nationalen Dachverband für Hundezucht oder beim Rassezuchtverband direkt. Vereinbaren Sie Besuchstermine und sehen Sie sich alles an. Zu Beginn beschränken Sie sich vermutlich darauf, Notizen zu machen und von größeren Teams im Training einmal auf dem Schlitten mitgenommen zu werden. So bekommen Sie einen Eindruck davon, was alles dazugehört, um Siberians im Gespann zu arbeiten.

Sie werden erste Kontakte zu den Schlittenhundeführern knüpfen, auch »Musher« genannt (vom Französischen »marcher«) und von ihnen aus erster Hand lernen, wie man mit einem Gespann von Siberians arbeitet.

Dieses Lernen, diese Erweiterung des Wissens ist ein nie endender Prozess im Leben eines Schlittenhundeführers. Hoffentlich haben Sie mit dem Sammeln der Informationen begonnen, bevor Sie Ihre ersten Hunde anschafften, denn nicht immer kann man davon ausgehen, dass jemand den Schlittenhundesport zum Mittelpunkt seines Lebens mit den Siberian Huskies machen möchte.

VERGLEICHE ZIEHEN

Wichtig ist, dass Sie wirklich verschiedene Arbeitshundezwinger besuchen. Schauen Sie sich deren verschiedene Arbeitsmethoden an, die Unterbringung der Hunde und die Trainingsstrecke. So können Sie Vergleiche ziehen, sich ein Bild von guter Arbeit machen und entscheiden, was davon am besten zu Ihrer eigenen Person passt.

Über all die Jahre hinweg haben wir immer wieder festgestellt, dass die Fahrer in der Regel gerne, offen und ehrlich Rat erteilen und sich viel Zeit für jemanden nehmen, denn schließlich sind sie stolz auf ihre Hunde und deren Leistungen. Die meisten von ihnen werden achtundneunzig Prozent der Erfahrungen, die sie mit der Zeit gemacht haben, an Sie weitergeben. Die zwei Prozent, die sie zurückbehalten, verschaffen ihnen einen kleinen Vorsprung oder locken Sie, selbstständig noch ein wenig mehr zu lernen!

Genau dieses Quäntchen Vorsprung an Wissen ist so immens wichtig, und Sie werden es sich aus Ihrer eigenen Erfahrung aneignen.

Wir kommen mit zwei Ohren und einem Mund zur Welt – der beste Weg, Wissen zu erwerben, besteht in einer Anwendung dieser Sinne in genau dieser Reihenfolge und Proportion. Die wertvollsten Informationen können Sie sich oft von der ruhigsten Person abschauen.

Schauen Sie zu, lernen Sie von den Erfolgreichen und denken Sie immer daran, dass die größten Redner oft selbst am wenigsten können und wissen.

Sie lernen auch, indem Sie einfach erfahrene Gespannführer fragen, ob Sie bei Pflege und Training ihrer Hunde behilflich sein können. Ihre Unterstützung wird Ihnen sicher gerne mit großzügig erteilten Ratschlägen vergolten!

Die Entscheidung, mit Siberian Huskies arbeiten zu wollen und das Mitfahren auf den Gespannen Anderer verhelfen Ihnen zu einem besseren Verständnis der Rasse hinsichtlich Körperbau, Funktion und Ausdauerleistung.

Je länger Sie ein Gespann Siberian Huskies fahren, desto besser werden Sie deren Struktur und Bewegung verstehen – und in der Konsequenz dazu fähig sein, bessere Hunde zu züchten und bessere Schlittenhundgespanne aufzubauen.

Viel zu viele Musher wählen den einfachen Weg, einen Hund durch einen »besseren« zu ersetzen, wenn er nicht die gewünschte Leistung zeigt. Wesentlich besser wäre aber der Versuch, das Potenzial jedes Hundes zum Besten von Hund und Fahrer voll auszuschöpfen!

GRUNDREGELN
Folgende Fakten sind so unumstößlich wichtig, dass Sie gut daran tun, sie niemals zu vergessen:

- Ein guter Siberian Husky ist erst im Alter von mindestens drei Jahren körperlich voll ausgereift und erwachsen.

- Ein Siberian kann vom Junghundealter bis zum Alter von zwölf Jahren oder mehr im Geschirr arbeiten; wobei er seine höchste Leistungsfähigkeit im Alter zwischen drei und sechs bis sieben Jahren besitzt.

- Bedenken Sie, dass die Welt aus der Sicht eines Siberian Husky recht einfach aussieht. Er möchte gerne gefallen und verhält sich deshalb in einer Art und Weise, die er für richtig hält. Ob es Ihnen gefällt oder nicht – Siberian Huskies machen keine Fehler, wohl aber die Menschen! Wenn ein Siberian nicht das tut, was Sie von ihm erwarten, dann liegt es nur daran, dass er es nicht besser weiß und man ihm nicht richtig beigebracht hat, was getan werden soll.

- Siberians sind sehr empfindlich für menschliche Stimmungsschwankungen und spiegeln deshalb die seelische Verfassung ihres Fahrers in der Leistung wider. Sie wissen ganz genau, wann sie etwas gut gemacht haben und wann nicht alles nach Plan verlaufen ist. Die Leistung eines Gespannes wird von der Stimmung des Mushers positiv oder negativ beeinflusst. Ein Merkmal der besonders erfolgreichen Teams ist immer die sehr enge Beziehung zwischen Musher und Hunden, wobei der Musher ein feines Gespür für die Bedürfnisse jedes einzelnen Hundes hat.

- Ein Mythos müssen wir wirklich endgültig begraben: dass ein guter Siberian eben ein guter Siberian sei. Definitionsgemäß kann und soll ein Siberian Husky, richtiges Konditionstraining vorausgesetzt, in der Lage sein, eine leichtere Last in mäßiger

Geschwindigkeit über eine größere Entfernung zu ziehen. Genau das Training spielt hier aber die Schlüsselrolle, denn Sie können einen Hund für ein Kurzstrecken-Sprintrennen trainieren und denselben Hund in der nächsten Saison auf Langstreckenrennen vorbereiten. Diese Siberian Huskies sind nicht anders – sie sind nur anders vorbereitet und trainiert, um verschiedene Zielsetzungen erfüllen zu können.

- Jedes Mal wenn Sie Ihr Gespann fahren, werden sowohl Sie als auch Ihre Hunde neue Lernerfahrungen machen. Keine Erfahrung ist je zweimal genau die gleiche, so dass Sie Ihr Wissen ständig weiter aufbauen. Seien Sie nach dem Start auf jede Eventualität gefasst – selbst nach vielen Jahren werden Sie immer noch regelmäßig mit neuen Situationen konfrontiert!

GRUNDLEGENDE EIGENSCHAFTEN

Ein guter Schlittenhund muss vier grundlegende Eigenschaften besitzen, wenn er als Gebrauchshund ein langes, gesundes Leben führen soll. Die Betonung liegt auf einem *langen* Leben – denn diese Eigenschaften sind für den heutigen Siberian Husky nicht nur im Wettkampf wichtig, sondern erlauben auch eine ständige Verbesserung des Leistungspotenzials, wie im Rassestandard beschrieben.

1. EIN »GUTER KOPF«

Dies ist keine Forderung der reinen Äußerlichkeit, obwohl natürlich physische Merkmale des Kopfes auch wichtig sind, um den Rassetyp zu erhalten und mit widrigen Wetterverhältnissen umzugehen. Wir sprechen aber in diesem Zusammenhang

Kopfstudie eines mental starken Hundes: Ditko of Sepp-Alta. Foto mit freundlicher Genehmigung: Simon Dainty.

von Leistungsbereitschaft, mentaler Härte und Konzentration auf die jeweilige Arbeit.

Ein Siberian Husky, der nicht den Wunsch zum Laufen verspürt, ist kein Siberian Husky. Leistungsbereitschaft ist ein entscheidend wichtiges Kriterium dieser wunderbaren Rasse, weshalb Hunde, die sie nicht zeigen, besser aus dem Zuchtprogramm herausgenommen werden.

Leistungsbereitschaft ist bei den einzelnen Hunden in verschiedenem Maße vorhanden; von einer Tendenz zur Gleichgültigkeit bis hin zu völliger Besessenheit.

Einige Linien von Hunden können als »hyperaktiv« beschrieben werden, das heißt, sie sind kurz vor dem Anschirren in einem kaum mehr kontrollierbaren Gemütszustand. In solch einer extremen Ausprägung ist dies nicht mehr typisch für den Siberian Husky. Ideal ist ein Hund, der seine Arbeit deutlich von der Alltagsroutine differenziert und der dem Musher seine volle Aufmerksamkeit schenkt.

Während der gesamten »Arbeitszeit« zeigt er Konzentration und hohe körperliche

Leistung, trotz unzähliger Ablenkungen bleibt er, solange er im Geschirr ist, völlig auf die Arbeit fixiert.

Oft wird gesagt, dass Siberian Huskies »bis zum Umfallen arbeiten«. Auf den reinrassigen Siberian Husky trifft das nicht ganz zu, denn er geht immer davon aus, dass er die gleiche Leistung am nächsten Tag noch einmal erbringen muss und behält eine Kraftreserve zurück.

Das heißt aber nicht, dass er nicht alles für Sie gibt; sondern nur, dass er so intelligent ist, mit seinen Kräften für die Aufgabe, auf die er vorbereitet wurde, hauszuhalten und sein Bestes zu geben, ohne dabei bleibenden körperlichen Schaden zu erleiden.

Mentale Härte existiert tatsächlich und ist zu beobachten. Wenn Sie Hunde unter widrigen Wetterbedingungen fahren, wenn der Trail sehr schwierig ist, wenn es ablenkende Zwischenfälle gibt oder ein Hund stürzt, wird ein harter Hund aus dem Gespann hervorstechen.

Ein mental starker Hund wird mit all diesen widrigen Umständen fertig und scheinbar noch härter für Sie arbeiten.

Beobachten Sie das Gespann von hinten: während andere Hunde Zeichen von Ablenkung und Empfindlichkeit zeigen, indem sie umherschauen und nicht ganz konstant in der Zugleine stehen, wird der harte Hund an straff gespannter Zugleine und mit absolut ruhig gehaltenem Kopf, ganz auf den Trail vor ihm konzentriert und mit einem so ruhigen Rücken, dass Sie ein Glas Sekt darauf stellen könnten, konstant vorwärts ziehen und dabei immer auf Ihre Worte horchen.

Wenn Leistungsbereitschaft auf die mentale Härte trifft, wie sie einige außergewöhnliche Siberian Huskies zeigen, und dann noch mit dem natürlichen Wunsch des Huskies zusammenkommt, seinem Herrn zu gefallen, haben Sie den »guten Kopf«, den Sie suchen.

2. GUT ESSEN UND TRINKEN!

Es gibt nichts Schlimmeres als einen mäkeligen Fresser! Schon im Welpenalter können Sie die Unersättlichen in Ihrem Haushalt ausmachen – ein Hund mit gesundem Appetit und Durst ist ein Segen. Sie werden Ihren Vielfraß erst dann zu schätzen wissen, wenn Sie Bekanntschaft mit der Alternative machen.

Hunde, die nur ein wenig in ihrem Futter herumsuchen, Reste stehen lassen und unterwegs nicht fressen und auch während der Pausen in Training oder Wettkampf nicht trinken, sind eher eine Last.

Von der den jeweiligen Anforderungen entsprechenden Qualität des Futters einmal abgesehen, ist der Zeitpunkt des Fütterns und Tränkens ein ganz wichtiger Faktor im Trainingsprozess und natürlich auch später im Wettkampf auf dem Trail.

Wie noch öfter erwähnt werden wird, ist Wasser von elementarer Bedeutung für das Wohlbefinden Ihres Hundes. Regelmäßige Zufuhr von gutem Wasser verhindert eine Dehydration und fördert eine schnelle Erholung.

Die Aufnahme von Futter und Wasser unterwegs, in nicht vertrauter Umgebung, ist etwas, das Sie gut zuhause in Ihrem Reisefahrzeug üben können, bevor längere Fahrten unternommen werden. Gerade zu Beginn ist es mehr als wahrscheinlich, dass Reisen den Appetit junger Hunde negativ beeinflusst. Wenn Sie Ihre Siberians also schon zuhause im Fahrzeug füttern, schaffen Sie damit eine gewisse Normalität, die später dabei hilft, sich von all den übrigen Ablenkungen einer Reise nicht zu sehr beeinflussen zu lassen.

3. ATHLETIK
Der an anderer Stelle des Buches abgedruckte Rassestandard spricht von einem »schwungvollen und scheinbar mühelosen Gangwerk«, »flink und leichtfüßig« mit »gutem Vortritt und Schub«.

Es ist deshalb keine Überraschung, dass eine weitere der grundlegenden Eigenschaften die Athletik ist. Um Kraft, Geschwindigkeit und Ausdauer effektiv miteinander zu verbinden, müssen Sie einen Siberian Husky von durchgehend ausgewogenem Körperbau haben.

Es wird während der Gespannarbeit Zeiten geben, wo die Hunde eine ganze Strecke in gleichbleibend hoher Geschwindigkeit zurücklegen müssen, um dann in einen raumgreifenden Trab zu fallen, wenn das Gespann einen steilen Hügel überqueren muss. Um diese verschiedenen Anforderungen möglichst kräftesparend, dabei aber mit optimaler Leistung erfüllen zu können, ist eine erstklassige athletische Veranlagung vonnöten.

Spätestens beim Ausdauertraining für lange Strecken treten körperliche Mängel deutlich zutage, falls der Hund nicht die nötigen physischen Voraussetzungen mitbringt.

4. GUTE PFOTEN
Die vierte grundlegende Eigenschaft für einen erstklassigen Siberian Husky sind die Pfoten. Was ist denn mit guten Pfoten gemeint? Wieder finden wir den Schlüssel in der Standardbeschreibung: eher »oval« als klein und rund. Eine Pfote in richtiger, zu den Proportionen des Hundes passender Größe und mit widerstandsfähigen, gut gepolsterten Ballen wird von Form und Aussehen her oft als »modifizierte Hasenpfote« beschrieben und ist von entscheidender Bedeutung.

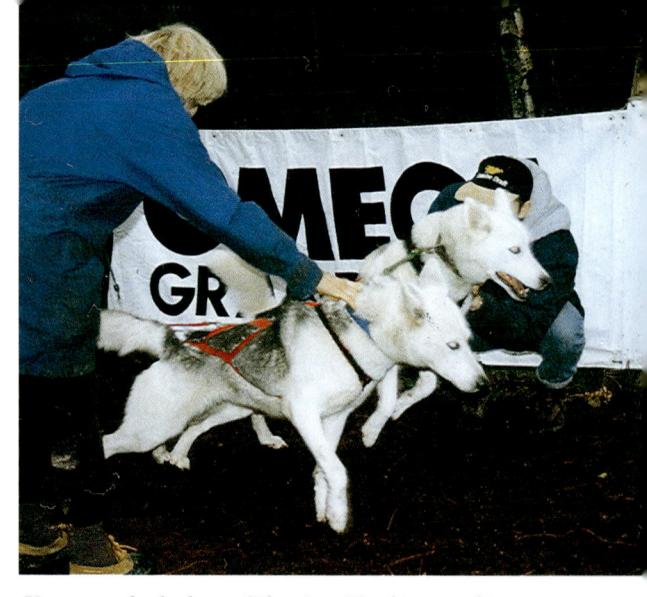

Kaum aufzuhalten: Siberian Huskies verbinden Kraft, Athletik und Ausdauer miteinander.

Ihr Hund kann alle Vorzüge eines perfekten Siberian Husky aufweisen, aber wenn er mit schlecht gebauten Pfoten gestraft ist, werden Sie und der Hund sich durch ein Arbeitsleben quälen, das von »Hundeschuhen«, Salben, Verbänden und einigen Schmerzen für den Hund geprägt ist.

Gut aufgeknöchelte Pfoten mit dick gepolsterten Ballen sind ein wahres Wunderwerk der Natur. Über die Jahre hinweg erschienen uns die Hunde mit hellen Pfotenballen und starken Krallen, die viel Belastung verkraften, noch widerstandsfähiger zu sein als die mit ganz dunkel pigmentierten Pfotenballen. Es kommt immer wieder vor, dass Hunde dünnere Pfotenballen besitzen, als es auf den ersten Blick erscheint. Aus diesem Grund müssen Sie die Pfoten Ihrer Hunde immer wieder regelmäßig überprüfen, wenn sie im Geschirr arbeiten.

ESSEN UND TRINKEN
Die Ernährung des Siberian Husky ist Thema eines anderen Abschnittes, trotzdem sollen hier einige Punkte angesprochen werden, die speziell für die Arbeit mit den Hunden relevant sind.

Schlittenhundesport mit dem Siberian Husky

Bei der Arbeit, vor allem aber in Rennen, ist eine genaue Kontrolle über Menge und Qualität des Futters sehr wichtig. Wenn Sie nicht ganz genau wissen, wie viel oder was Sie Ihren Hunden füttern, haben Sie die Situation definitiv nicht unter Kontrolle.

David Nicholson, genannt »The Duke«, einer der berühmtesten Renn- und Jagdpferdetrainer Englands, antwortete einmal auf die Frage zum Thema Futter, dass »erstklassiges Futter und harte Arbeit« der Schlüssel zum Erfolg seien. Heutzutage ist die Versuchung groß, mit verschiedenen Zusatzfuttermitteln herumzuexperimentieren, um die Leistung im Geschirr zu steigern.

Im Vergleich zu der Situation von vor nicht einmal zehn Jahren sind die Alleinfutter von heute aber so ausgewogen zusammengestellt, dass sich Futterzusätze erübrigen. Im Gegenteil – Zusatzstoffe können sogar für ein Ungleichgewicht in einer ansonsten ausgewogenen Nahrung sorgen.

Falls Sie Fleisch verfüttern, vergewissern Sie sich, was genau darin ist. Viele unserer Bekannten zerkleinern das Fleisch selbst, um sich im Klaren zu sein. Das Problem ist, dass der Siberian Husky ein relativ kleiner Hund ist und dass ein Abschätzen der Futtermenge nach »einer Handvoll« oder nach Tassen anstelle einer genauen Gewichtsermittlung leicht zu einer Über- oder Unterfütterung führen kann.

Die Verdauung wird gefördert, wenn Sie zweimal anstatt nur einmal täglich füttern – lieber weniger und öfter als alles auf einmal. Es ist wichtig, dass auch der letzte Rest Futter verdaut wurde, bevor die Arbeit beginnt.

Achten Sie besonders an einem einzelnen Renntag darauf, dass die letzte Mahlzeit etwa achtzehn Stunden vorher verzehrt wurde.

An normalen Trainingstagen werden erwachsene Hunde zwölf Stunden vor der Arbeit nicht mehr gefüttert. Junghunde können gut später noch gefüttert werden, aber nur wenig und dafür öfter. Das Training von Junghunden ist ohnehin verschieden vom härteren Training erwachsener Hunde, so dass ein halbvoller Magen nicht so sehr ins Gewicht fällt.

Wie bereits erwähnt, ist Wasser besonders wichtig und muss immer zur Verfügung stehen. Ein Hund von etwa 18 kg Körpergewicht benötigt mindestens einen bis anderthalb Liter Wasser pro Tag. Unter Trainings- und Wettkampfbedingungen geben wir immer während des Trainings und vor jedem Wettkampf Wasser – beides Vorbeugemaßnahmen gegen eine Dehydration.

Gut ist es, den Hunden nach den Anstrengungen des Trainings eine besondere

Tränkepausen während des Rennens sind lebenswichtig.

Belohnung zu geben, die sie nur mit dem Training in Verbindung bringen. Wir nehmen dazu Leber, die man einfrieren kann und auch im halb aufgetauten Zustand füttern kann. Leber ist ein geradezu »magisches« Futter und trägt viel zur gesunden Ernährung Ihrer Siberian Huskies bei. Die Hunde fressen es begeistert! Geben Sie zwei etwa pflaumengroße Brocken, wenn die Hunde nach Ende des Trainings etwas getrunken haben und sich nun langsam abkühlen.

Eine mögliche Alternative zu Leberstückchen ist warme Brühe. Etwa zwei Tassen Fleischbrühe haben auch den Vorteil, dass die Hunde während der Erholungsphase auf jeden Fall genügend Flüssigkeit zu sich nehmen. Aber übertreiben Sie es nicht mit der Suppe, manche Hunde können sie dann nicht bei sich behalten.

Wenn die Hunde sich erholt haben, können sie etwa zwei Stunden nach Arbeitsende eine ihrer beiden täglichen Mahlzeiten erhalten. Im Idealfall wird die zweite Mahlzeit etwa sechs Stunden nach der ersten gegeben.

Im Langstreckentraining und auf Rennen über große Distanzen ist es besonders wichtig, über mehrere Tage hinweg einen regelmäßigen und konsequenten Zeitplan hinsichtlich Arbeit, Erholungspausen und Fütterung einzuhalten.

Nach der Arbeit *müssen* Sie den Hunden innerhalb von ein oder zwei Stunden Gelegenheit geben, ihren natürlichen Bedürfnissen Rechnung zu tragen. Wenn Sie während des Trainings und noch einmal nach Trainingsende getränkt haben, wird die Flüssigkeit schnell den Körper passieren und die Hunde verspüren das dringende Bedürfnis, sich zu erleichtern.

Die Beobachtung der Ausscheidungen Ihrer Hunde ist auch eine hervorragende Möglichkeit, um den generellen Gesundheitszustand und den Grad der Dehydration zu beurteilen.

AUSRÜSTUNG

Qualität und Zustand Ihrer Ausrüstung haben einen entscheidenden Einfluss auf die Arbeitsleistung. Die Ausrüstung lässt sich grob in folgende Bestandteile aufgliedern: Geschirre und Zugleinen, Fahrzeuge und andere Gegenstände.

GESCHIRRE

Es gibt zwei verschiedene Typen von Geschirr – das X-Back (oder Cross-back) Geschirr und das H-Back Geschirr. Beide haben ihre Anhänger und beide sind jahrelang auf dem Trail erprobt. Da also zwei bewährte Varianten zur Verfügung stehen, machen wir uns lieber Gedanken über andere wichtige Aspekte, insbesondere über die Passform des Geschirres.

Das Geschirr muss aus einem weichen, nachgiebigen Gewebe bestehen, das sich leicht waschen lässt und das seine Form über die Zeit hinweg behält. Unnachgiebiges, starres oder steifes Material, das in die Haut des Hundes einschneidet und schnell ausleiert oder bei Nässe einläuft, muss um jeden Preis vermieden werden. In den letzten Jahren haben die führenden Hersteller Geschirre aus Hightech-Materialen entwickelt, die im Schulterbereich mit Fleece oder anderem Material gepolstert sind und so dem Hund ein angenehmeres Ziehen ermöglichen.

Auf gute Passform des Geschirres ist besonders um Hals, Brustkorb und Kruppe zu achten. Es sollte recht fest, dabei aber noch bequem um den Hals liegen, so dass Sie noch zwei Finger zwischen Riemen und Hundehals hindurchschieben können.

Die meisten Hersteller kennzeichnen die

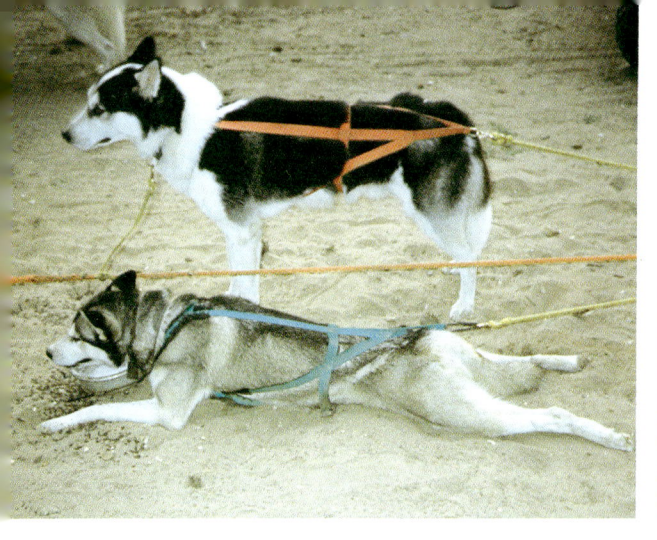

Ein H-Back-Geschirr. 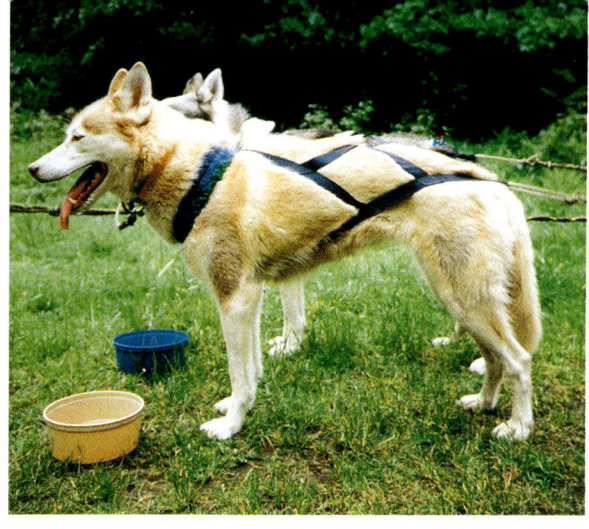   *Ein X-Back-Geschirr.*

einzelnen Geschirrgrößen durch verschiedene Farben.

Wenn Sie ein Geschirr mit dem richtigen Halsumfang ausgesucht haben und einen standardmäßig gebauten Siberian Husky besitzen, ist es wahrscheinlich, dass die Passform auch am Rest des Körpers stimmt. Die Schlinge für die Zugleine, die über die Kruppe des Hundes läuft, kann jedoch in der Länge variieren.

Der Karabinerhaken (meistens aus massivem Messing) und das Verbindungsstück zwischen Nebenzugleine und Geschirr sollten etwa 7-8 cm hinter der Hundekruppe in die Zugschlaufe des Geschirres eingehängt werden.

Am besten lässt sich die richtige Länge der Schlaufe einstellen, wenn man die Zugleinen auf dem Boden auslegt; die Geschirre werden in die Karabiner eingehängt, wobei von der Brustpartie des Geschirres bis zur Halsleine gemessen wird.

Wenn das Geschirr nicht richtig angepasst und eingestellt wurde, ist häufig die Folge, dass der Hund nicht an der Zugleine, sondern an der Halsleine zieht – dieser Fehler passiert vor allem Anfängern häufig. Meist liegt es daran, dass die Halsleine parallel zum Hundehals oder sogar leicht dahinter an der mittleren Hauptzugleine (der so genannten Gang Line) befestigt wird, anstatt leicht davor und in einer Linie mit dem Fang des Hundes, wie es richtig wäre.

LEINEN
Auch die Leinen müssen leicht, flexibel, gut waschbar und in immer gutem Zustand sein. Wenn Sie irgendwann gröbere Gebrauchsspuren entdecken (dies gilt auch für Geschirre und Haken), sollten diese Teile sofort durch neue ersetzt werden. Hier sollten Sie auf keinen Fall sparen! Ihre Sicherheit und die Ihrer Hunde hängen hier von Ihrer Aufmerksamkeit ab.

Das für Leinen am häufigsten verwendete Material ist Polypropylenseil, das auch in gut sortierten Baumärkten oder bei Bootsbedarf-Ausstattern erhältlich ist.

Die Auswahl und das Abmessen der Leinen sind von entscheidender Bedeutung. Die Leine muss nicht nur stark, stabil und flexibel sein, sondern die Abmessungen von Hauptzugleine (Gang Line), Nebenzugleinen (Tug Lines) und Halsleinen (Neck Lines) müssen korrekt und vor allem gleichmäßig sein.

Keine Leine darf sich lösen können! Im Normalfall werden die Geschirre über einen Karabinerhaken mit dem Geschirr verbunden, am gebräuchlichsten sind Schnappha-

ZUGLEINEN

ken aus massivem, hochwertigem Messing. Auch die Haken müssen regelmäßig auf Verschleißspuren hin untersucht werden. Regelmäßiges Waschen der Geschirre und Haken stellt sicher, dass der Schnappverschluss der Karabiner nicht durch Schmutz oder Fremdkörper beeinträchtigt wird.

Manche Hunde, vor allem jüngere, neigen gerne dazu, während des so genannten Hook-ups (das ist die Phase vor dem Start, wenn die Hunde an Schneeankern oder Erdpfählen angeleint warten müssen) in die Leinen zu beißen oder daran zu kauen. Ein Methode zur Lösung dieses Problems ist es, dem Hund klar zu machen, dass dieses Verhalten nicht akzeptabel ist. Sie können das Risiko eines Leinenrisses (und damit einer Verletzung der Hunde) aber auch dadurch minimieren, indem Sie einen ummantelten Draht durch die Trainingsleinen ziehen.

TRAININGS- UND RENNGEFÄHRTE

Natürlich sind Schlitten das normale Gefährt für die Schlittenhundearbeit, Training und Rennen – wo die Wetterbedingungen es zulassen. Schlitten sind im Allgemeinen aus Holz gebaut, obwohl mit der Zeit auch andere Materialien von Leichtmetall bis zu Verbundwerkstoffen getestet wurden. Eines der am häufigsten verwendeten Hölzer ist Esche, die gleichzeitig stabil, biegsam und relativ leicht ist. Unter den härteren und schwereren Hölzern ist das Hickoryholz zu nennen, das gerne für Trainingsschlitten verarbeitet wird, weil es den Strapazen täglicher Beanspruchung besser standhält.

Für den Gespannführer/Musher ist der Schlitten ein sehr persönlicher Gegenstand, mit dem er über die Jahre hinweg ganz eigene Gefühle verbindet.

Viele lassen sich sehr viel Zeit bei der Auswahl eines Schlittens, behalten ihn dann aber viele Jahre lang und setzen ihn immer wieder instand, wenn die Zeit ihre Spuren daran hinterlassen hat.

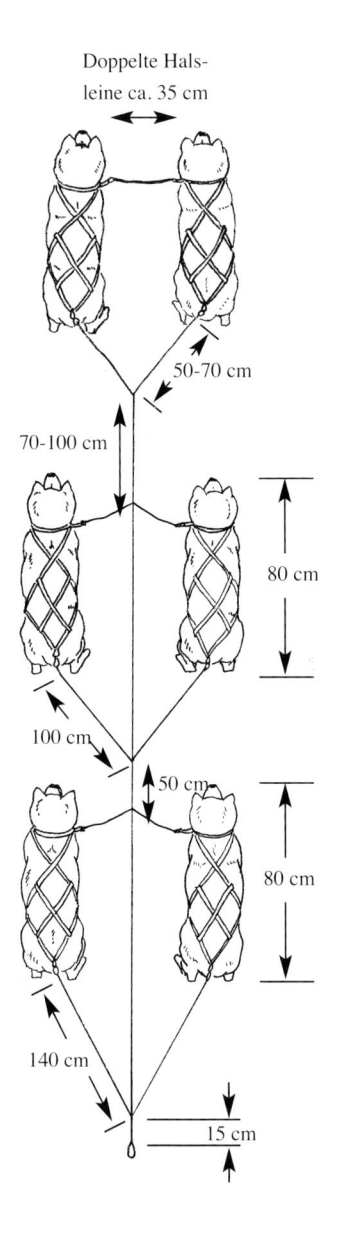

Hundeschlitten kauft man am besten in einem Land, in dem etablierte Hersteller

Schlittenhundesport mit dem Siberian Husky

eine große Auswahl anbieten. Natürlich kann der Kauf in einiger Entfernung auch mit Schwierigkeiten verbunden sein. Nehmen Sie sich viel Zeit und scheuen Sie nicht die Mühen einer Reise, falls nötig, um einen wirklich guten Kauf zu machen – immerhin handelt es sich hier um eine Investition fürs Leben!

QUADS

Vor allem in den USA trainiert man heute, wenn kein Schnee liegt, gerne mit den so genannten Quads, geländegängigen Allradfahrzeugen. Sie sind neu oder gebraucht überall zu erstehen und ermöglichen eine ideale Kontrolle über das Gespann – vorausgesetzt, Sie spannen nicht zu viele Hunde vor ein zu kleines Quad! Manche trainieren ihre Hunde auch nur mit dem Fahrgestell eines Quad, aus dem der Motor entfernt wurde. Ein solches Chassis ist sehr gut geeignet, vor allem natürlich auch leichter und leiser, da das Motorengeräusch wegfällt.

Bevor Quads allgemein gebräuchlich wurden, wurden zuhause alle möglichen und unmöglichen Vehikel zusammengebastelt, um die Hunde damit zu trainieren – vom aus Stahlrohr oder alten Fahrrädern zusammengeschweißten Rahmen bis hin zum Autochassis. Das Hauptproblem dieser Gefährte war, dass sie, im Gegensatz zu den Quads, ständig repariert werden mussten, da sie den Beanspruchungen schneller Fahrten über holprigen Untergrund nicht standhielten.

Bei kleineren Gespannen oder für das Training eines einzelnen Hundes kann auch ein Fahrrad verwendet werden, oder natürlich, falls Schnee liegt, Skier! Obwohl das ganz einfach klingt, ist es nicht ohne viel Übung nachzumachen!

TRAINING OHNE SCHNEE

Wagenrennen mit Hunden in schneelosen Gebieten sind während der letzten zwanzig Jahre immer populärer geworden. Entsprechend wurden auch immer raffiniertere Rennwagen entwickelt – zu Beginn benutzte man noch Fahrradkomponenten, heute werden aus exotischeren Materialien und mit raffiniertem Design oft Einzelstücke ganz nach den Wünschen des Fahrers gebaut.

Die Konstruktion solcher Wagen erfordert einiges an Können, und Kaufinteressenten sollten sich ausgiebig bei den verschiedenen Modellen umsehen.

Zu Größe und Gewicht eines Wagens lassen sich kaum generelle Aussagen machen, da zuviel von Ihrem Trainingsgelände abhängt.

- Ist es flach oder hügelig, ist der Untergrund fest, nachgiebig oder sandig?
- Möchten Sie Mitfahrer mitnehmen?
- Wie viel möchten Sie investieren?

Die Antwort kann verschieden ausfallen. Möglicherweise benötigen Sie sogar zwei oder drei Fahrzeuge, wenn Sie eine Gruppe von Hunden im Training haben.

Mögliche Trainingsfahrzeuge.

BELEUCHTUNG

Auch über die Beleuchtung sollten Sie sich Gedanken machen. Je nach Ihren sonstigen Verpflichtungen könnte es sein, dass Sie Ihre Hunde im Dunkeln trainieren müssen - unter solchen Umständen ist es mehr als wichtig, eine gute Beleuchtung zu haben. Starke Halogenlampen können problemlos auch mit Langzeitbatterien betrieben werden.

Für viele Gespanne bedeutet das Laufen im Dunkeln und das Jagen von Schatten eine zusätzliche Aufregung; die Geschwindigkeit erscheint ihnen in der Regel schneller.

Falls Sie in dieser Situation Probleme wie ineinander verworrene Leinen haben, ist es wichtig, dass Sie sie mit Hilfe guter Beleuchtung schnell überblicken können!

ANDERE WICHTIGE AUSRÜSTUNGSGEGENSTÄNDE

Eine ganze Reihe weiterer Ausrüstungsgegenstände können noch wichtiger Bestandteil einer Gespannausrüstung sein und man könnte sicher detailliert über sie schreiben, hier werden sie aber nur kurz erwähnt.

- Ein Rückdämpfer–System in den Leinen, das es den Hunden ermöglicht, sich ohne Schaden für die Wirbelsäule kraftvoll nach vorn ins Geschirr zu werfen. Meistens wird der Rückdämpfer in der Hauptzugleine hinter den beiden direkt vor den Schlitten gespannten Hunden (die so genannten *Wheeldogs*) eingebaut, er kann aber auch Bestandteil jeder Nebenzugleine oder sogar der Zugschlaufe am Geschirr sein.

- Ein Schnee- oder Erdanker, mit dem Sie das Gespann am Ort halten können, wenn Sie einmal absteigen und nach vorn zu den Hunden gehen möchten. Zusätzlich benötigen Sie eine Notleine, die am Ende der Hauptzugleine angebracht wird und Ihnen sicheres Halten ermöglicht, indem Sie sie um einen Pfosten oder Baum wickeln. Mit der Notleine und einem schnell öffnenden Panikhaken geben Sie Ihre Hunde auch beim Start frei, wenn es losgehen kann. Wichtig ist, dass die Notleine direkt mit dem Gespann verbunden ist.

- Sie sollten einen Transportsack mitführen, in dem ein überanstrengter Hund notfalls bequem mit ins Ziel transportiert werden kann. Der Transportsack darf nicht nur pro forma mitgeführt werden, sondern muss funktional und gebrauchstüchtig sein.

- Hundeschuhe oder »Booties« sollten Sie immer dabei haben, egal, wie viele Hunde im Gespann sind. Eine ganze Reihe von Ursachen kann dazu führen, dass ein

Wenn Sie gezwungen sind, Ihr Training in die dunkle Tageszeit zu verlegen, ist gute Beleuchtung wichtig. Foto: Stu Forster.

Hund sich eine Pfote quetscht oder wundläuft. Ein bequemer Fleeceschuh mit Klettverschluss löst das Problem schnell, so dass Sie die Fahrt fortsetzen können.

- Wir nehmen außerdem für den Notfall immer ein Messer und einen doppelten Karabinerhaken mit. Zwar selten, aber durchaus denkbar sind Fälle, in denen sich die Hunde so ineinander verknäueln, dass das halbe Gespann mit aller Kraft an Hals oder Lauf eines in der Leine gefangenen Hundes zieht und es unmöglich ist, den Hund von Hand zu befreien. Mit Hilfe des Messers ist der Hund schnell befreit, Stress und Verletzungen wurden verhindert. Ein doppelter Karabinerhaken aus Messing ist vielseitig verwendbar. Besonders nützlich ist er, um schnell unterwegs kaputt gegangene Karabinerhaken zu ersetzen. Es ist deshalb immer praktisch, einen am Gürtel oder in der Tasche zu haben.

- Noch zwei abschließende Bemerkungen zu den Leinen: Im Normalfall sind sie über einen Karabiner mit Ihrem Schlitten/Quad/Wagen verbunden oder werden direkt in einen geeigneten Befestigungsring am Fahrgestell eingeschlauft. Ganz wichtig ist, dass die Leinen in der richtigen Höhe am Fahrzeug angebracht werden – weder zu hoch, da sich sonst ein Hund nicht mehr aus einer verworrenen Leine befreien kann, noch zu niedrig, da die Hunde sonst während des Laufens ständig über die Leinen treten.

- Die Hunde müssen, wenn sie sich ins Geschirr legen, in einer geraden Linie ziehen können. Legen Sie alle Leinen vor Ihrem Gefährt zu einer endgültigen (nicht der ersten!) Prüfung aus, bevor Sie die Hunde einspannen. Überprüfen Sie, ob alles in Ordnung ist und Haken oder Verbindungsstellen der Leinen keine Verschleißspuren aufweisen. Sie können gar nicht vorsichtig genug sein!

Fleeceschuhe helfen den Hunden, auch mit schwierigem Untergrund fertig zu werden.

TRANSPORT
Es scheint fast so, als ob es genauso viele verschiedene Typen von Fahrzeugen und Anhängern für den Transport von Schlittenhunden gibt wie Schlittenhunde selbst.

Sie haben die Wahl zwischen einem speziell gefertigten Fahrzeug, Anhänger oder einer Umrüstung Ihres täglich verwendeten Autos. Egal ob Kombi, Bus oder Anhänger, einige einfache Regeln sind immer zu beachten.

- Die Hunde müssen komfortabel reisen können. Der zur Verfügung stehende Raum darf weder zu groß noch zu knapp bemessen sein; er muss Bewegungen ermöglichen, aber auch gemütliche Bequemlichkeit bieten. Selbstverständlich ist Sauberkeit wichtig und die Frage nach dem richtigen Reisegefährten. Hunde reisen gerne mit ihrem ganz speziellen Freund zusammen. Wir alle wissen, dass die Hunde mit der Zeit persönliche Sympathien entwickeln. Wenn sie entspannt mit einem guten Freund reisen, wird der Transportstress minimal bleiben.

- Es muss ausreichende Belüftung vorhanden sein.

- Das Gefährt muss im Falle eines Unfalls einfach und schnell von zwei Seiten (vorn und hinten) zugänglich sein.

- Die Bodenfläche der Box oder des Käfigs muss rutschfest sein, die Boxen selbst müssen so gut wie möglich geräuschgedämpft sein und sich leicht sauber halten lassen.

- Junghunde leiden häufig unter Reisekrankheit. Zwar gibt es zahlreiche Hausmittel gegen diese Art von Übelkeit, die einfachere Antwort ist aber, dass sich das Problem in 99 Prozent aller Fälle mit dem weiteren Wachstum von selbst erledigt.

- Planen Sie immer genügend Zeitreserve ein, wenn Sie zu einem Rennen oder einer Trainingsstrecke fahren. Kommen Sie so früh am Zielort an, dass sich die Hunde dort nochmals entspannen können, wenn nötig, übernachten Sie dort. Halten Sie unterwegs regelmäßig an, damit die Hunde sich lösen können.

AUSBILDUNG UND KONDITIONSTRAINING

Die Ausbildung ist ein Prozess von Erziehung und Lernen. Ihr wichtigster Teil, die entscheidende Grunderziehung, findet in den ersten Lebensjahren statt. Aber wie beim Menschen auch hält der Lernprozess in gewissem Maß das ganze Leben lang an!

Das Konditionstraining dagegen bezieht sich rein auf die körperliche Fitness. Natürlich können Sie gleichzeitig Ihren Hund ausbilden und dabei trainieren und umgekehrt. Je älter Ihre Hunde werden, desto mehr verschiebt sich der Schwerpunkt in Richtung Konditionstraining. Natürlich verläuft das Konditionstraining von Hunden, die erst ein Jahr alt sind, anders als das von älteren Tieren.

Ein fundamentales Ziel der Ausbildung ist, dass Sie jederzeit Kontrolle über Ihre Hunde haben – dadurch entsteht ein Band des Vertrauens zwischen Ihnen und den Hunden. Die Hunde werden schnell lernen, dass Sie der Rudelführer sind und folglich das Vertrauen in Sie setzen, dass Sie den richtigen Ausweg aus jeder möglichen Situation finden werden.

Die entscheidenden Aspekte dieser Kontrolle umfassen Ihre Fähigkeit zu bremsen, anzuhalten und das Gespann auf Ihr Kommando hin stehen zu lassen – was natürlich in großem Maße auch von einer funktionalen Ausrüstung abhängt. Um die Fehlerquote zu reduzieren, ist deshalb regelmäßige Kontrolle und Reinigung der Ausrüstung ein Muss.

Ein häufig vernachlässigter Aspekt ist auch, dass man in ganz anderen Situationen erworbene Erfahrungen, Kenntnisse und Fähigkeiten auch in der Ausbildung von Schlittenhunden anwenden kann. Wenn Sie beispielsweise Erfahrungen und Kenntnisse in der Ausübung eines anderen Leistungssportes besitzen, können Sie vieles davon auch in der Arbeit mit Schlittenhunden anwenden.

Training und Ausbildung sollten stets eine positive, angenehme Erfahrung sein – obwohl das natürlich nicht immer der Fall sein kann. Geborene Schlittenhunde lieben die Bewegung und haben Spaß daran, solange Sie es ebenfalls genießen.

Wie bereits erwähnt, sind Schlittenhunde sehr empfänglich für Ihre Stimmungsschwankungen. Wenn Sie niedergeschlagen und deprimiert sind, sind Ihre Hunde es

Richtiges Training und korrekter Konditionsaufbau schaffen Rekordbrecher. Hier im Bild: Tim Iliffe (Towman Kennels, Kanada) bei der Aufstellung eines neuen Rekords auf dem Bancroft Trail 1998 - vier Meilen (ca. 6,5 km) in 13 Min/59 Sek.

auch. Hunde nehmen Enttäuschung von Ihrer Seite sehr schnell wahr und werden negativ von ihr beeinflusst.

FÜHREN SIE BUCH!
Um Ausbildung und Training erfolgreicher zu gestalten, ist es hilfreich, genaue Aufzeichnungen zu führen. Ort, Zeit, Temperatur, Feuchtigkeit, welcher Hund an welcher Position im Gespann lief, Distanz, Trainingsfahrzeug und sonstige Anmerkungen, beispielsweise die Leistung einzelner Hunde, heiße Hündinnen und andere Beobachtungen.

All dies wird zu einem wichtigen Bestandteil Ihrer Datenbank an Wissen – und außerdem ist es interessant und unterhaltsam, diese Notizen in ein paar Jahren noch einmal durchzulesen.

TRAININGSZEITEN
Solange das Klima es zulässt, gibt es keinen Grund, weshalb Sie nicht das ganze Jahr über mit Ihren Schlittenhunden arbeiten sollten. Viel hängt davon ab, wie viel Interesse und Zeit sie mitbringen. In England beispielsweise liegt die beste Zeit zum Anspannen während der Sommermonate zwischen vier und sechs Uhr morgens, wenn die Temperatur noch unter 15 Grad Celsius liegt.

Wenn Sie während dieser Sommermonate nur acht- bis zehnmal pro Monat als Freizeitspaß anspannen, reicht das aus, um die Grundkondition Ihrer Hunde zu erhalten. Im Winter sollten Sie dann bis zu sechzehn Mal pro Monat trainieren, um auf dieser Basis eine wirklich gute Kondition aufzubauen.

Wir halten diese Häufigkeit für gerade richtig, wenn Sie öfter anspannen, riskieren Sie, dass Ihre Hunde mit der Zeit sauer und lustlos werden.

Spitzenathleten unter den Hunden sind wie menschliche Hochleistungssportler. Sie müssen regelmäßig ein gewisses Trainingspensum absolvieren, um in Form zu bleiben. Wenn für eine längere Zeit jegliche Aktivitäten eingestellt werden und die körperliche Fitness verloren geht, besteht vor allem bei älteren Hunden das Risiko, dass sie nie wieder die frühere Spitze ihrer körperlichen Leistungsfähigkeit erreichen.

Die Tatsache, dass es uns mit Zufriedenheit und einem Glücksgefühl erfüllt, eine Arbeit gut zu machen, trifft auch für die Ausbildung von Schlittenhunden zu. Hunde lernen aus positiven Erfahrungen, durch gute Erziehung und durch richtiges Training. Wenn Sie die Hunde negative Erfahrungen machen lassen, etwa mehr von ihnen verlangen als sie körperlich zu leisten in der Lage sind oder falsch Wendungen fahren, schlagen Sie den besten Weg in Richtung einer Katastrophe ein.

AUSBILDUNG VON JUNGHUNDEN

Junghunde können schon ab einem Alter von 18 Wochen mit der Ausbildung beginnen, wobei viel von Ihrem persönlichen Können und Ihren Vorlieben abhängt. Manche warten mit dem Beginn der Ausbildung lieber, bis die Hunde sechs Monate oder älter sind.

Bedenken Sie, dass Hunde in diesem Alter körperlich noch sehr verletzbar sind und von der psychologischen Seite her gerade dabei sind, die Welt um sie herum zu entdecken. Sie müssen also körperliche und mentale Aspekte in Betracht ziehen und die richtigen Entscheidungen in Sinne der Hunde treffen. Ein junger Hund vergisst schlechte Erfahrungen wie Stöße, Stürze, Verheddern im Geschirr oder das Antreiben zu allzu schnellem Laufen nicht so leicht. Kontrolle, Vertrauen in Ihre eigenen Entschlüsse und möglicherweise auch Hilfe von außen sind deshalb wichtig. Auf alle Fälle ist es viel besser, zu warten, bis die Hunde älter sind und den Anforderungen besser gerecht werden können, als zu früh zu beginnen.

Sie können einen Junghund zunächst alleine im Geschirr einfach spazieren führen, damit er sich an das Gefühl eines Geschirres um seinen Körper gewöhnt. Anschließend kann er zusammen mit anderen vor einem Fahrrad oder leichten Wagen laufen. Wenn Sie einen Junghund im Geschirr führen, ist es wichtig, ihn vom Herumschnüffeln und unkonzentrierten Hin- und Herlaufen abzuhalten. Am einfachsten erreichen Sie das, wenn Sie einen »Lockvogel« – einen älteren Hund oder einen Freund – in etwas Entfernung vorweg gehen lassen. Für das

Um das einmal erreichte Konditionsniveau zu erhalten, ist Training rund ums Jahr notwendig.

Ziehen im Geschirr gibt es am Ende immer eine Belohnung in Form eines Leckerbissens.

Es ist ganz wichtig, dass Huskies das Ziehen lernen. Den meisten fällt es von Natur aus leicht, andere brauchen mehr Anleitung. Wenn sie es nicht gelernt haben, laufen sie möglicherweise einfach nur im Gespann mit – eine Angewohnheit, die dann entstehen kann, wenn Sie Junghunde mit erwachsenen Hunden zusammen einspannen und die älteren schneller laufen, als es der individuellen »Zuggeschwindigkeit« des Junghundes eigentlich entsprechen würde.

Im Alter von etwa sechs Monaten können Junghunde zusammen vor ein Fahrrad gespannt werden. Die Gesellschaft eines guten Freundes wirkt auf einen jungen Hund so aufregend und anstachelnd, dass alles andere vergessen wird und nur noch eins gilt – vorwärts ziehen! Falls ein Hund zögert, reicht es in der Regel mehr als aus, wenn ein Familienmitglied rennend um eine Ecke verschwindet, um die Verfolgungsjagd zu starten. Stimmliches Anfeuern und ein bisschen Unterstützung durch Anschieben des Fahrzeuges oder Pedale treten beim Fahrrad tun ein Übriges.

Die allererste Zugerfahrung ist sowohl für den Besitzer als auch für die Huskies aufregend. Und in der Tat ist dies eine delikate Angelegenheit, denn es kann dabei eine ganze Menge schief gehen.

Die ersten Versuche müssen natürlich auf gutem Untergrund und nicht zu große Entfernung, etwa 800 Meter, durchgeführt werden.

Mit Hilfe erwachsener Huskies ist es vergleichsweise einfach, Junghunde an die Zugarbeit heranzuführen. Achten Sie darauf, dass die Junghunde neben nachsichtigen Hunden ohne Flausen im Kopf eingespannt werden, damit sie sich von ihnen gute Arbeit anstelle Unsinn wie zum Beispiel Leinenbeißen abschauen.

Die Reaktionen der Junghunde auf die ersten Erfahrungen im Geschirr sind verschieden. Einige laufen vom ersten Tag an mit voller Konzentration, tiefem Kopf und völlig der Aufgabe hingegeben. Andere pendeln von hier nach da, schauen in die Landschaft, versuchen, mit ihren Gespannkameraden zu spielen und interessieren sich mehr für die Umgebung als für die anstehende Aufgabe.

In diesem Stadium ist es wichtig, sowohl konsequent als auch tolerant zu sein. Bei den ersten Versuchen wird Ihre Hauptaufgabe vermutlich darin bestehen, dem Neuling Mut zu machen.

Die neue Arbeitserfahrung ist für den Junghund angenehmer, wenn er sie in einem aus Oldies oder Veteranen bestehenden Gespann machen kann. Manche Zwinger ermöglichen es Ihnen, Ihren Siberian Husky auf diese Weise in die Arbeit einzuführen und lassen ihn in einem befreundeten Gespann mitlaufen. Aber Vorsicht ist geboten, wenn der Neuling die anderen Hunde nicht kennt und eventuell auch nicht auf die Stimme des Mushers hört.

Sie können Junghunde auch mit dem Geschehen bekannt machen, indem Sie sie anderen Gespannen bei der Arbeit zusehen lassen. Sie können so das Anschirren vor dem Start und die Rückkehr beobachten, sich an Geräusche und Atmosphäre gewöhnen.

Manche Buchautoren empfehlen, Junghunde als erste Lernerfahrung Reifen ziehen zu lassen. Wir selbst haben zu wenig Erfahrung mit dieser Methode, um hier näher darüber zu berichten. Persönlich finden wir sie zum Training der Hunde nicht notwendig.

EIN GESPANN ZUSAMMENSTELLEN

Wichtig ist, dass Sie Ihr Gespann richtig zusammenstellen. Die Hunde sollten zunächst öfter die Position im Gespann wechseln, von rechts nach links und von vorn nach hinten, um so eine gleichmäßige Muskulatur und einen ausgewogenen Körperbau zu erreichen. Auch sollten sie mit verschiedenen Partnern zusammen laufen können, damit Sie hinsichtlich der Auswahl von Hunden für ein Gespann flexibler werden. Genau wie wir Rechts- oder Linkshänder sind, haben auch Hunde eine Seite, auf der sie lieber laufen. In manchen Fällen haben sie auch Talent um in einer bestimmten Position zu laufen, sei es als Leithund (*Lead Dog*), an zweiter Position (*Swing Dog*), dritter Position (*Team Dog*) oder direkt vor dem Schlitten (*Wheel Dog*). Sie müssen das Potenzial jedes einzelnen Hundes ausschöpfen und erkennen, welche Fähigkeiten er hat.

Wenn irgend möglich, sollte das Gespann aus Hunden gleicher Leistungsfähigkeit bestehen. Leistungsstarke Hunde werden von Schwächeren frustriert oder abgestumpft. Um auch dem jüngsten, ältesten oder langsamsten Hund im Gespann angenehmes Arbeiten zu ermöglichen, müssen Sie sich genau an dessen Geschwindigkeit – dem limitierenden Faktor - orientieren. Schnellere Hunde werden dann zwar stärker ziehen, aber nicht mit der Geschwindigkeit laufen, die sie gerne wählen würden. Wenn Sie sich dagegen nach deren Geschwindigkeit richten, wird der langsamere Hund nur »mitgezogen« und zieht nicht selbst.

Machen Sie sich eine Skizze der Gespannzusammenstellung, für die Sie sich entschieden haben, und zwar aus der Perspektive des Fahrers gesehen.

Hängen Sie diese an einem während des Anschirrens gut sichtbaren Ort auf, zum Beispiel am Seitenfenster Ihres Autos.

Planen Sie Ihr Training präzise, bevor Sie loslegen. Bringen Sie alles über den Trail, die Distanz und die Temperatur in Erfahrung und definieren Sie für sich selbst, was Sie erreichen möchten.

Suchen Sie sich für den Fall der Fälle eine Ersatz-Trainingsstrecke aus. Wie oft sind wir schon losgefahren, um dann festzustellen, dass wir unser gewünschtes Ziel nicht erreichen konnten!

Auch bei der Festlegung der Gespanngröße ist Kontrolle, wie schon so oft in anderem Zusammenhang erwähnt, alles. Ein gut zusammenpassendes Gespann unter Miteinbeziehung von Veteranen, Junghunden, schnellen und langsamen Hunden aufzubauen, ist eine Aufgabe für sich.

Wenn Sie unterschiedlich leistungsfähige Hunde haben, ist es besser, sie in zwei Gruppen zu trainieren – so werden Sie auch den Hunden eher gerecht.

DER ÄLTERE HUND
Mit dem Älterwerden brauchen Hunde ein anders aufgebautes Trainingsprogramm.

Ältere Hunde brauchen ein besonderes Training, um weiter als Schlittenhund aktiv zu bleiben. Das Foto zeigt Zima Thekla im Alter von 11 Jahren.

Wenn man davon ausgeht, dass ein Hund seine höchste Leistungsfähigkeit im Alter von etwa zwei bis sechs Jahren hat, ist das Training eines Veteranen (sieben Jahre oder älter) eine Kunst. Junghunde benötigen besondere Aufmerksamkeit. Vielleicht haben Sie auch einen besonders erfahrenen und cleveren Veteranen, der den Anschein erweckt, hart zu arbeiten und mit aller Kraft zu ziehen, in Wirklichkeit aber nur dafür sorgt, dass die Zugleine ohne weitere Gewichtsbelastung leicht gestrafft bleibt.

Große, schwere Hunde benötigen gegebenenfalls auch ein anderes Trainingsprogramm als leichtere Hunde. Ein 24 kg schwerer Rüde ist in dieser Hinsicht anders als eine 15 kg schwere Hündin! Seien Sie sich dieser Unterschiede stets bewusst. Die Trainingstechnik an sich ist zwar die gleiche, aber deren Umsetzung kann von Hund zu Hund unterschiedlich ausfallen.

AUSDAUER- UND SCHNELLIGKEITSTRAINING

Die von den Siberians im Training bevorzugte Gangart ist meistens der Galopp. Manche haben auch die Veranlagung zu einem sehr raumgreifenden Trab, in welchem sie mühelos mit galoppierenden Hunden mithalten können, dies ist aber die Ausnahme. In der Regel galoppieren Siberian Huskies so schnell, wie es ihre Kondition und die Geländebedingungen zulassen. Wurde das Gespann aber gezielt für Langstreckenrennen vorbereitet, legen viele Musher Wert darauf, größere Entfernungen im schnellen Trab zurückzulegen.

Siberians beginnen das Training meist in einem flotten Galopp und fallen nach etwa einer Meile in einen gleichmäßigen, ihnen angenehmen Rhythmus, den sie so lange beibehalten, wie ihre Kondition es erlaubt. Sobald die Hunde aus dem Galopp in den Trab fallen, sollten Sie die Gelegenheit wahrnehmen, eine Pause einzulegen.

Bedenken Sie, dass Ihr Training effektiv sein soll. Wenn Sie jedes Mal bei dieser Gelegenheit anhalten, werden die Hunde schnell merken, dass es nicht weitergeht und sie anhalten müssen, sobald sie in den Trab fallen. Der Effekt ist, dass Ihre Hunde in Zukunft noch weiter und länger galoppieren, da sie nicht gerne anhalten möchten. Wenn Sie keine Stops einlegen, sehen die Hunde das Traben als akzeptabel an, woraus eine gewisse Unregelmäßigkeit entsteht.

Beginnen Sie zunächst mit einer Distanz von etwa 3 Kilometern (erwachsene Hunde) bzw. einem halben Kilometer (für Junghunde), die Sie im Galopp zurücklegen. Wenn Sie die Distanz bei jeder siebten bis zehnten Fahrt um etwa 800 Meter steigern, werden Sie (falls Sie ein kleineres Gespann von acht oder weniger Hunden fahren) schnell ein Team haben, dass im Galopp eine Entfernung von etwa zweieinhalb bis drei Kilometern pro Hund zurücklegen kann. Als Faustregel und bei flachem Gelände können so etwa sechs Kilometer bei zwei Hunden und 20 - 24 Kilometer bei sechs Hunden angenommen werden. Regelmäßiges Training und beständige, allmähliche Steigerung führen so zu hoher körperlicher Fitness.

Das Training auf Schnee unterscheidet sich von dem auf schneefreiem Gelände, da Schnee wesentlich größeren Schwankungen hinsichtlich der Untergrundbedingungen unterliegt. Naturboden kann entweder nass, trocken oder gefroren sein, so dass der Reibungswiderstand sich nur minimal ändert. Schnee hingegen kann eine fast reibungslose Gleitfläche bieten oder aber schwer, nass und pappig sein. Unter solchen Umständen legen Sie die gleiche Strecke mit zwei völlig verschiedenen Ergebnissen zurück. Zur Veranschaulichung könnte man sich vorstellen, dass ein ebener, trockener und fester Grasuntergrund mit idealen Schneebedingungen vergleichbar ist, während ein Wagen in tiefem Sand sich ähnlich verhält wie ein Schlitten in schwerem, nassem Schnee.

Sie richten alle Ihre Trainingsaktivitäten auf ein selbst bestimmtes Ziel aus, das Wettkampfteilnahme heißen kann, aber nicht muss. Falls ersteres der Fall ist, sollten Sie das Training mindestens zwei Wochen vor dem Wettkampfdatum beendet haben, damit die Hunde sich von der anstrengenden Vorbereitung noch etwas erholen können. Ob Sie es glauben oder nicht – die Ruhe spielt eine große Rolle im Konditionstraining Ihrer Hunde!

Beim Aufbau Ihres Gespannes müssen Sie die verschiedenen Trainingsarten mit einbeziehen. Das Krafttraining lässt sich mit dem Hantel- oder Gerätetraining verglei-

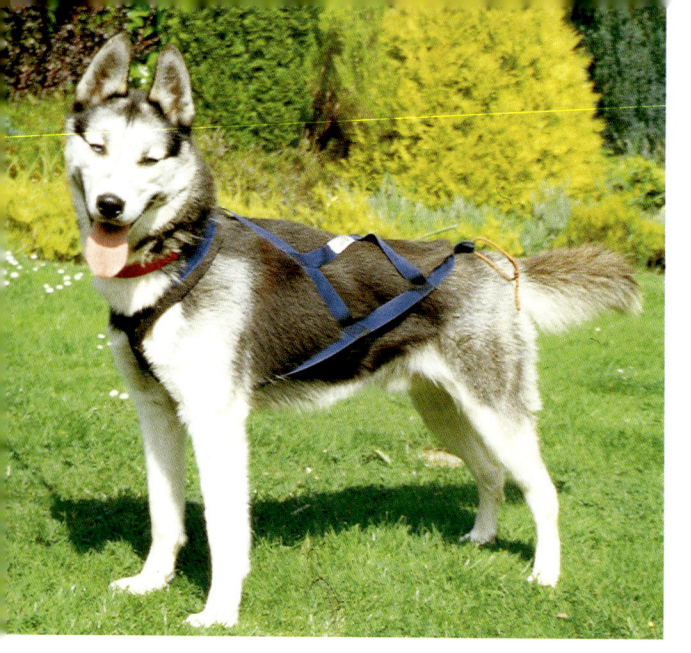

Ein arbeitender Siberian ist ein glücklicher Siberian.

chen, das ein Leichtathlet oder Fußballer durchführt. Mit seiner Hilfe wird eine Muskelbasis geschaffen, auf der das Ausdauertraining weiter aufgebaut werden kann. In gewisser Weise bringt Krafttraining den Hund bis an die Grenzen seiner Leistungsfähigkeit. Das Ziehen schwerer Gewichte über mittlere Distanzen ist das Härteste, was Sie von Ihrem Hund verlangen können.

Das Schnelligkeitstraining mit wenig Gewicht ist gewissermaßen eine Simulation der Wettkampfbedingungen, unter denen ebenfalls wenig Last zu ziehen ist und die Durchschnittsgeschwindigkeit um etwa 25 Prozent gesteigert wird.

Ein Übermaß an Krafttraining führt zu muskelstrotzenden Hunden, während zuviel Schnelligkeitstraining zu Hunden mit zu wenig Muskelaufbau und Kondition führt. Es ist gar nicht so einfach, die richtige Balance zwischen beidem zu finden!

Bei beiden Trainingstypen empfiehlt sich das so genannte Intervalltraining. Leichtathleten führen es durch, indem sie beispielsweise abwechselnd 200 Meter joggen und 200 Meter sprinten. Das gleiche Prinzip können Sie auf Ihre Siberians anwenden – nicht, indem Sie zwischen Trab und Galopp wechseln, sondern indem Sie mit der Bremse des Trainingsfahrzeuges und Stimmkommandos arbeiten. So können Sie Ihre Hunde daran gewöhnen, über eine Strecke von ca. einem Kilometer auf Aufforderung besonders kräftig zu ziehen, um danach wieder in einen entspannteren Galopp zu fallen.

DER TRAININGSPLAN

Es gibt viele Möglichkeiten zur Gestaltung eines Trainingsplanes: ein Tag Training/ein Tag Pause; zwei Tage Training/ein Tag Pause; drei Tage Training/zwei Tage Pause und so weiter. Die jeweiligen Umstände bestimmen, was für Sie am besten ist. Bei hartem Training reichen etwa 16 Fahrten pro Monat aus. Wechseln Sie die anstrengende Trainingsarbeit mit leichteren Vergnügungsfahrten ab. Wir selbst empfehlen zwei Tage ernsthaftes Training, gefolgt von zwei Tagen Pause und einer Vergnügungsfahrt, um wieder zur Arbeit überzuleiten.

Mitunter wird behauptet, dass eine Pause von drei Tagen einen Tag Training zunichte macht. Wir bezweifeln dies aber, vor allem, wenn die dreitägige Pause nur etwa einmal im Monat eingelegt wird. Ein gut trainierter Hund verkraftet sogar eine einwöchige Pause so gut, dass er nach ein oder zwei Tagen Arbeit seinen Trainingszustand wieder erreicht hat.

Es ist nicht so einfach, den Trainingszustand eines Hundes genau zu bestimmen. Eine der besten Methoden ist es jedoch, zu beobachten, wie schnell sich der Hund nach intensiver körperlicher Anstrengung wieder erholt. Gut trainierte Hunde erholen sich schnell und zeigen etwa eine Stunde nach Trainingsende keine sichtbaren Anzeichen von Anstrengung oder Stress mehr.

Schlittenhundesport mit dem Siberian Husky

EINE EINHEIT FORMEN

Es ist ein weit verbreiteter Irrtum, dass die leichteren Hündinnen stets vorne an der Spitze und die stärkeren Rüden hinten eingespannt werden sollten.

Lassen Sie uns zunächst die einzelnen Positionen klarstellen. Die *Lead Dogs* (Leithunde) laufen ganz vorn, dahinter befinden sich die *Swing Dogs* oder *Point Dogs* (Mittelhunde), wobei man in Alaska eher den Begriff *Swing Dogs*, in anderen Ländern aber auch *Point Dogs* verwendet. Alle anderen Hunde hinter den *Swing Dogs* heißen, mit Ausnahme der unmittelbar vor den Schlitten oder Wagen gespannten, *Team Dogs*.

Letzten Endes bestimmen Sportlichkeit und Talent des einzelnen Hundes sowie Ihre eigenen Anforderungen, an welcher Position im Gespann ein Hund laufen soll. Einige der größeren Rüden können durchaus die kräftigsten und gleichzeitig auch die schnellsten sein. Warum sollten Sie diese Hunde nicht an der Spitze positionieren? Vielleicht haben Ihre leichteren Hunde nicht genug Selbstvertrauen, um ganz vorne zu laufen und fühlen sich als *Swing Dogs* wohler. Es ist immer problematisch, Verallgemeinerungen zu treffen!

Ihre *Wheeldogs* oder Deichselhunde (direkt vor dem Schlitten oder Wagen) werden bei Biegungen teilweise recht kräftig von der zentralen Zugleine geschubst und gezogen und müssen außerdem mit dem Gefährt dicht hinter sich fertig werden.

Probieren Sie im Rotationssystem aus, welcher Hund am besten in welche Position passt und geben Sie Ihren Hunden die Möglichkeit, sich zu ausgeglichenen Tieren zu entwickeln. Wie oft hört man Aussagen wie »Dieser hier läuft immer als rechter Deichselhund, weil ihm das am meisten Spaß macht!« Woher wissen Sie denn, ob das stimmt, wenn der Hund immer nur einseitig trainiert wurde und nie Gelegenheit hatte, woanders im Gespann zu laufen? Vergessen Sie bei der Positionsvergabe nicht zu berücksichtigen, dass Hündinnen in die Hitze kommen. Besonders wenn es um die Leithunde geht, müssen Sie die Sensibilität der einzelnen Hündinnen in Betracht ziehen. Einige Hündinnen bleiben, zweimal jährliche Hitze vorausgesetzt, fast sechs Monate des Jahres lang unter ihrer vollen Leistungsfähigkeit. Es gibt aber auch außergewöhnliche Hündinnen, die von der Hitze überhaupt nicht beeinflusst werden und das Gespann das ganze Jahr hindurch vorbildlich anführen. Der Besitz solcher Hündinnen ist Gold wert, besonders, wenn sie noch von guter Größe und starkem Wesen sind.

Kraft und Stärke bestimmen Ihre endgül-

Die Position jedes einzelnen Hundes im Gespann muss sorgfältig festgelegt werden.

tige Auswahl der Positionen. Es stimmt, dass Sie am besten mittelgroße bis große Hunde an die Deichselposition spannen und schnelle Hunde an die Spitze. Das ist aber auch schon alles, was sich allgemein zu diesem Thema sagen lässt – einmal davon abgesehen, dass manche Hunde mit bestimmten Gespannnachbarn lieber laufen als mit den anderen.

Sobald Sie ein Gespann für Wettkampfzwecke zusammengestellt haben, können Sie noch viel verbessern, indem Sie diese Hunde zu einer Einheit zusammenschweißen. Genau wie Sie die Fähigkeiten eines einzelnen Hundes weiter ausbauen können, so können Sie auch an gutem Teamwork arbeiten. Ein wirklich gutes Gespann steht als Einheit immer vor den individuellen Hunden!

STIMMKOMMANDOS

Eine der schwierigsten, aber lohnenswertesten Aufgaben beim Training von Schlittenhunden ist die Ausbildung der Leithunde, damit sie die Verantwortung über Geschwindigkeit und Wegrichtung für das gesamte Gespann übernehmen können.

Es gibt vier zentrale Stimmkommandos: Eine Rechtswendung wird mit *Gee* angezeigt und eine Linkswendung mit *Haw*. Mit *Go on* bedeuten Sie Ihren Hunden, weiter geradeaus zu laufen – beispielsweise an einer Kreuzung oder wenn der Weg an einer Abbiegung vorbeiführt. *Whooah* steht für Langsamerwerden und Stehenbleiben. Außerdem können Sie noch *Get up* zum Losfahren verwenden und *Steady*, wenn Sie ein Bremsmanöver durchführen oder einen Berg hinab fahren und möchten, dass die Hunde auf Sie achten und etwas langsamer werden. Natürlich können Sie auch andere Worte verwenden, die Sprache ist dem Hund völlig egal, nur kurz, knapp und eindeutig

Hunde haben auch Spaß am Training im Dunkeln. Im Bild: Ch. Zima Toaki und Zima Wapahkwa. Foto: Stu Forster.

sollten sie sein.

Viele Fahrer haben ihre eigenen Kommandos – wichtig ist nur die Konsequenz, mit der immer die gleichen Worte in immer der gleichen Stimmlage verwendet werden. Wenn Hunde von mehreren verschiedenen Menschen trainiert werden, welche die Kommandos anders aussprechen oder zu anderen Zeitpunkten (vor einer Wendung beispielsweise), schafft dies Verwirrung und ist bestimmt nicht Fehler des Hundes!

Ein ständig gleichbleibendes Stimmkommando ist, zusammen mit der richtigen Ermunterung, alles, was nötig ist. Wenn ein Hund zurechtgewiesen werden muss, reicht ein einziger scharfer Zuruf. Reden Sie nicht unnötig ständig auf die Hunde ein, da sie sonst irgendwann abschalten.

Wenn Sie Junghunde von Anfang an ausbilden möchten, brauchen Sie Verständnis, Sorgfalt und Geduld. Lassen Sie sich Zeit und lassen Sie Fehler nie unkorrigiert durchgehen, da die Hunde ansonsten die Kommandos verwechseln.

Am besten lernen junge Hunde durch Wiederholung und Ermunterung auf einem einfachen Trail mit wenigen Wendungen. Ein Trail von etwa vier Kilometern Länge mit fünf oder sechs Wendungen wäre ideal, um die Kommandos einzuüben. Dieser Trail sollte so oft gefahren werden, bis die Junghunde ihn nicht nur »im Schlaf« zurücklegen, sondern auch damit beginnen, die Richtungswechsel mit den einzelnen Kommandos zu verknüpfen. Diese durch Wiederholung erreichte Verstärkung führt dazu, dass die Junghunde die Kommandos recht schnell lernen.

Wenn Sie im Training eine Wendung fahren möchten, geben Sie das entsprechende Stimmkommando. Sollten die Leithunde ihm nicht folgen, halten Sie das Gespann an und warten, bis sie die richtige Richtung einschlagen und ihren Fehler korrigieren. Sie müssen jederzeit die Kontrolle über Ihr Gespann haben! Viele Fahrer begehen den grundlegenden Fehler, ihren Leithunden Fehler unkorrigiert durchgehen zu lassen – sie tun sich selbst und dem Team keinen Gefallen!

Ausgebildete Leithunde brauchen keine weitere Übung, um das Gelernte beizubehalten. Einmal gelernt, vergisst ein Siberian Husky die Kommandos oder wie man als Leithund läuft nicht mehr. Üben Sie stattdessen lieber mit anderen Hunden, auch einmal in Spitzenposition zu laufen.

Wenn Sie erfahrene Leithunde besitzen, können Sie diese als perfekte Lehrmeister verwenden, um Junghunde für die gleiche Aufgabe auszubilden. Einige sind bessere Lehrer als andere; manche sind zwar sehr routiniert, aber trotzdem nicht in der Lage, die Rolle eines Lehrers zu übernehmen, ohne dabei selbst Fehler zu machen.

Einige Siberian Huskies haben vom Welpenalter an eine natürliche Begabung dazu, Leithunde zu sein. Sie laufen konzentriert mit gesenktem Kopf, horchen ständig auf eventuelle Anweisungen des Fahrers und reagieren unmittelbar und präzise auf die Kommandos. Langsamer lernende Hunde benötigen Monate, oft bis zu einem Jahr, um in die Rolle eines verlässlichen Leithundes hineinzuwachsen. Dafür können diese Hunde aber später oft die verlässlichsten sein und die bessere Langzeitinvestition.

Wenn Sie sich die nötige Zeit nehmen und die Mühe nicht scheuen, können Sie 99 Prozent aller Siberian Huskies zu Leithunden ausbilden. Ob Sie sie auch an dieser Position haben möchten oder die Hunde selbst damit glücklich sind, ist eine andere Frage. Aber wir sagen es noch einmal – bleiben Sie flexibel!

GEWÖHNUNG AN UMWELTREIZE
Ein Gespann, das sich während der Arbeit nicht von unerwarteten Ereignissen aus der Bahn werfen lässt, ist wesentlich einfacher unter Kontrolle zu halten. »Unerwartete Ereignisse« können zum Beispiel plötzlich auftauchende Menschen sein, Tiere, umgestürzte Bäume und Tausende anderer Möglichkeiten. Auch andere Gespanne können in die Quere kommen, wenn Sie nicht alleine trainieren. Wenn Sie Ihr Gespann also daran gewöhnen, andere ohne Störung zu überholen oder sich überholen zu lassen, ist das nicht nur im Wettkampf von Vorteil, sondern auch in vielen anderen Situationen. Der einfachste Weg ist, zusammen mit befreundeten Teams zu üben. Das erste Team startet mit etwas Zeitvorsprung und ermöglicht dann durch Abbremsen dem nachfolgenden Team aufzuholen. Sobald der Verfolger zum Überholen bereit ist, signalisiert er mit dem Zuruf »Trail«, dass der Vordermann etwas zur Seite fahren soll, um Platz zum Überholen zu machen. Wenn beide Teams gleichauf sind, bremst der überholt Werdende etwas ab, um den Überholenden möglichst schnell vorbeizulassen.

Diese Überholmanöver können während eines Trainingslaufes mehrmals wiederholt und so eingeübt werden. Mit Sicherheit dauert es nicht lange, bis Ihr Gespann anderen Teams keine Aufmerksamkeit mehr schenkt.

Frontale Begegnungen werden am besten auf einem sehr breiten Trail geübt, wobei mindestens eines der Teams sehr erfahren sein sollte. Bei zwei Junghundeteams besteht die Gefahr, dass sich alle in einem großen Knäuel wiederfinden und so eine sehr schlechte Erfahrung machen. Wenn ein erfahrenes Team einem Gespann von Junghunden entgegenkommt oder (noch besser) Junghunden mit erfahrenen Leithunden an der Spitze, lernt der Nachwuchs dieses Manöver schnell.

Ein Wasserstopp bietet gleichzeitig auch Gelegenheit zu einer kurzen Verschnaufpause. Im Bild: Skiivolk Pepper.

TRÄNKEPAUSEN

Wie bereits an anderer Stelle erwähnt, spielt Wasser eine entscheidende Rolle bei der Erhaltung gesunder und aktiver Schlittenhunde. Beim Training ist es deshalb wichtig, immer etwas Wasser mitzuführen. So können Sie Ihren Hunden nicht nur während der geplanten Stopps Wasser anbieten, sondern sich auch um Ihr eventuell ermüdetes Gespann kümmern, falls Sie wegen eines Zwischenfalls eine unerwartete Pause einlegen oder auf Hilfe warten müssen.

Das Tränken während des Trainings hat zwei wichtige Funktionen. Zum einen verhindert es eine Dehydration (Austrocknung) oder Überhitzung des Körpers, zum anderen stellt es sicher, dass das Training nach einem zwei- bis dreiminütigen Wasserstopp wieder mit frischen Kräften fortgesetzt werden kann. Der beste Behälter zum Wassertransport ist ein Eimer mit Deckel. Gehen Sie damit der Reihe nach von Paar zu Paar und lassen jeden Hund den Kopf hineinstrecken. Sobald ein Hund den Kopf aus dem Eimer hebt, gehen Sie zum nächsten weiter. Machen Sie die Runde zweimal, damit jeder Hund genügend Wasser erhält, ohne möglicherweise zuviel auf einmal zu saufen.

Machen Sie sich keine Sorgen, dass ein- oder zweimaliges Tränken während des Trainings die Erwartung der Hunde auf Tränkepausen während des Wettkampfes steigern könnte. Wir selbst haben während eines Wettkampfes noch nie bemerkt, dass ein Hund auf eine Tränkepause gewartet hätte – dazu ist die Wettkampfsituation auch zu verschieden vom Trainingsalltag. Allerdings wäre es vernünftig, die Orte, an denen Sie Ihre Tränkepausen auf der Trainingsstrecke einlegen, immer wieder zu wechseln, da die Hunde sich ansonsten schnell angewöhnen, an immer der gleichen Stelle anzuhalten.

RISIKEN

Übertriebenes oder gedankenloses Training macht Ihre Hunde nicht nur sauer, sondern führt auch zu Steifheit und allgemeinem Unwohlsein, zu Prellungen, Überlastungsbrüchen, gequetschten Pfoten, Abschürfungen und Wundsein, übermäßig abgenutzten

Krallen, Überhitzung, Dehydration und so weiter.

All diese Dinge können durch gute Planung und frühzeitige Vorbereitung vermieden werden – und dadurch, dass man stets versucht, wie ein Hund zu denken!

Nach jeder härteren Anstrengung sollte die Hunde eine besondere Belohnung erwarten. Ein Hundekuchen ist für einen erhitzten Hund sicher nicht geeignet – oder würden Sie gerne am Ziel eines 15 - 20 km langen Laufes einen Keks essen?

Lassen Sie die Hunde sich abkühlen, nachdem sie ihre Arbeit getan haben, getränkt und belohnt wurden. Falls Sie ein größeres eingezäuntes Grundstück zur Verfügung haben, lassen Sie die Hunde frei umherlaufen und sich lockern.

Nach der winterlichen Hauptsaison müssen Sie das Training Ihrer Hunde genauso langsam wieder abbauen, wie Sie es aufgebaut haben. Reduzieren Sie die Anzahl der Trainingsfahrten auf etwa acht bis zehn pro Monat und halten Sie diese auch zeitlich kürzer. Nichts ist schlimmer, als einen Hund, der körperlich und geistig voll trainiert ist, mit einem Mal zur völligen Untätigkeit zu verdammen.

Sowohl jüngere als auch ältere Hunde verwickeln sich während des Laufens immer wieder einmal in den Leinen – dies ist einfach unvermeidlich. Ermuntern Sie den betreffenden Hund, wenn möglich, sich aus eigener Kraft zu befreien. Vorsichtiges Abbremsen des Schlittens oder Wagens hilft dabei, und mit etwas Ermutigung finden die meisten Hunde schnell Techniken heraus, um aus dem Leinenwirrwarr selbst wieder herauszukommen.

Auch wenn Sie sich sehr bemüht haben, Ihren Hunden das Sich-Lösen vor Beginn der Arbeit nahe zu legen, werden sie doch unterwegs einmal müssen. In diesem Fall helfen leichtes Abbremsen (ohne Anhalten!) und gutes Zureden, um den Hunden zu signalisieren, dass sie jederzeit unterwegs ihren Bedürfnissen nachgeben können, ohne Gefahr zu laufen, dabei verletzt zu werden.

Ein Wort noch zum Thema freiwillige Helfer. Oft möchten Freunde an Ihrer Arbeit teilhaben, aber nur auf unregelmäßiger Basis. Vergewissern Sie sich, ob diese Hilfe Ihnen und Ihren Hunden wirklich nützt oder ob Sie dadurch in irgendeiner Form aus dem Trainingsplan geworfen und gestört werden. Überprüfen Sie außerdem, ob Ihre Hunde sich in Anwesenheit des Helfers wohlfühlen und nicht mit einer Person zusammen sein müssen, die vielleicht gar nicht mit Hunden umgehen kann.

DIE TRAININGSSTRECKE

Ein ganz wichtiger Faktor in Ausbildung und Training Ihrer Hunde ist das Trainingsgelände. Es beeinflusst auch in erheblichem Maße, wie viel Spaß Ihre Hunde an der Arbeit haben. Abwechslung ist alles – das sollte auch für das Training Ihrer Hunde gelten. Sicherlich ist es manchmal schwierig, das richtige Trainingsgelände zu finden. Ideal wäre, möglichst viele verschiedene Strecken und Ausgangspunkte zu haben. Verschiedene Geländeformen von hügelig bis flach wären ebenfalls wünschenswert. Auch die Bodenbeschaffenheit ist von Bedeutung. Die Pfoten Ihrer Hunde werden nur dann abgehärtet, wenn sie nicht nur auf Gras oder Schnee, sondern auf möglichst vielen verschiedenen Untergründen laufen – von Asphalt und Beton natürlich abgesehen. Uns überrascht immer wieder, wie viele Teams nur auf weichen, idealen Untergründen gute Leistung bringen, nicht aber auf härterem und schnellerem Naturbodengeläuf oder umgekehrt. Wer nicht das ganze Jahr über ideale Schneebedingungen hat (und das ist sicherlich die große Mehrheit), muss dafür sorgen, dass seine Hunde ihre Pfoten so abhärten, dass sie mit den verschiedensten Geläufen zurechtkommen.

Teams, die immer in flachem Gelände trainieren, zeigen keine gute Leistung im Gebirge; wogegen Hunde, die nur im Gebirge laufen, auf dem Flachland häufig zu wenig Gleichmäßigkeit zeigen.

Viele Fahrer beschränken die Trainingszeiten nur auf das Tageslicht. Ein durch und durch vertrauter Trail sieht im Dunkeln plötzlich ganz anders aus, mit seltsamen Schatten und imaginären Figuren, denen die Hunde nachjagen möchten.

Ein Trail mit vielen Kurven und Wendungen ist viel ansprechender als ewig lange Geraden, die zur totalen Langeweile beim Hund führen.

Ihr Gespann profitiert in jedem Fall von Abwechslung: Hügel und Ebene, weich und hart, Tag und Nacht, Schnee oder Erdboden, nass oder trocken – all dies verhilft den Hunden zu der nötigen Erfahrung, verlangt aber von Ihnen selbst einiges an Opferbereitschaft, um all das bieten zu können!

RENNEN
Letzten Endes hängt Ihr Erfolg im Rennen davon ab, wie gut Sie all die verschiedenen Zutaten zu einem Erfolgsrezept zusammenmischen konnten – das Zuchtprogramm, Ausbildung und Konditionstraining, Ernährung, Ausrüstung und Strategie. Wenn der Konkurrenzkampf hart ist, müssen alle diese Dinge zusammenkommen, damit erfolgreiches Bestehen möglich ist.

Eine der faszinierenden Eigenschaften dieses Sportes ist es, dass er ein bisschen einem Schachspiel gleicht. Bei jedem neuen Wettkampf werden Sie mit neuen Situationen konfrontiert. Sie müssen flexibel sein und dazu bereit, Ihre früheren Leistungen genau zu analysieren, damit Sie sich verbessern und vorwärtskommen können.

Gehen Sie nie auf eine Rennstrecke, bevor Sie sich den Trail nicht vorher angesehen haben. Reisen Sie schon am

Training in verschiedenem Gelände lässt die Hunde wertvolle Erfahrungen für künftige Rennen sammeln. Foto: Stu Forster.

Erfolg im Rennen hängt auch von der Flexibilität und Vielseitigkeit des Mushers ab.

Vortag an und gehen oder fahren Sie den Trail ab. Dadurch bauen Sie gleichzeitig den Reisestress ab, den Ihre Hunde bei einer Anreise am Wettkampf mit Sicherheit spüren würden. Bereiten Sie sich minutiös auf das Rennen vor und überprüfen Sie jedes Detail Ihrer Ausrüstung. Mehr als einmal haben wir miterlebt, dass hervorragende Teams aus dem Rennen fielen – nicht durch Fehler der Hunde, sondern durch Versagen der Ausrüstung.

Beenden Sie das intensive Training zwei Wochen vor dem Rennen und sorgen Sie dann nur noch dafür, dass der Trainingszustand beibehalten wird. Gönnen Sie Ihrem Gespann nach einem anstrengenden Tag zwei Tage Pause und beginnen Sie dann wieder mit einer leichteren Fahrt. Analysieren Sie die Leistung des gesamten Gespannes und lernen Sie daraus.

5 DIE RASSESTANDARDS

Der American Kennel Club (AKC) veröffentlichte den ersten Rassestandard für den Siberian Husky im Jahr 1930. Seitdem wurden zahlreiche Beschreibungen geändert, was natürlich die Entwicklung der Rasse über die Jahre hinweg beeinflusst hat. Die europäischen Rassestandards sind an den amerikanischen und den kanadischen Standard eng angelehnt und unterscheiden sich nur wenig von den heutigen AKC/CKC Standards. Der Standard der Fédération Cynologique Internationale (FCI) entspricht dem des AKC.

DER ORIGINALSTANDARD

AMERICAN KENNEL CLUB, 1930 RASSESTANDARD SIBERIAN HUSKY

ALLGEMEINES ERSCHEINUNGSBILD

Der Siberian Husky wurde seit Hunderten von Jahren in Nordostasien als Schlittenhund genutzt. Er sollte außergewöhnlich aktiv, schnell und leichtfüßig sowie in der Lage sein, im Geschirr Lasten über kürzere

Aktiv, muskulös und leichtfüßig: Der amerikanische Standard legt schon seit 1930 besonderen Wert auf die Gebrauchsfähigkeit der Hunde.

Entfernungen mit einer Geschwindigkeit von etwa 20 Meilen pro Stunde zu transportieren. Es muss auf dem Trail stark, mutig und ausdauernd sein. Er besitzt eine tiefe

DIE KÖRPERTEILE DES HUNDES

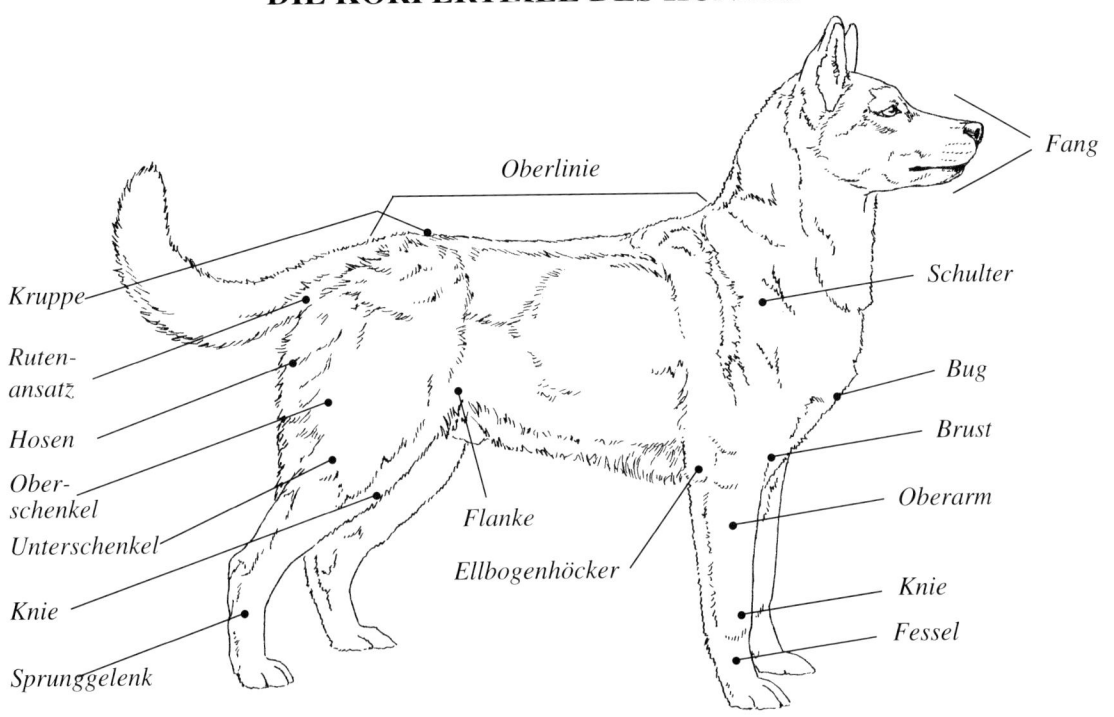

- Oberlinie
- Fang
- Schulter
- Kruppe
- Rutenansatz
- Hosen
- Oberschenkel
- Unterschenkel
- Knie
- Sprunggelenk
- Flanke
- Ellbogenhöcker
- Bug
- Brust
- Oberarm
- Knie
- Fessel

SKELETTSTRUKTUR

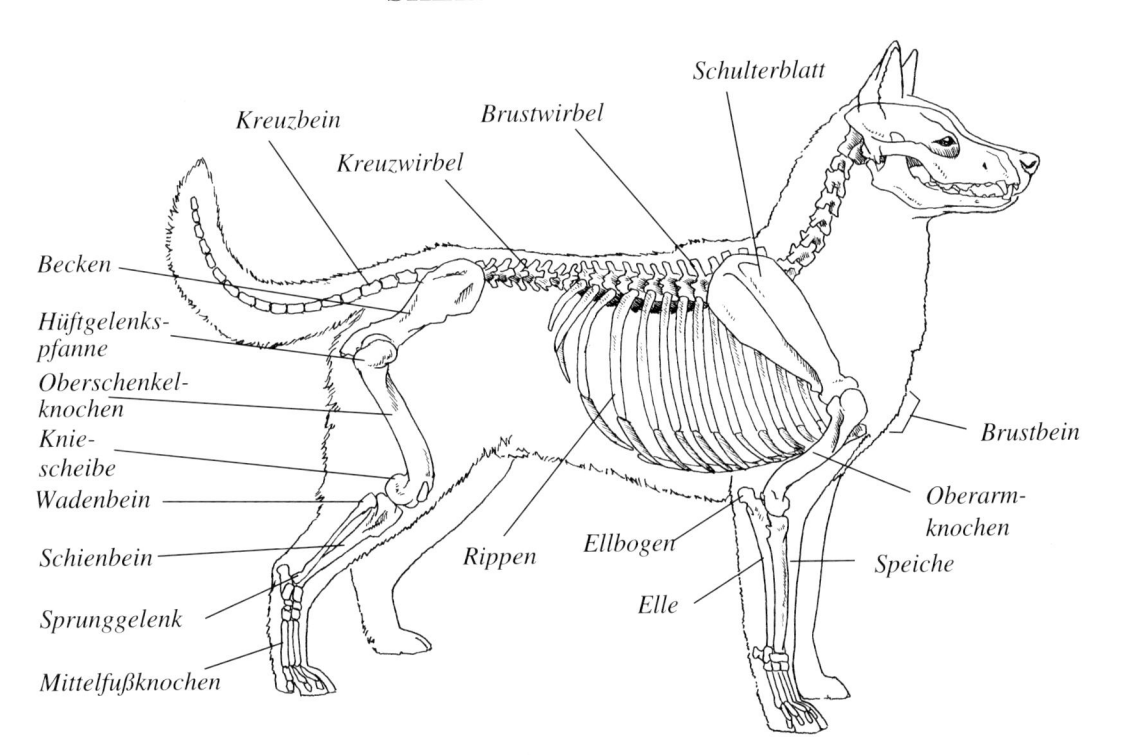

- Schulterblatt
- Brustwirbel
- Kreuzbein
- Kreuzwirbel
- Becken
- Hüftgelenkspfanne
- Oberschenkelknochen
- Kniescheibe
- Wadenbein
- Schienbein
- Sprunggelenk
- Mittelfußknochen
- Rippen
- Ellbogen
- Elle
- Brustbein
- Oberarmknochen
- Speiche

und kräftige Brust, starke Knochen, kräftige Läufe und Pfoten, einen geraden, kräftigen Rücken und eine gut bemuskelte Hinterhand.

Ein ausgewachsener Rüde hat etwa 23 ins (58 cm) Schulterhöhe und wiegt etwa 60 Pfund (27 kg). Eine Hündin sollte kleiner sein und etwa 10-12 Pfund (4-5 kg) weniger wiegen.

KOPF

Der Kopf muss in guter Proportion zum Körper stehen, aber nicht klobig oder zu groß sein. Zwischen den Ohren ist er von mittlerer Weite.

Die Ohren sind aufrecht stehend, hoch am Kopf angesetzt, mittelgroß, mit leicht abgerundeten Spitzen und innen gut behaart.

Der Gesichtsschädel ist von mittlerer Länge und leicht keilförmig. Kiefer und Zähne sind sehr stark, Ober- oder Unterbiss dürfen nicht vorkommen.

Die Augen können blau oder braun sein mit einem durchdringenden, aber freundlichen und intelligenten Ausdruck. Die Augenlidränder sind dunkel.

Der Nasenschwamm ist schwarz oder leberfarben. Der Fang ist stark, die Lefzen sind dunkel und gut anliegend.

BRUST UND RIPPEN

Die Brust sollte tief und stark sein, aber nicht zu breit. Die Rippen sollen gut gerundet und tief sein.

RÜCKEN, HINTERHAND UND KNIE

Die Lenden sollen leicht gewölbt und besonders gut bemuskelt sein. Die Knie sind besonders gut bemuskelt und tief angesetzt. Der Rücken ist gerade, nicht zu lang und kräftig entwickelt.

LÄUFE

Gerade, von guter Länge, gut bemuskelt und gute Knochen.

PFOTEN

Kräftig, nicht zu kompakt, mit besonders dicken Pfotenballen, die von Haar geschützt sind.

RUTE

Lang und gewöhnlich über dem Rücken getragen, manchmal auch hängend, besonders beim müden Hund. Soll gut von Haar geschützt sein. Zu buschige Ruten sind nicht erwünscht.

GRÖSSE UND GEWICHT

Rüden: 22-23,5 Inches (55,8-59,6 cm) Schulterhöhe und
54-64 Pounds (24,4-28,9 kg) Gewicht.
Hündinnen: 21-22,5 Inches (53,3-57 cm) und 44-54 Pounds (19,9-24,4 kg) Gewicht.

FARBE

Alle Farben von weiß bis schwarz sind erlaubt, darunter verschiedene Grautöne und gemischte Wolfsfarben.

HAARKLEID

Dick mit sehr weichem und warmem Unterhaar dicht an der Haut. Das Deckhaar soll nicht zu lang sein und gerade, nicht zu grob, es soll recht dicht am Körper anliegen, damit die eleganten Linien des Hundes nicht verwischt werden. Ein buschiges oder struppiges Haarkleid ist nicht erwünscht.

PUNKTESKALA

Größe und allgemeines Erscheinungsbild	25 Punkte
Kopf und Hals	10 Punkte
Haarkleid und Farbe	10 Punkte
Brust und Rippen	10 Punkte

Der Rassestandard

Hinterhand und Knie	15 Punkte
Rücken	10 Punkte
Läufe	10 Punkte
Pfoten	5 Punkte
Rute	5 Punkte

DIE HEUTIGEN STANDARDS

*FCI-STANDARD Nr. 270
vom 24.01.2000
Datum der Publikation des
Originalstandards: 02.02.1995*

VERWENDUNG
Schlittenhund

KLASSIFIKATION FCI
Gruppe 5 Spitze und Hunde vom Urtyp
Sektion 1 Nordische Schlittenhunde
Ohne Arbeitsprüfung

ALLGEMEINES ERSCHEINUNGSBILD
Der Siberian Husky ist ein mittelgroßer Arbeitshund, schnell, leichtfüßig, frei und elegant in der Bewegung. Sein mäßig kompakter, dichtbehaarter Körper, die aufrecht stehenden Ohren und die buschige Rute weisen auf die nordische Herkunft hin.

Seine charakteristische Gangart ist fließend und scheinbar mühelos. Er ist (nach wie vor) äußerst fähig, seine ursprüngliche Aufgabe als Schlittenhund zu erfüllen und leichtere Lasten in mäßigem Tempo über große Entfernungen zu ziehen. Die Proportionen und die Form seines Körpers spiegeln dies grundlegend ausgewogene Verhältnis von Kraft, Schnelligkeit und Ausdauer wider.

Die Rüden sind maskulin, aber niemals grob; die Hündinnen sind feminin, aber ohne Schwächen im Aufbau.

Ein Siberian Husky in richtiger Kondition, mit gut entwickelten, straffen Muskeln, hat kein Übergewicht.

WICHTIGE PROPORTTIONEN
Die Länge des Körpers, gemessen vom Schultergelenk bis zum Sitzbeinhöcker, übertrifft ein wenig die Widerristhöhe.

Der Abstand von der Nasenspitze bis zum Stop ist gleich dem vom Stop bis zum Hinterhauptbein.

VERHALTEN/CHARAKTER (WESEN)
Das charakteristische Temperament des Siberian Husky ist freundlich und sanftmütig, aber auch aufmerksam und kontaktfreudig. Er zeigt nicht die besitzbetonenden Eigenschaften eines Wachhundes, noch ist er allzu misstrauisch gegenüber Fremden oder aggressiv gegenüber anderen Hunden.

Von einem erwachsenen Hund darf ein gewisses Maß an Zurückhaltung und Würde erwartet werden. Seine Intelligenz, Lenkbarkeit und sein Eifer machen ihn zum angenehmen Begleiter und willigen Arbeiter.

KOPF
Oberkopf
Schädel: Von mittlerer Größe und passend zum Körper, oben leicht gerundet und sich von der breitesten Stelle zu den Augen hin verjüngend.

Stop: Gut ausgeprägt.

Gesichtsschädel
Nasenschwamm: Schwarz bei grauen, lohfarbenen und schwarzen Hunden; leberfarben bei kupferfarbenen Hunden; bei rein weißen Hunden kann er fleischfarben sein. Die rosastreifige »Schneenase« ist zu akzeptieren.

Der Kopf sollte in guter Proportion zum Körper stehen.

Fang: Von mittlerer Länge und von mittlerer Breite, sich zur Nase hin allmählich verjüngend, jedoch nicht spitz oder quadratisch endend.

Der Nasenrücken ist gerade vom Stop bis zur Nasenspitze.

Lefzen: Gut pigmentiert und eng anliegend.
Kiefer/Zähne: Scherengebiss.

Augen: Mandelförmig, mäßig auseinanderliegend und etwas schräg gelagert. Die Augen können braun oder blau sein, wobei ein braunes und ein blaues Auge sowie mehrfarbige Augen zu akzeptieren sind. Ausdruck durchdringend, aber freundlich, interessiert und sogar schelmisch.

Ohren: Von mittlerer Größe, dreieckig, eng beieinanderstehend und hoch angesetzt. Sie sind dick, gut behaart, hinten leicht gewölbt, absolut aufrecht stehend, mit leicht abgerundeten, aufgerichteten Spitzen.

HALS
Mittlere Länge, gebogen, im Stand stolz aufgerichtet. Im Trab ist der Hals so gestreckt, dass der Kopf leicht vorgelagert getragen wird.

KÖRPER
Rücken: Gerade und kräftig, mit vom Widerrist bis zur Kruppe waagerecht verlaufender oberer Linie. Er ist von mittlerer Länge, weder verhältnismäßig kurz noch nachgebend wegen übermäßiger Länge.

Lenden: Straff und trocken bemuskelt, schmaler als der Brustkorb und leicht aufgezogen.

Kruppe: Abfallend, doch niemals so steil, dass der Schub der Hinterläufe beeinträchtigt wird.

Brust: Tief und kräftig, aber nicht zu breit; der tiefste Punkt liegt unmittelbar hinter und auf gleicher Höhe mit den Ellenbogen. Die Rippen sind gleich am Ansatz an der Wirbelsäule gut gewölbt, an den Seiten aber flacher, um einen freien Bewegungsablauf zu erlauben.

RUTE
Die gut behaarte Rute in Form einer Fuchslunte ist knapp unterhalb der oberen Linie angesetzt und wird, wenn der Hund aufmerksam ist, üblicherweise in einem eleganten, sichelförmigen Bogen über den Rücken getragen. Dabei soll sich die Rute weder an der einen noch an der anderen Seite des Körpers ringeln, auch soll sie nicht flach auf den Rücken gedrückt werden. Eine hängende Rute ist normal, wenn der Hund ruhig und gelassen steht. Das Haar an der Rute ist mittellang und rundum annähernd

Der Rassestandard

gleich lang, wodurch die Rute wie eine runde Bürste aussieht.

GLIEDMASSEN
Vorderhand
Von vorne betrachtet, stehen die Läufe in mäßigem Abstand auseinander, parallel und gerade. Die Knochen sind substanzvoll, aber nie schwer. Die Länge der Läufe vom Ellenbogen bis zum Boden ist etwas größer als der Abstand vom Ellenbogen zum Schulterblattkamm. Afterkrallen an den Vorderläufen können entfernt sein.

Schultern und Oberarm: Schulterblatt gut zurückliegend. Der Oberarm ist vom Schultergelenk zum Ellenbogen etwas nach hinten gerichtet und nie senkrecht zum Boden. Die Muskeln und Bänder, die die Schulterblätter am Brustkorb halten, sind straff und gut entwickelt.

Ellenbogen: Eng am Körper anliegend, weder ein- noch ausgedreht.

Vorderfußwurzelgelenk: Kräftig, aber biegsam.

Vordermittelfuß: Von der Seite betrachtet, leicht schräg gestellt.

Hinterhand
Von hinten betrachtet stehen die Läufe in mäßigem Abstand auseinander und parallel. Afterkrallen, falls vorhanden, sollen entfernt werden.

Oberschenkel: Gut bemuskelt und kraftvoll.

Knie: Gut gewinkelt.

Sprunggelenke: Zeichnen sich gut ab und sind bodennah platziert.

PFOTEN
Oval, aber nicht lang, von mittlerer Größe, kompakt und gut behaart zwischen den Zehen und den Ballen. Die Ballen sind widerstandsfähig und dick gepolstert. Im natürlichen Stand zeigen die Pfoten weder nach innen noch nach außen.

GANGWERK
Schwungvoll und scheinbar mühelos. Der Siberian Husky ist flink und leichtfüßig. Im Ausstellungsring sollte er an einer locker hängenden Leine in einem mäßig schnellen Trab vorgestellt werden, dabei guten Vortritt und Schub zeigend.

Der sich im Schritt bewegende Siberian Husky, von vorne nach hinten betrachtet,

Die Rute wird in einem eleganten Bogen über dem Rücken getragen.

zeigt keinen bodenengen Gang; doch wenn er schneller läuft, tendieren die Läufe nach und nach zur Mitte hin, bis die Pfoten auf eine Linie gesetzt werden, die genau unter der Längsachse des Körpers verläuft. Wenn die Abdrücke der Pfoten sich decken, bewegen sich die Vorder- und Hinterläufe geradeaus gerichtet, ohne dass die Ellenbogen oder Kniegelenke weder ein- noch ausdrehen.

Die Läufe bewegen sich parallel. Während der Bewegung bleibt die obere Linie straff und gerade.

HAARKLEID
Haar
Das Haarkleid des Siberian Husky ist doppelt und mittellang, hat ein schönes, pelzartiges Aussehen, ist aber niemals so lang, dass es die klaren Außenlinien des Hundes verdeckt.

Die Unterwolle ist weich und dicht und von genügender Länge, um das Deckhaar zu stützen. Die längeren, steifen Haare des Deckhaares sind gerade und etwas anliegend, nie harsch und nicht gerade abstehend vom Körper.

Es sollte beachtet werden, dass das Fehlen der Unterwolle während des Haarwechsels normal ist.

Das Kürzen der Tasthaare sowie der Haare zwischen den Zehen und um die Pfoten herum ist erlaubt, um ein gepflegtes Äußeres zu betonen. Das Trimmen des Haarkleides an jeder anderen Stelle sollte nicht geduldet und streng bestraft werden.

Farbe
Alle Farben von schwarz bis rein weiß sind erlaubt. Eine Vielfalt von Zeichnungen am Kopf ist üblich, einschließlich mancher auffallender Muster, die bei anderen Rassen nicht zu finden sind.

GRÖSSE UND GEWICHT
Widerristhöhe:
Rüden   53,5-60 cm (21-23,5 ins)
Hündinnen   50,5-56 cm (20-22 ins)
Gewicht:
Rüden   20,5-28 kg (45-60 pounds)
Hündinnen   15,5-23 kg (35-50 pounds)

Das Gewicht steht im richtigen Verhältnis zur Widerristhöhe. Die genannten Größen und Gewichte bezeichnen die äußersten Grenzen ohne einem Extrem den Vorzug zu geben. Übermäßige Knochenstärke oder Übergewicht sollten bestraft werden.

Zusammenfassung:
Die wichtigsten Rassemerkmale des Siberian Husky sind mittlere Größe, angemessene Knochenstärke, harmonische Proportionen, leichte und freie Bewegungen, richtiges Haarkleid, ansprechender Kopf und ansprechende Ohren, korrekte Rute und gute Wesensart. Bestraft werden sollten zu schwere Knochen, übermäßiges Gewicht, gebundene oder schwerfällige Gangart, langes, raues Haarkleid. Ein Siberian Husky sollte nie so schwer oder grob erscheinen wie ein Zughund, aber auch nicht so leicht und zart wie ein Rennhund. Rüden und Hündinnen sollen erkennen lassen, dass sie zu großer Ausdauer fähig sind. Außer den oben erwähnten Fehlern sind morphologische Fehler, die alle Rassen gemeinsam haben, beim Siberian Husky ebenso unerwünscht, wie bei jeder anderen Rasse, auch wenn sie hier nicht besonders erwähnt sind.

AUSSCHLIESSENDE FEHLER
Rüden über 60 cm (23,5 ins) und Hündinnen über 56 cm (22 ins).
N.B.: Rüden müssen zwei offensichtlich normal entwickelte Hoden aufweisen, die sich vollständig im Hodensack befinden.

BEWEGUNG

Die Gangart soll frei, leicht und kräftesparend sein.

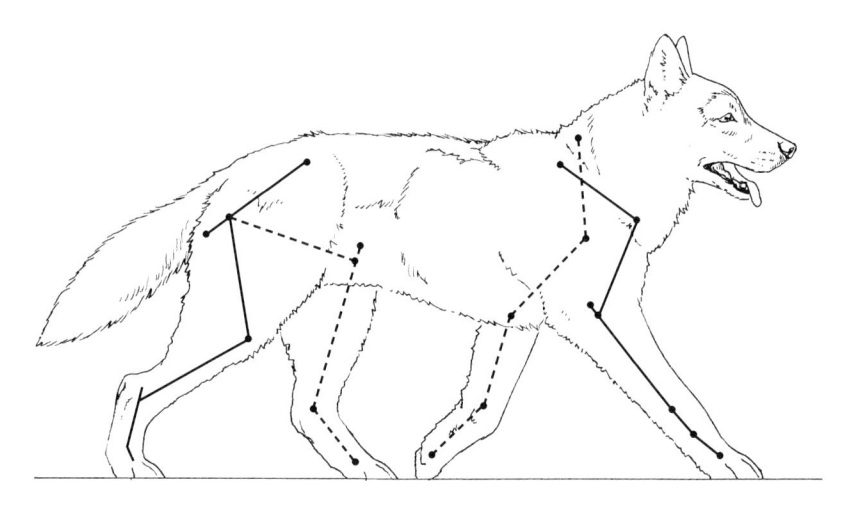

Winkelung der Gliedmaßen im langsamen Trab.

***DER KANADISCHE RASSESTANDARD**
(Canadian Kennel Club)*

ALLGEMEINES ERSCHEINUNGSBILD UND WESEN

Der Siberian Husky ist ein aufmerksamer, elegant gebauter, mittelgroßer Hund, schnell, leichtfüßig und elegant in der Bewegung. Sein Körperbau ist kräftig und mäßig kompakt mit einer tiefen, kräftigen Brust, gut bemuskelten Schultern und Hinterhand, geraden, langen Läufen mit mittelstarken Knochen.

Sein Haarkleid ist dicht und sehr weich, seine Bürstenrute wird beim aufmerksamen Hund in einem Bogen über den Rücken getragen und hängt beim ruhenden Hund herab. Sein Kopf erscheint fein ziseliert mit oft Fuchs-ähnlichem Ausdruck; seine Augen haben einen durchdringenden und freundlichen Ausdruck. Seine charakteristische Bewegung ist frei, unermüdlich und an loser Leine oder frei beinahe mühelos, zeigt jedoch beim Ziehen große Stärke. Der Trab ist lebhaft, fließend und relativ schnell.

Hündinnen sind kleiner als Rüden, im Durchschnitt etwa 2 Inches (5 cm) und 10 Pounds (4,5 kg) leichter. Der Körperbau von Siberians variiert von mäßig kompakt (aber niemals gedrungen) bis mäßig langbeinig-schlank; bei jedem Körperbau müssen die Knochen von mittlerer Stärke sein, der Rücken kräftig (niemals durch übermäßige Länge eingesenkt). Die Schulterhöhe darf 23,5 Inches (60 cm) nie überschreiten. (Langbeinig-schlanke Hunde werden der Proportion halber so bezeichnet, nicht aufgrund der absoluten Schulterhöhe).

KOPF

Schädel: Im Verhältnis zum Körper von mittlerer Größe. Abstand zwischen den Ohren mittel bis eng, sich zu den Augen hin verjüngend, leicht gerundet. Fang von mittlerer Länge. Sowohl Schädel als auch Fang sind fein geschnitten. Lefzen dunkel und eng anliegend, Kiefer und Zähne stark, in Form eines Scherengebisses aufeinandertreffend.

Ohren: Von mittlerer Größe, aufrecht, eng beieinander stehend, hoch am Kopf angesetzt und innen gut mit Haar bedeckt. Auf der Rückseite gewölbt. Die Ohren sind etwas höher als sie am Ansatz breit sind und an den Spitzen leicht gerundet. Beim aufmerksamen Hund werden die Ohren praktisch parallel auf dem höchsten Punkt des Kopfes getragen, die Innenränder am Ohransatz recht dicht beisammen.

Fehler: Tief angesetzte Ohren; zu große Ohren; flache Ohren; Hängeohren.

Augen: Braun oder Blau (helles porzellanblau oder dunkelblau). Ein blaues und ein braunes Auge sind erlaubt, aber nicht wünschenswert.

Die Ohren sind ganz leicht schräg und mandelförmig eingesetzt.

Die Augen haben einen durchdringenden, freundlichen und Fuchs-ähnlichen Ausdruck; sichtlich »interessiert«, mitunter sogar schelmisch.

Nasenschwamm: Bevorzugt schwarz, braun zulässig bei gelegentlich vorkommender rötlicher Fellfarbe; fleischfarbene Nase und

Hündinnen (rechts) sind kleiner und femininer als Rüden (links).

Augenlidränder bei weißen Hunden. Einige Hunde, vor allem schwarz-weiße, haben eine so genannte »Schneenase« (*Snow nose* oder *Smudge nose*), die normalerweise ganz schwarz ist, im Winter aber einen rosa Streifen aufweist. Sie ist zu akzeptieren, aber nicht erwünscht.

HAARKLEID
Der Siberian Husky hat ein dichtes, weiches, doppeltes Haarkleid, das aus einer weichen, dichten, flauschigen und nah an der Haut anliegenden Unterwolle und dem Oberhaar besteht.

Das Oberhaar ist weich und gerade, wodurch ein ebenmäßiges, pelzartiges Aussehen und eine klar umrissene Körperkontur entsteht (im Gegensatz zum harschen Haarkleid des Alaskan Malamute oder dem bärenähnlichen Haarkleid des Eskimo Hundes).

Das Haar ist gewöhnlich von mittlerer Länge; längere Haare sind erlaubt, wobei die Textur aber bei jeder Haarlänge gleich bleiben muss.

Fehler: Jedes Anzeichen eines harschen Haarkleides (außer im Haarwechsel); rauhaarig oder zottiges Aussehen (wie beim Samoyeden, Malamute oder Eskimo Hund); Fehlen der Unterwolle (außer im Haarwechsel).

RUTE
Die gut behaarte Bürstenrute wird in sichelförmigem Bogen über den Rücken getragen, wenn der Hund aufmerksam ist oder frei läuft und hängt beim arbeitenden oder ruhenden Hund. Die Rute darf nicht flach auf den Rücken gedrückt werden. Die Rutenbehaarung ist gewöhnlich von mittlerer Länge, variiert aber mit der Länge des Haarkleides.

Beim Siberian Husky kommen verschiedene Augenfarben vor - manchmal sogar bei ein und demselben Hund!

FARBE
Alle Farben einschließlich Weiß sind erlaubt, ebenso alle Abzeichen. Die häufigsten Farben sind verschiedene Schattierungen von wolfs- und silbergrau, lohfarben, sandfarben mit Wolkungen oder schwarz mit weißen Haarspitzen.

Beim Siberian kommen eine Vielzahl von Abzeichen und Gesichtsmasken vor, darunter auch ungewöhnliche und auffällige, die bei anderen Rassen nicht zu finden sind. Häufig kommen die so genannte Haubenmaske und die Brillenmaske vor.

BRUST, RIPPEN, SCHULTERN
Die Brust soll tief und kräftig, aber nicht zu breit sein. Rippen gut gewölbt und tief. Schultern gut entwickelt und kraftvoll.

Fehler: Zu breite Brust (wie beim Malamute); schwache oder flache Brust; schwache Schultern.

RÜCKEN, LENDEN, HINTERHAND
Rücken von mittlerer Länge, weder zu lang noch zu gedrungen wie beim Elkhound und gut entwickelt. Lenden gut bemuskelt und leicht gewölbt, ohne überschüssiges Gewicht oder Fett. Hinterhand kraftvoll und gut gewinkelt.

Fehler: Schwacher Rücken, Senkrücken, Schwäche der Hinterhand.

LÄUFE
Gerade und gut bemuskelt mit substanzvollen, aber nie schweren (wie beim Eskimohund oder Malamute) Knochen.

Knie gut gewinkelt. Afterkrallen kommen gelegentlich an den Hinterläufen vor. Sie sind kein Zeichen für unreine Zucht, sollten aber trotzdem möglichst gleich nach der Geburt entfernt werden, da sie den Hund bei der Arbeit behindern können.

Fehler: Schwere Knochen; zu leichte Knochen; Fehlen einer guten Winkelung der Hinterläufe.

PFOTEN
Längsovale Form, nicht so breit wie beim Eskimohund oder Malamute, zwischen den festen und dick gepolsterten Ballen gut behaart, kompakt, weder zu groß (wie beim Malamute) noch zu klein (wie bei vielen Samoyeden).

Die Pfote eines Siberian Husky ist wie die anderer echter arktischer Hunde eine »Schneeschuhpfote«, d.h. sie besitzt Zehenzwischenhäute wie die eines Retrievers. Gute Pfoten sind von großer Bedeutung, weshalb sie im Ausstellungsring stets überprüft werden sollten.

Fehler: Weiche oder Spreizpfoten; zu große oder klobige Pfoten; zu kleine oder feine Pfoten.

GRÖSSE
Rüden: 21-23,5 Inches Schulterhöhe (53,5-60 cm)
Hündinnen: 20-22 Inches Schulterhöhe (50,5-56 cm)

GEWICHT
Rüden: 45-60 Pounds (20,5-28 kg)
Hündinnen: 35-50 Pounds (15,5-23 kg)

AUSSCHLIESSENDE FEHLER
Gewicht bei Rüden höher als 28 kg oder bei Hündinnen höher als 23 kg. (Höhere Körpergewichte sind ein Anzeichen für Kreuzungszucht).

Größe und Gewicht sind von großer Bedeutung, die Obergrenzen müssen jeweils streng eingehalten werden.

DER BRITISCHE STANDARD VON 1986 (Kennel Club)

ALLGEMEINES ERSCHEINUNGSBILD
Mittelgroßer Schlittenhund, schnell und leichtfüßig. Frei und elegant in der Bewegung, mit gut behaartem Körper, aufrechten Ohren und Bürstenrute. Die Proportionen spiegeln eine grundlegende Ausgewogenheit zwischen Kraft, Geschwindigkeit und Ausdauer wider; sie erscheinen weder so schwer oder grob wie die eines Zughundes noch so leicht und zerbrechlich wie die eines Kurzstreckenrenners.

Der Rassestandard

Ein dem Standard entsprechender Siberian.

Nicht standardgemäß: hier sind viele verbreitete Fehler dargestellt - zu üppige Kehlwamme, übermäßig tiefe Brust, kurze Läufe, stumpfer Kopf, gerade Oberlinie, schwere Knochen.

Rüden sind maskulin, aber nie grob, Hündinnen feminin, aber ohne Schwächen im Aufbau. Muskeln straff und gut entwickelt, kein Übergewicht.

BESONDERE CHARAKTERISTIKA
Mittlere Größe, substanzvolle Knochen, gut ausgewogene Proportionen, Leichtigkeit und Eleganz der Bewegung, gutes Wesen.

TEMPERAMENT (WESEN)
Freundlich und sanftmütig, aufmerksam und kontaktfreudig. Er zeigt nicht die Eigenschaften eines Wachhundes, ist nicht misstrauisch gegenüber Fremden oder aggressiv gegenüber anderen Hunden, ein gewisses Maß an Zurückhaltung wird jedoch vom erwachsenen Hund erwartet.

Intelligent, lenkbare und eifrige Veranlagung. Ein angenehmer Begleiter und williger Arbeiter.

KOPF UND SCHÄDEL
Von mittlerer Größe passend zum Körper, fein geschnittener, Fuchs-ähnlicher Ausdruck.

Oberkopf leicht gerundet, sich von der weitesten Stelle bis zu den Augen leicht verjüngend. Fang von mittlerer Länge und Breite, weder schwach noch grob, sich allmählich zu einer abgerundeten Nase hin verjüngend.

Der Abstand von der Nasenspitze bis zum Stop ist gleich dem Abstand vom Stop zum Hinterhauptbein. Der Stop ist klar ausgeprägt, aber nicht übertrieben.

Der Nasenschwamm ist bei grauen, lohfarbenen oder schwarzen Hunden schwarz; leberfarben bei kupferfarbenen Hunden; bei rein weißen Hunden kann er fleischfarben sein.

Im Winter ist eine rosagestreifte »Schneenase« zu akzeptieren.

Siberian Husky -Heute-

AUGEN
Mandelförmig, mäßig auseinanderliegend und etwas schräg eingesetzt. Jede Abstufung von blau oder braun ist zu akzeptieren, auch ein Auge von jeder Farbe oder in sich mehrfarbige Augen. Der Ausdruck ist durchdringend, aber freundlich, interessiert und sogar schelmisch.

OHREN
Von mittlerer Größe, relativ eng beieinanderstehend, von dreieckiger Form, etwas höher als am Ansatz breit. Hoch am Kopf angesetzt, sehr aufrecht stehend; die inneren Ohrränder stehen am Ansatz eng beieinander, beim aufmerksamen Hund werden sie praktisch parallel getragen. Auf der Rückseite leicht gewölbt. Dick, außen und innen gut behaart, Spitzen leicht abgerundet.

GEBISS UND KIEFER
Lefzen gut pigmentiert und eng anliegend. Kiefer kräftig mit einem vollkommenen, regelmäßigen und vollständigen Scherengebiss, d.h. die Schneidezähne des Oberkiefers greifen ohne Zwischenraum über die des Unterkiefers und die Zähne stehen senkrecht im Kiefer.

HALS
Von mittlerer Länge und Dicke, gebogen und beim stehenden Hund stolz aufrecht getragen. Im Trab ist der Hals so gestreckt, dass der Kopf leicht vorgelagert getragen wird.

VORDERHAND
Schulterblatt gut zurückliegend, der Oberarm ist vom Schultergelenk zum Ellbogen etwas nach hinten gerichtet und nie senkrecht zum Boden.
   Die den Brustkorb haltenden Muskeln sind kräftig und gut entwickelt. Steile oder lockere Schultern höchst unerwünscht. Von vorne betrachtet, stehen die Läufe in mäßigem Abstand auseinander, parallel und gerade; die Ellbogen sind eng am Körper anliegend, weder ein- noch ausgedreht.
   Von der Seite betrachtet ist der Vordermittelfuß leicht schräg gestellt, das Vorderfußwurzelgelenk ist kräftig, aber biegsam. Die Länge der Läufe vom Ellbogen bis zum Boden ist etwas größer als der Abstand vom

Fehlerhafter Kopf - plump, zu viel Kehlwamme, offener Lefzenschluss, übertriebener Stop.

Bei den mandelförmigen Augen ist ein durchdringender, interessierter Ausdruck erwünscht.

Ellenbogen zum Schulterblattkamm. Knochen substanzvoll, aber nie schwer. Afterkrallen können entfernt werden.

KÖRPER
Rücken gerade und kräftig, mit waagerecht verlaufender Oberlinie vom Widerrist bis zur Kruppe. Von mittlerer Länge, weder verhältnismäßig kurz noch nachgebend wegen übermäßiger Länge.

Von der Seite betrachtet, übertrifft die Länge des Körpers vom Schultergelenk bis zum Sitzbeinhöcker ein wenig die Widerristhöhe. Die Brust ist tief und kräftig, aber nicht zu breit, der tiefste Punkt liegt unmittelbar hinter und auf gleicher Höhe mit den Ellenbogen. Rippen am Ansatz von der Wirbelsäule gut aufgewölbt, an den Seiten aber abgeflacht, um einen freien Bewegungsablauf zu erlauben.

Lenden leicht gewölbt, gut bemuskelt, straff und trocken, schmaler als der Brustkorb und leicht aufgezogen.

Die Kruppe fällt leicht schräg vom Rücken ab, jedoch nie so steil, dass der Schub der Hinterläufe beeinträchtigt wird.

HINTERHAND
Von hinten betrachtet, stehen die Hinterläufe in mäßigem Abstand und parallel. Die Oberschenkel sind gut bemuskelt und kraftvoll, die Knie gut gewinkelt, das Sprunggelenk zeichnet sich gut ab und ist bodennah platziert. Afterkrallen sollten, falls vorhanden, entfernt werden.

PFOTEN
Oval, nicht zu lang, im Stand weder nach innen noch nach außen gedreht. Von mittlerer Größe, kompakt, gut behaart und Zehen leicht mit Zwischenzehenhaut verbunden. Ballen widerstandsfähig und gut gepolstert. Ein Beschneiden der Haare

Korrekt angesetzte Ohren.

zwischen den Zehen und rund um die Pfoten ist erlaubt.

RUTE
Gut behaart, rund, in Form einer Fuchslunte. Knapp unterhalb der oberen Linie angesetzt und wird, wenn der Hund aufmerksam ist, üblicherweise in einem eleganten, sichelförmigen Bogen über den Körper getragen. Wenn die Rute aufrecht getragen wird, soll sie sich nicht zu stark ringeln, sich weder an der einen oder der anderen Seite des Körpers ringeln noch flach auf den Rücken gedrückt werden.

Das Haar an der Rute ist mittellang und rundum annähernd gleich lang. Eine hängende Rute ist normal, wenn der Hund arbeitet oder ruht.

GANGWERK/BEWEGUNG
Schwungvoll und scheinbar mühelos, flink und leichtfüßig. Wenn er an locker hängender Leine in einem mäßig schnellen Trab vorgestellt wird, sollte er guten Vortritt der Vorderläufe und guten Schub der Hinterläufe zeigen.

Im Schritt bewegen sich die Läufe parallel, mit zunehmender Geschwindigkeit tendieren sie immer weiter nach innen, bis sie auf eine einzige Spur gesetzt werden. Wenn die Abdrücke der Pfoten sich decken, bewegen sich die Vorder- und Hinterläufe geradeaus gerichtet, ohne dass die Ellenbogen oder Kniegelenke ein- oder ausgedreht werden. Jeder Hinterlauf tritt exakt in die Spur des Vorderlaufes der entsprechenden Körperseite. Die Oberlinie des Rückens bleibt während der Bewegung straff und gerade.

HAARKLEID
Doppelt, mittellang, von schönem pelzartigem Aussehen, aber nie so lang, dass es die klaren Außenlinien des Hundes verdeckt. Unterwolle weich, dicht und lang genug, um das Deckhaar zu stützen.

Die längeren Haare des Deckhaares sind gerade und etwas anliegend, niemals harsch, rau, zottelig, zu seidig oder gerade vom Körper abstehend. Fehlen der Unterwolle während des Haarwechsels ist normal. Ein Trimmen des Haarkleides ist mit Ausnahme der Pfoten an keiner Körperstelle gestattet.

FARBE
Alle Farben und Abzeichen inklusive weiß sind erlaubt. Eine Vielfalt von Abzeichen am Kopf ist üblich, einschließlich mancher auffallender Muster, die bei anderen Rassen nicht vorkommen.

GRÖSSE
Rüden: 21-23,5 Inches Schulterhöhe (53-60 cm)
Hündinnen: 20-22 Inches Schulterhöhe (51- 56 cm)

GEWICHT:
Rüden: 45-60 Pounds (20-27 kg)
Hündinnen: 35-50 Pounds (16-23 kg)

Das Gewicht sollte in gutem Verhältnis zur Körpergröße stehen. Die genannten Größen und Gewichte bezeichnen die äußersten Grenzen ohne einem Extrem den Vorzug zu geben.

Ein Rüde sollte nicht über 60 cm (23,5 Inches) und eine Hündin nicht über 56 cm (22 Inches) messen.

FEHLER
Jede Abweichung von den vorgenannten Punkten sollte als Fehler angesehen werden, dessen Bewertung im genauen Verhältnis zum Grad der Abweichung stehen sollte.

ANMERKUNG
Rüden müssen zwei offensichtlich normal entwickelte Hoden aufweisen, die sich vollständig im Hodensack befinden.

INTERPRETATION DER STANDARDS
Seit der erste Standard im Jahr 1930 vom AKC verabschiedet wurde, sind viele Definitionen geändert worden; besonders in Bezug auf Kopfform, Augenfarbe, Gewicht, Rutenhaltung und Farbe des Haarkleides. Diese Änderungen waren ein Versuch, das klarer zu machen, was sich mit Worten nur schwer ausdrücken lässt. Es ist unmöglich, ein Tier mittels des gedruckten Wortes so gut zu beschreiben, dass alle Leser und Richter die Beschreibung genau gleich interpretieren würden.

ALLGEMEINES ERSCHEINUNGSBILD
Dieser Abschnitt gibt einen Überblick über den Siberian Husky, beschreibt seine mittlere Größe, seine ausgewogenen Proportionen, mittelstarken Knochen, die Leichtigkeit und Freiheit der Bewegung

sowie das freundliche Wesen. Siberian Huskies können im Körperbau von relativ kompakt bis mäßig langbeinig-schlank (*rangey*) sein. Der Ausdruck *Rangey* hat keine wirklich passende Entsprechung im Deutschen und wird häufig verwendet, um das Äußere eines eher hager und eher langrechteckig gebauten Siberian Husky zu beschreiben. Er meint, dass das Maß der Körperlänge um etwa 10 % größer sein sollte als das der Schulterhöhe, wobei beide Extreme, ein allzu quadratischer oder allzu langrückiger Hund, unerwünscht sind.

Diese Ausgewogenheit ist von grundlegender Bedeutung zur Entwicklung von Kraft, Schnelligkeit und Ausdauer. Es entsteht der Eindruck von großer Kraft und körperlicher Fitness, einer kräftigen Brust, gut bemuskelter Vorder- und Hinterhand, kräftigen Läufen mit mittlerer Knochenstärke. Der Siberian Husky soll aufmerksam sein, flink und leichtfüßig in seinen Bewegungen, niemals schwer gebaut, klobig, langsam in den Bewegungen oder gleichgültig gegenüber seiner Umgebung.

WESEN
In dieser Hinsicht sind die Standards sehr eindeutig. Die Aufregung und Begeisterung der Siberians, die beim *Hook-up* so deutlich wird, gleicht sich durch die ruhige, aber freundliche und kontaktfreudige Art im Ausstellungsring aus. Ein typischer Siberian Husky kommt mit beiden Situationen gut zurecht. Beim Rennen inmitten eines großen Teams kann Nervosität aufkommen, jede Tendenz hin zur Aggression ist jedoch absolut unerwünscht.

KOPF UND SCHÄDEL
Der Kopf soll von mittlerer Größe sein und in den Proportionen zum Körper passen. Plumpheit des Kopfes ist in der Regel ein Anzeichen für schwere Knochen (rund) im Gegensatz zu mittelstarken Knochen (längsoval und stark).

Die Beschreibung »fein ziseliert mit Fuchs-ähnlichem Ausdruck« ist sehr treffend für den Siberian Husky, leider wurde sie im Jahr 1972 aus dem AKC Standard (bzw. FCI-Standard) herausgenommen.

Der Fang sollte von mittlerer Länge sein; ist er zu kurz, wird kalte Luft nicht genügend angewärmt, bevor sie Nasenhöhlen und Lungen erreicht. Der Abstand zwischen Hinterhauptbein und Stop sollte genauso groß sein wie der zwischen Stop und Nasenspitze.

OHREN
Die Beschreibung in den Rassestandards scheint eine große Varianz innerhalb der Rasse zuzulassen. Die Ohren eines Siberian Husky sind in der Reaktion auf akustische Reize sehr mobil, hat aber etwas die Aufmerksamkeit des Hundes erregt, stehen sie, falls sie hoch am Kopf angesetzt sind, am Ohransatz dicht beisammen, wobei die inneren Ohrränder beinah parallel zueinander stehen. Die Größe der Ohren variiert und ist korrekt, wenn sie im richtigen Verhältnis zum Kopf steht. Nicht korrekte Ohren können den typischen Ausdruck sehr beeinflussen.

AUGEN
Sie sind mandelförmig, in mäßigem Abstand voneinander und leicht schräg eingesetzt. Ganz gerade eingesetzte Augen ergeben nicht den durchdringenden Ausdruck, sondern erwecken eher den Eindruck von Desinteresse, ganz im Gegensatz zu dem oft schelmisch wirkenden Augenausdruck. Die richtige Form der Augen und die leicht schräge Position sind auch deshalb für die

DER KOPF

Korrekt: mäßiger Stop.   *Nicht korrekt: übertriebener Stop.*   *Nicht korrekt: zu schmaler Stop.*

Augen wichtig, weil sie zum Schutz vor starkem Wind und Schneetreiben beitragen soll. Alle Augenfarben sind zulässig. Diese Varianz ist eines der einmaligen Merkmale dieser Rasse.

KIEFER UND GEBISS
Die Standards verlangen ein korrektes Scherengebiss. Position, Form und Größe der Kiefer haben Einfluss darauf, wie eng oder locker die Lefzen anliegen. Lockere Lefzen verderben den gesamten Gesichtsausdruck, da das klare Erscheinungsbild verloren geht.

HALS
Ein Siberian Husky mit angemessen langem, elegantem Hals sieht im Stand und im Profil betrachtet wunderschön aus. Interessant ist, dass der Kopf eines guten Hundes sich bis auf Höhe der Rückenlinie absenken soll, sobald der Hund im Geschirr läuft. Wenn das nicht der Fall ist, ist der Hals meist nicht lang und muskulös genug.

Der Siberian Husky senkt seinen Kopf auch, wenn er an loser Leine im Ausstellungsring vorgeführt wird. Zieht der Handler die Leine während der Bewegung nach oben, entsteht eine abgehackte, Hackneyähnliche Gangart, die den freien, raumgreifenden Schritt verdirbt.

VORDERHAND
Eine Schlüsselkomponente im Aufbau des Siberian Husky sind gut gelagerte Schultern. Das Schulterblatt sollte im Winkel von 30 - 40 Grad gelagert sein, wobei 35 Grad ideal wären. Schulterblatt und Oberarmknochen sollten gleich lang sein. Zwischen Schultern und Widerrist sollten sich mindestens 5 cm Abstand befinden. Damit eine ideale Schulterlage möglich ist, muss der Hund breite, lange Schulterblätter haben, die mittels starker Muskeln mit dem Brustkorb verbunden sind. Die Rippen liegen gut zurück.

Allzu oft lassen sich kurze, steile Oberarme beobachten, die zu wenig Vortritt in der Vorwärtsbewegung bedingen. Die Läufe sollten das 1,2 - 1,25-fache der Brusttiefe

DIE OHREN

Korrekt: Ohren richtig angesetzt und getragen.

Nicht korrekt: zu kleine Ohren.

Nicht korrekt: zu große Ohren.

lang sein. In diesem Zusammenhang ist wichtig zu wissen, dass der Abstand vom Ellbogen zum Boden größer sein soll als der vom Ellbogen bis zum Widerrist. Dies muss durch Fühlen mit den Händen überprüft werden, da das Auge vom Haarkleid getäuscht werden kann. Mit Sicherheit kann ein Hund, dessen Brust über die Höhe des Ellbogens hinausreicht, keine effiziente Laufleistung zeigen. Der Knochenquerschnitt sollte oval sein anstatt rund, wie es bei den meisten schwereren Hunden der Fall ist.

LÄUFE, PFOTEN UND VORDERLÄUFE

Die Läufe sind gerade und kräftig (mit ovalen, nicht runden Knochen), stehen mäßig weit auseinander (in Brusthöhe sollte eine Handbreit dazwischenpassen) und parallel zueinander. Die Ellbogen liegen eng am Körper an.

Im Stand sollten die Vorderläufe um etwa zehn Grad auswärts gedreht stehen. Das ist aus folgendem Grund wichtig: In der Bewegung führt der Hund die Pfoten so nach innen unter seinen Schwerpunkt, dass das Gewicht hauptsächlich auf den beiden mittleren Pfotenballen ruht und die inneren Pfotenballen nur bei Richtungsänderungen für die richtige Balance sorgen. Pfoten, die im Stand gerade nach vorn stehen, können bei der Einwärtsbewegung nicht richtig schwingen – das Gewicht ruht dann auf einem mittleren und dem innersten Pfotenballen, wodurch die Bewegung weniger effizient wird.

Der Vordermittelfuß (oder die Fessel) ist, von der Seite betrachtet, lang und um 10 - 15 Grad nach hinten gewinkelt, was Flexibilität und eine raumgreifendere Bewegung ermöglicht. Ein kurzer und gerader Vordermittelfuß verursacht eine harte, kurze Bewegung. Die Pfoten sollen von ovaler Form sein und gut bemuskelt, mittelgroß, kompakt, zwischen Zehen und Pfotenballen gut behaart, die Zehen gut aufgeknöchelt. Die Ballen sollen gut gepolstert und widerstandsfähig sein. Gut geformte Pfoten sind für die Entwicklung von Geschwindigkeit und Ausdauer von großer Bedeutung. Schlechte Pfoten können im einen Extremfall als »Katzenpfoten« bezeichnet werden (d.h. sie sind klein und rund) oder im anderen Extrem als »Hasenpfoten«, die durch überlange Zehen gekennzeichnet sind. Der »modifizierte Hasenfuß«, das zwischen beiden Extremen liegende Ideal, ist oval geformt, besitzt gut gepolsterte Ballen und ist im trainierten Zustand gut aufgeknöchelt. Die Pigmentierung der Pfotenballen variiert, wobei man den *lemon*farbigen und den schwarzen Pfoten oft mehr Widerstandskraft zuspricht als den rosafarbenen.

KÖRPER UND RÜCKEN

Der Hunderücken besteht aus Brust-, Lenden- und Kreuzwirbeln. Er fällt vom Widerrist bis zur Rückenmitte leicht ab, um dann über die Lenden etwas anzusteigen und über die Kruppe wieder leicht abzufallen.

Wichtig ist, dass der Rücken flexibel genug ist, um die Gliedmaßen von Vorder- und Hinterhand in der Bewegung zu koordinieren und gleichzeitig stark genug, um den inneren Organen genügend Halt zu bieten. Viele unterschätzen die Wichtigkeit dieser Flexibilität und missverstehen die Forderung des Rassestandards einer »geraden Oberlinie«, indem sie sich darunter einen vom Widerrist bis zur Kruppe völlig waagerecht verlaufenden Rücken vorstellen. Um dies zu erreichen, versuchen manche Züchter alles zu verkürzen, wobei in der Regel ein gedrungener Typ mit kurzen Lenden herauskommt.

Die Winkelungen der Vorder- und Hintergliedmaßen werden dadurch ebenfalls beeinflusst, so dass ein kurzer, abgehackter Gang entsteht. Eine tiefe Brust bedeutet Kraft, wobei der tiefste Punkt kurz hinter dem Ellbogen liegt. Der ovale Brustkorb nimmt mehr als die Hälfte der gesamten Körperlänge in Anspruch. Seine Seiten sind abgeflacht, damit zwar Herz und Lunge genügend Raum haben, aber die freie Bewegung der Vorderläufe in keiner Weise behindert wird. Runde Rippen oder »Fassrippen« sind sehr fehlerhaft.
Die Länge des Rückens (Brustbein bis Ende der Kruppe) sollte etwa 10 - 15 % über der Schulterhöhe (Boden bis Widerrist) betragen, wodurch der Freiraum zwischen Erdboden, Läufen und Bauch des Hundes ein Rechteck bildet.

Die Läufe sind gerade und kräftig, die Pfoten um etwa 10 Grad nach außen gedreht.

Der Rücken muss stark aber flexibel sein.

Die gewölbte Lende sollte straff und mager sein, deutlich aufgezogen und enger als der Brustkorb. Sie muss stark sein, aber auch elastisch genug zum Galoppieren. Wäre die Lende völlig gerade, könnte sie ihre Funktion nicht erfüllen, weshalb eine leichte Wölbung sehr wichtig ist.

Die Kruppe fällt in einem Winkel von etwa 35 Grad vom Rücken ab. Die richtige Neigung des Hüftbeins ist wichtig, da es die Aufgabe hat, die über Pfoten, Läufe und Oberschenkelknochen ankommenden Bewegungskräfte möglichst direkt an die Wirbelsäule zu übertragen.

Um eine optimale Bewegungseffizienz zu ermöglichen, sollte der Winkel des Hüftbeins zwischen 30 und 35 Grad liegen. Der Siberian Husky darf kein Übergewicht haben und sollte in Arbeitskondition ausgestellt werden, d.h. trocken und durchtrainiert.

HINTERHAND
Die Hinterhand sollte in ausgewogenem Verhältnis zur Vorderhand stehen und von hinten betrachtet genauso breit sein wie die Schulter. Wenn sie richtig gewinkelt und gut proportioniert ist, ermöglicht die Hinterhand die enorme Schubkraft, die für einen Schlittenhund so wichtig ist.

Die Läufe und Hüftbein miteinander verbindenden Muskeln müssen kräftig und gut trainiert sein. Häufig sind Hunde mit kurzen und geraden Knien zu beobachten, deren Bewegungsmöglichkeiten und Schrittlänge stark eingeschränkt sind.

Schwächen in der Hinterhand sind auch bei der so genannten »kuhhessigen« Gliedmaßenstellung zu beobachten, aufgrund derer sich der Hund im Trab und von hinten betrachtet eng bewegt. So manch einer hält dies für einspuriges Laufen!

Ein gut bemuskelter und regelmäßig gearbeiteter Siberian Husky bewegt sich während der ersten Schritte von hinten betrachtet oft etwas weit. Dies ist eine Gewohnheit, die daraus entstanden ist, dass der Hund sich während der Arbeit ins Geschirr wirft und sollte im Ausstellungsring nicht bestraft werden.

RUTE
Die gut behaarte Rute ist kurz unterhalb der oberen Linie am Rücken angesetzt. Der Standard beschreibt »üblicherweise in einem eleganten, sichelförmigen Bogen über den Körper getragen«, aber beim Beurteilen und Richten eines Siberian Huskies sollte immer daran gedacht werden, dass er die Rute sowohl hoch als auch niedrig tragen kann. Wenn die Rute aufrecht getragen wird, soll sie sich weder an der einen noch an der anderen Körperseite ringeln oder flach auf den Rücken gedrückt werden.

Eine auf den Rücken gedrückte Rute ist oft ein Zeichen für eine falsche Winkelung des Hüftbeines. Beim arbeitenden oder ruhenden Hund ist eine hängende Rute normal. Die Länge der knöchernen Teile der Rute ist korrekt, wenn sie beim stehenden Hund bis zu den Sprunggelenken herabhängt.

KORREKT GETRAGENE RUTEN

FEHLERHAFTE RUTEN

Auf den Rücken umgeschlagen.   *Zu stark geringelt.*   *Gut angesetzt, aber zu lang.*   *Zu stark und lang behaart.*

RUTENANSATZ UND RUTENHALTUNG

Nicht alle Fehler der Rute haben Einfluss auf den Bau der Hinterhand, weshalb hier immer sorgfältig abgewogen werden muss. Oft ist es nur das optische Erscheinungsbild, das den Eindruck eines Gebäudefehlers vermittelt. Nur eine Beurteilung des gesamten Aufbaus eines Hundes lässt erkennen, warum eine Rute fehlerhaft ist. Wenn die Rute überlang ist und den Rücken berührt, kann der Hund trotzdem korrekt aufgebaut sein; wenn sie aber zu eng an den Rücken gedrückt wird, weil der Hund eine kurze Lendenpartie und eine kurze, flache Kruppe hat, wird die Bewegung der Hinterhand stark eingeschränkt. Dies muss als Fehler bestraft werden.

DIE BEWEGUNG

Die typische Bewegung des Siberian Husky ist schwungvoll und scheinbar mühelos. Die effizientesten Gänge für einen Siberian Husky sind der Trab und der *Lope*, ein leichter Galopp. Im Ausstellungsring sollte der Siberian Husky an loser Leine in einem relativ flotten Trab vorgestellt werden. In dieser Gangart deckt er viel Boden ab, ohne dabei Energie zu verschwenden.

Leider gibt es zurzeit eine Tendenz, den Siberian Husky im Ausstellungsring als »Aktionstraber« vorzustellen, weshalb manche Hunde an straffer Leine vorgeführt werden, um eine unnatürliche Bewegung hervorzurufen. In seiner natürlichen Bewegung ist der Hund schnell und leichtfüßig, bewegt sich mit leicht vorgestrecktem Kopf und gerader Rückenlinie und zeigt keine seitlichen Bewegungen. Wichtig ist, dass die Läufe mit zunehmender Geschwindigkeit weiter nach innen gesetzt werden, bis die Pfotenabdrücke genau unter die Schwerpunktlinie des Körpers fallen. Wenn die Pfotenabdrücke sich gegenseitig überdecken, werden Vorder- und Hinterläufe gerade nach vorn bewegt, wobei Ellbogen und Knie weder ein- noch ausgedreht werden. Die Hinterläufe sollen in der Bewegung die von den Vorderläufen gelassene »Lücke« füllen.

HAARKLEID

Das Haarkleid ist ein wichtiger Bestandteil des Rassetypus. Der Siberian Husky besitzt ein doppeltes Haarkleid mit weicher, dauniger, sehr dichter und wasserfester Unterwolle. Das Deckhaar ist stark, aber gerade, wächst etwa in einem 30-Grad-Winkel aus den Haarfollikeln heraus und sorgt für ein schönes, pelzähnliches Aussehen.

Die Standards verlangen nach einem doppelten und mittellangen Haarkleid, was etwas vage beschrieben ist und Spielraum für Variationen lässt. Eine recht große Vielfalt an Haarlängen ist beim Siberian Husky akzeptabel. Mitunter kommt auch ein kürzeres, dichteres und plüschigeres Haarkleid vor, das nur dann fehlerhaft ist, wenn es zu kurz ist oder nicht von Unterwolle gestützt wird. Das andere Extrem ist ein zu langes, abstehendes Haarkleid, das dazu führen kann, dass der Hund schwerer und klobiger wirkt, als er eigentlich ist.

Ein Haarkleid, dass die Körperumrisse des Hundes verwischt, ist nicht akzeptabel.

Auch die Textur des Haarkleides ist wichtig: ein gutes Haarkleid ist weich, dicht und von Natur aus sauber. Falls Sand oder

Das Gangwerk des Siberian Husky ist beeindruckend, seine Bewegungen sind leicht und muskulös.

Schmutz hineingerät, fällt er nach einigen Stunden von selbst heraus. Diese Sauberkeit ist wichtig, um die Isoliereigenschaften des Haarkleides zu bewahren.

Harsche, drahtige Haarkleider stoßen Schmutz nicht in dieser Form ab und sind für den Siberian Husky nicht korrekt. Gewellte und zu seidige Haare sind ebenfalls nicht korrekt. Leichte Wellen werden meist entlang der Rückenlinie sichtbar. Hunde mit zu seidigem und fein strukturiertem Haar haben häufig auch eine Befederung hinter den Ohren.

Kurzes, das Deckhaar nicht genügend abstützendes Unterhaar, oft als »offenes Haarkleid« bezeichnet, ist ein grober Fehler, da es keinen Schutz vor Wind, Schnee und Eisregen bietet. Die Standards verdeutlichen, dass ein Fehlen der Unterwolle während des Haarwechsels normal ist; ein ungleichmäßiger Haarwechsel kann die Beurteilung für den Richter allerdings erschweren. Die Standards fordern, dass mit Ausnahme der Pfoten keine Körperstelle getrimmt werden darf. Ein Siberian Husky in korrektem, natürlichen Zustand braucht in der Regel auch hier kein Trimmen, wenn er regelmäßig bewegt wird. Jeder Hinweis auf Trimmen des Haarkleides an anderer Stelle als rund um die Pfoten sollte streng bestraft werden, da dies einen Versuch darstellt, einen gröberen Fehler zu verdecken.

HAARFARBEN

Vielen Richtern fällt es schwer, Hunde mit ungewöhnlichen Abzeichen und einer so großen Varianz von Fell- und Augenfarben zu bewerten. Eine Zucht auf bestimmte Farben kann aber immer nur auf Kosten anderer, wichtiger Rassemerkmale gehen, die Arbeitstauglichkeit inbegriffen. Viele der ursprünglich zum Arbeiten und Rennen nach Alaska gebrachten Hunde waren weiß oder gescheckt (unregelmäßige Farbflecken auf dem Körper, aber meist in Kombination mit einer Gesichtsmaske). Auch heute noch sieht man diese Färbung, vor allem in Arbeitshundelinien.

Leider ist es ja so, dass Modeströmungen eine Rasse ganz erheblich verändern können. Die so genannte irische Fleckung, schwarz-weiß mit blauen Augen, galt lange Zeit in den USA als der letzte Schrei. Dabei sind andere Farben wie einfarbig ohne eine Spur von weiß, Aguti (Wildfarbe, eine Mischung aus grau und rot auf hellem Untergrund), rötlich oder falb ebenso im Rahmen des Rassestandards.

GRÖSSE UND GEWICHT

Rüden: 21-23,5 Inches Schulterhöhe
(53-60 cm)
Hündinnen: 20-22 Inches Schulterhöhe
(51-56 cm)

Interessant ist, dass die Standards eine gewisse Größenvarianz zulassen. Das kleinste Maß ist 51 cm bei den Hündinnen und das größte 60 cm bei den Rüden. Der Umgang mit solch einer Größenvielfalt kann irreführend und schwierig sein. Wenn Sie im Ausstellungsring eine Reihe von Hunden sehen, die alle am oberen Ende des zulässigen Größenmaßes liegen, erweckt das möglicherweise bei Ihnen den Eindruck, der kleinste von ihnen sei zu klein, obwohl er vielleicht absolut akzeptabel ist. Umgekehrt gilt natürlich das Gleiche. Bevor Sie mit dem Richten oder Beurteilen von Hunden beginnen, sollten Sie deshalb eine gute Vorstellung von der Größenvariation haben.

Ein anderer sehr wichtiger Faktor ist das Gewicht, das in richtiger Relation zur Körpergröße stehen muss. Wenn ein Rüde von 60 cm Größe mehr als 28 kg wiegt, schleppt er vermutlich zuviel Gewicht mit sich herum und besitzt zu schwere Knochen, beides entspricht nicht dem Rassestandard.

FARBEN

Die Vielfalt der Farben und Abzeichen ist erstaunlich und bringt jedesmal einen bestechend schönen Hund hervor.

Grau-weiß.

Sandfarben.

Schwarz/grau/braun/weiß.

Wolfsgrau/braun/weiß.

6 AUSSTELLUNGEN

Das Ausstellen Ihres Siberian Husky kann eine sehr vergnügliche, aber auch eine sehr frustrierende Erfahrung sein. Beachten Sie deshalb immer die goldene Regel – nichts zu ernst nehmen! Nur zu vielen ergeht es so, dass sie im ersten Jahr ihrer Ausstellungskarriere jede nur irgendwie erreichbare Veranstaltung besuchen, von Termin zu Termin reisen und ein Vermögen für Benzin und Nenngelder ausgeben. Wenn sie dann gewinnen, ist das Ausstellen von Hunden das beste Hobby überhaupt, verlieren sie aber, wird die ganze Angelegenheit im besten Fall langweilig.

Der beste Weg, um solche Enttäuschungen zu vermeiden, ist, die Dinge von Anfang an nicht zu ernst zu nehmen. Genießen Sie es einfach, zusammen mit Freunden einen schönen Tag zu verbringen, fachsimpeln Sie über Siberian Huskies und gönnen Sie sich und Ihrem Hund Abwechslung. Schließlich soll es auch Spaß machen! Besuchen Sie lieber weniger Ausstellungen und probieren Sie verschiedene Ausstellungskategorien aus, damit Sie herausfinden, was Ihnen am meisten liegt. So werden hoffentlich weder Sie noch Ihr Hund enttäuscht!

Der charismatische Siberian Husky präsentiert sich von Natur aus gut.

SO FÄNGT MAN AN

Termine für Ausstellungen werden in Hundefachzeitschriften, aber auch der Tagespresse bekannt gegeben. Wenden Sie

Das Ausstellen von Hunden kann ein schönes Hobby sein.

sich dann an die Organisatoren, um weitere Informationen zu erhalten. Sie erhalten in der Regel ein Programm, das alle zugelassenen Rassen und angebotenen Klassen aufführt, Zeitplan, Preise, Richter und so weiter. Sie können daraus auch den Meldeschluss entnehmen, achten Sie darauf, Ihren Hund vor dessen Ablauf anzumelden:

Für das Ausfüllen des Meldeformulares benötigen Sie genaue Informationen über die Abstammung und den Züchter Ihres Hundes, in der Regel auch die Registrierungsnummer des Hundes. Zusammen mit Meldeformular und Nenngeld schicken viele eine frankierte Rückpostkarte mit, damit der Eingang der Meldeunterlagen bestätigt werden kann. Stellen Sie sich die Enttäuschung vor, am Tag der Ausstellung festzustellen, dass Ihre Meldung nicht angekommen war!

Die Regeln für das Ausstellungswesen sind von Land zu Land etwas verschieden. In England werden Meldungen bis zu einem bestimmten Termin akzeptiert, während sie in den USA meist nur solange entgegengenommen werden, bis eine bestimmte Höchstzahl von Hunden erreicht ist. Hier ist Schnelligkeit gefragt!

WELCHE KLASSE?
Generell, zu Anfang aber ganz bestimmt, sollten Sie für die niedrigst mögliche Klasse melden. Der Zugang zu den einzelnen Klassen wird durch vorhergehende Ausstellungserfolge und Alter des Hundes bestimmt. Wenn Sie also einen acht Monate alten Junghund haben, muss er für die Juniorklasse gemeldet werden; wenn Ihr Hund dagegen bereits einige Erfolge errungen hat, können Sie ihn vermutlich nur für höhere Klassen melden. All dies wird in der Ausschreibung erklärt, fragen Sie ansonsten beim Veranstalter nach.

Zwischen USA und England besteht ein bedeutender Unterschied. Während Hunde, die bereits einen Championtitel errungen haben, in den USA einer separaten Klasse zugeordnet werden, müssen sich in England Bewerber um den Championtitel mit bereits bestehenden Champions in ein und derselben Klasse messen.

TYPEN VON AUSSTELLUNGEN
Auch dies ist von Land zu Land verschieden und geht von auf lokalen Sportplätzen organisierten Ausstellungen, Ausstellungen im Rahmen von Sommer- oder Sportfesten bis hin zu so renommierten Ausstellungen wie Crufts und Westminster. Es liegt an Ihnen und Ihrem Hund, wo Sie antreten möchten. Manche Menschen bevorzugen die entspannte Atmosphäre einer Ausstellung, wo sie noch am Veranstaltungstag melden und sich unter alle möglichen Hunderassen mischen können, während andere nur mit Ausstellungen zufrieden sind, auf denen CCs oder Titel »Best in Show« errungen werden können. Auch der Mittelweg kann

die richtige Lösung sein. Letzten Endes spielt es auch keine Rolle, solange Sie und Ihr Hund Spaß haben.

Die größte und auch Prestige trächtigste Hundeausstellung der Welt ist Crufts in England, wo über 21.000 Hunde um den Titel »Best in Show« kämpfen. Für die Teilnahme an Crufts müssen sich die Hunde vorher auf Championatsausstellungen qualifizieren. Crufts wird vom englischen Kennel Club organisiert. Die meisten englischen Aussteller streben danach, ihre Hunde einmal auf Crufts vorstellen zu dürfen. Seit die neuen britischen Quarantänebestimmungen in Kraft getreten sind, können auch einige ausländische Hunde teilnehmen.

Westminster ist die wichtigste Ausstellung in den USA. Sie wird seit 1907 jährlich in den Westminster Halls zu New York ausgetragen und erstreckt sich über zwei Tage. Es sind nur Hunde zugelassen, die einen AKC Championtitel errungen haben; über 2.500 Meldungen sind die Regel. Etwa 25.000 Zuschauer kommen, um 150 verschiedene Rassen zu sehen. Wie bei Crufts auch bietet diese Veranstaltung den Züchtern Gelegenheit, die Vorzüge ihrer Rasse besonders hervorzuheben und zu erklären, warum es von Vorteil ist, einen Rassehund zu besitzen. Nur ein einziges Mal hat ein Siberian Husky den Titel »Best in Show« errungen – 1980 ging er an Kathleen Kanzlers Ch. Innisfree's Sierra Cinnar.

VORBEREITUNGEN AUF DIE AUSSTELLUNG

Was die Vorbereitung des Haarkleides für die Ausstellung angeht, gehören Siberian Huskies zu den problemlosesten Rassen überhaupt. Die Vorbereitung in Form des richtigen Trainings erfordert allerdings etwas mehr Zeit und Mühe. Eigentlich müsste es sich von selbst verstehen, dass die richtige Vorbereitung Ihres Hundes von größter Bedeutung ist, wo Sie doch schon Nenngeld bezahlt, Reisekosten investiert und so viele Schwierigkeiten auf sich genommen haben, um zur Ausstellung zu gelangen. Trotzdem erstaunt es uns immer wieder, schlecht gepflegte oder schlicht schmutzige Hunde im Ring zu sehen. So etwas ist eine Beleidigung nicht nur für den Richter, sondern auch für Ihren Hund.

Es zahlt sich aus, den Welpen oder Junghund schon an das Baden zu gewöhnen, wenn die erste Ausstellung noch lange nicht in Sicht ist. Ein Hund, der im Bad kämpft und strampelt, kann Sie völlig durchnässen, wogegen Hunde, die früh an diese Prozedur gewöhnt wurden, im Bad leicht zu handhaben sind. Das Baden an sich wird an anderer Stelle des Buches beschrieben. Es sei nur gesagt, dass Ihr Hund besonders gut im Ring aussieht, wenn Sie sein Haarkleid nach dem Bad durch und durch mit dem Föhn trocknen. Hunde mit etwas längerem Haarkleid sollten einige Tage vor der Ausstellung gebadet werden, damit das Haar sich wieder glatt legen kann. Kurzhaarige

Üben Sie das richtige Aufstellen zur Präsentation zuhause so lange, bis es Ihrem Hund zur zweiten Natur wird.

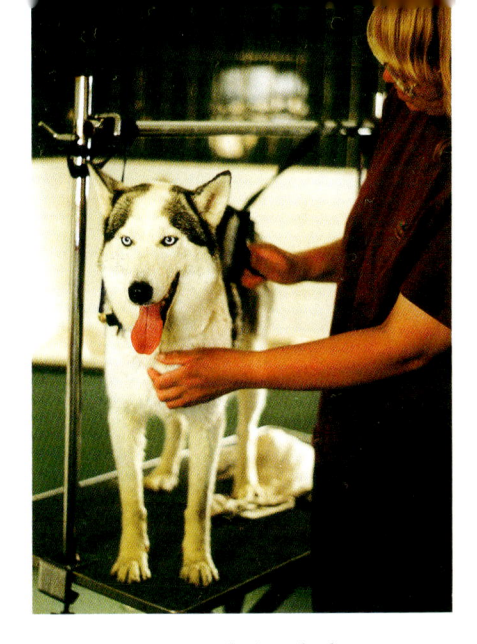

Wenn Sie gut vorgearbeitet haben, genügt ein kurzes Überbürsten vor dem Betreten des Rings.

Hunde dagegen können am Vortag gebadet werden und sehen dann richtig gut aus. Sobald das Haar trocken ist, bürsten Sie es gut durch. Alles, was Sie dann vor Betreten des Rings zu tun haben, ist, Ihren Hund noch einmal kurz überzubürsten.

In England werden Siberian Huskies »au naturel« ausgestellt, das heißt mit vollständigen Tasthaaren und ungetrimmtem Haarkleid. Nur die Haare rund um die Pfoten dürfen etwas beschnitten werden, damit diese ein runderes Aussehen erhalten. Zu diesem Zweck verwendet man am sichersten eine Schere mit abgerundeten Enden. Kürzen Sie das überlange Haar unter den Pfoten und schneiden Sie dann einfach sauber außen um die auf dem Boden stehende Pfote herum, aber übertreiben Sie es nicht!

In den USA ist es üblich, die Tasthaare zu beschneiden und manchmal auch die Brust- und Bauchunterseite zu trimmen. Falls die Krallen Ihres Hundes so lang sind, dass sie gekürzt werden müssen, sollten Sie ihn künftig mehr bewegen. Nur ganz selten benötigen gut trainierte Siberian Huskies ein Kürzen der Krallen in irgendeiner Form. Die Praxis, Krallen oberhalb des toten Horns abzuschneiden, was Blutungen und Schmerzen verursachen kann, ist für uns eine völlig abstoßende Vorstellung und sollte sicherlich niemals bei einem Siberian Husky angewendet werden, der seine Krallen während des Laufens für guten Halt in den Wendungen benötigt.

TRANSPORT
Wie bei allem, was Sie mit Ihrem Hund anstellen, ist gute Vorbereitung der Schlüssel zum Erfolg. Wenn Ihr Junghund das Autofahren von Welpentagen an gewohnt ist, auch wenn es sich nur um eine einmal wöchentliche Fahrt rund um den Block handelt, wird das Verreisen in Zukunft kein Problem sein. In der Regel verreisen Siberian Huskies problemlos und genießen es, neue Orte, Hunde und Menschen kennen zu lernen.

Husky-Enthusiasten, die gleich mehrere Hunde besitzen, fahren oft spezielle Transporter, die sie mit herausnehmbaren Hundekäfigen ausgestattet haben. Der Ein-Hund-Besitzer fährt aber glücklich zur Ausstellung, wenn er seinen Hund entweder auf dem Rücksitz Platz nehmen lässt (am besten in einem speziellen Geschirr, damit er beim plötzlichen Bremsen nicht nach vorn fällt) oder im Heck eines Kombis.

Achten Sie darauf, dass der Hund genügend Schatten hat. Sind Ihnen nicht auch schon Autofahrer aufgefallen, die sorglos hinter dem Steuer oder auf dem Beifahrersitz sitzen und sich überhaupt nicht bewusst sind, dass der Hund hinten ständig direkter Sonneneinstrahlung ausgesetzt ist? Ausreichende Belüftung und Sonnenschutzblenden an den Fenstern schaffen Abhilfe, eine Klimaanlage ist natürlich noch besser.

ANKUNFT AUF DER AUSSTELLUNG

Nehmen Sie sich genügend Zeit, so dass Sie früh vor Ort sind. So ist es viel entspannender, als bis zur letzten Minute zu warten, um dann vielleicht im Stau zu stehen, abgehetzt und verschwitzt anzukommen und zu befürchten, dass Sie vielleicht Ihre Klasse verpasst haben.

Lassen Sie Ihren Hund nach der Ankunft aus dem Auto und sich lösen, bevor Sie den Veranstaltungsort betreten – so fühlt sich jeder wohl, bevor es losgeht. Halten Sie Ihre Unterlagen am Eingang bereit, aus denen Sie auch die Nummer Ihrer Box entnehmen können. Oft ist es der anstrengendste Teil des Tages, seine Box zu finden! Dort angekommen, benötigen Sie eine kurze Kette, um Ihren Hund anzubinden. Verwenden Sie hierbei *niemals* ein Würgehalsband, da sich der Hund leicht damit strangulieren könnte. Nehmen Sie ein breites Leder- oder Nylonhalsband (etwa 2,5 cm sind passend für einen Siberian) und eine Anbindekette, die lang genug ist, damit der Hund sich hinlegen kann, aber auch nicht so lang, dass er aus der Box springen kann. Manche Aussteller legen Handtücher oder Decken in die Boxen, aber diese Entscheidung bleibt Ihnen überlassen.

Auf manchen Ausstellungen wird die Startnummer (die gebraucht wird, um Ihren Hund im Ring zu identifizieren) in die Box gelegt, nehmen Sie diese sofort an sich. Woanders werden die Nummern direkt im Ring verteilt oder schon vorab per Post verschickt. Sie benötigen Ihre Nummer, um antreten zu können.

HANDLING

Ihr Hund sollte bereits vor Ankunft auf der Ausstellung sauber und gebürstet sein, so dass Sie ihn jetzt nur noch ganz kurz überbürsten müssen, damit er ordentlich

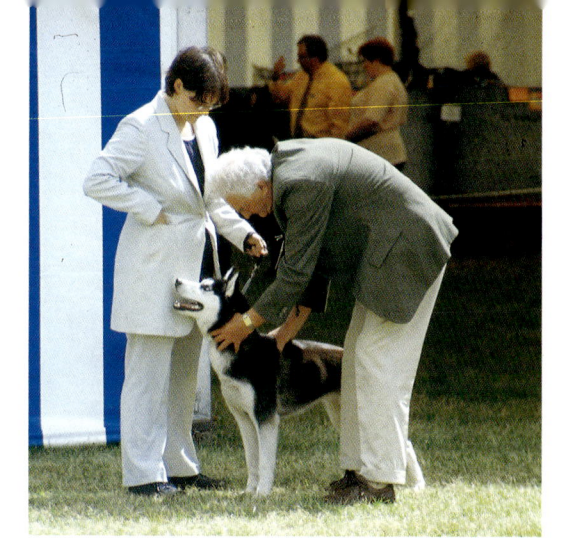

Gewöhnen Sie Ihren Hund daran, von Fremden angefasst zu werden, damit er sich nicht gegen die Untersuchung des Richters wehrt.

aussieht. Besonders wichtig ist das, falls er gerade im Haarwechsel steht. In diesem Zusammenhang sollte erwähnt werden, dass es das Bild völlig ruiniert, wenn Sie nach dem Bürsten des Hundes selbst über und über schmutzig und verhaart sind! Natürlich bewertet der Richter nicht Sie, sondern Ihren Hund; aber Sie tragen Ihren Teil dazu bei, Ihren Hund so gut wie möglich zu präsentieren, wenn Sie ordentliche Kleidung tragen und Ihr Haar bürsten. Ein »Overdressing« ist allerdings auch nicht notwendig.

Nehmen Sie Ihren Hund aus der Box, während das Richten der vorhergehenden Klasse noch im Gange ist. Legen Sie ihm sein Showhalsband und seine Leine an. Vergewissern Sie sich, dass Sie Ihre Startnummer haben, stecken Sie ein paar Leckerbissen ein und machen Sie sich auf den Weg zum Ring. Unterwegs können Sie schnell noch einmal eine kurze Vorführübung einlegen, falls nötig. Hoffentlich haben Sie zuhause oder in einem Hundeclub schon das richtige Vorführen im Ring geübt. Siberian Huskies sollen natürlich vorgestellt werden, das heißt an lockerer Leine. Sie brauchen nicht an straffer Leine »hochgezogen« zu werden oder von Hand aufgestellt und in Position gehalten zu werden. Falls Ihr Hund ein gutes Rasseexemplar und richtig trainiert ist, wird er auch frei zufrieden stillstehen, sich von seiner besten Seite zeigen und auf seine Futterbelohnung warten, um dann, wie vom Richter verlangt, rund um den Ring geführt zu werden.

Er sollte daran gewöhnt sein, sich in den Fang fassen zu lassen. Dies ist sowohl für Tierarztbesuche als auch für Ausstellungen wichtig, wo der Richter Zähne und Gebiss untersuchen wird.

IM RING

Wenn Sie schon im Ring sind und auf das Richten warten, lassen Sie Ihren Hund entspannen. Nichts sieht schlechter aus und verdirbt einem Hund die Freude an Ausstellungen schneller, als ständige Konzentration von ihm zu verlangen, wenn gar keine Notwendigkeit dazu besteht. Ausstellen sollte allen Spaß machen – nicht zuletzt auch dem Hund. Achten Sie darauf, was der Richter von jedem einzelnen Teilnehmer verlangt – ob die Hunde beispielsweise in einem Dreieck oder Kreis oder auf gerader Linie vor und zurück geführt werden müssen. So sind Sie schon vorbereitet, wenn Sie an die Reihe kommen.

Achten Sie beim Vorführen des Hundes darauf, dass Sie das lose Ende der Leine in Ihrer Hand zusammenlegen und es nicht über dem Kopf Ihres Hundes herabbaumeln lassen, was auf die Richter ablenkend wirkt und den Gesamteindruck stört. Das Handling ist ein wichtiger Teil des Ausstellens und Sie sollten nicht zu Ihrer ersten Ausstellung gehen, ohne vorher etwas Grundlagenarbeit gemacht zu haben.

Wenn Sie Ihren Junghund schon früh daran gewöhnt haben, stehend auf eine Futterbelohnung zu warten und eine Untersuchung seines Fanges zu akzeptieren, haben Sie schon viel erreicht. Gewöhnen Sie Ihren Hund an eine Showleine – seine normale Leine wird im Ring zu schwer aussehen. Die Verwendung eines Würgehalsbandes ist keine gute Idee, es sei denn, Sie sind Experte darin. Nehmen Sie lieber ein schmales Nylonhalsband oder etwas Ähnliches. Am schönsten macht sich eine Farbe, die zum Haarkleid Ihres Hundes passt.

Beobachten Sie die übrigen Aussteller und beachten Sie die Anweisungen des Richters genau.

Die gesamte Klasse stellt sich an einem Ende des Ringes auf und alle Hunde werden nacheinander betrachtet. In der Regel heißt das, dass Sie mit dem Hund vortreten und ihn vor dem Richter aufstellen, damit er ihn ansehen und abtasten kann. Reden Sie Ihrem Hund dabei beruhigend zu, aber stehen Sie dem Richter nicht im Weg. Anschließend werden Sie gebeten, den Hund vorzuführen. Wenn Sie vorher gut aufgepasst haben, wissen Sie jetzt, was zu tun ist.

Versperren Sie dem Richter nie den Blick auf Ihren Hund – halten Sie den Hund deshalb zwischen sich und dem Richter und seien Sie nicht im Weg. Erhalten Sie das Interesse Ihres Hundes, indem Sie Aufmerk-

Die Stunde der Wahrheit!

samkeit von ihm verlangen, wenn der Richter ihn untersucht und ihn danach entspannen lassen.

Übertrieben elegant-raffiniertes Vorführen ist nicht notwendig und gehört nicht in einen normalen Ausstellungsring - wer dies als Kunst zum Selbstzweck betreiben möchte, kann für spezielle Handling-Wettkämpfe melden. Im Ausstellungsring sollte der Handler jedoch unaufdringlich wirken und sich darauf konzentrieren, den Hund von seiner besten Seite vorzustellen.

GEWINNEN UND VERLIEREN

Egal ob wir gewinnen oder verlieren, wir alle nehmen den besten Hund - unseren Freund - mit nach Hause. Es spielt keine Rolle, wer gewinnt, aber viele Menschen zerbrechen sich darüber den Kopf. Letzten Endes sollten Sie sich vergegenwärtigen, dass der Richter nur seine Meinung abgibt und Sie von einem anderen Richter eine andere Meinung hören werden. Aus diesem Grund ziehen es viele Besitzer von Siberian Huskies vor, ihre Hunde in Rennen starten zu lassen, denn mit der Uhr lässt sich nicht diskutieren: entweder gewinnen Sie oder nicht - hier sind keine subjektiven Meinungen im Spiel. Egal ob Sie gewinnen oder verlieren - tun Sie es mit Würde. Niemand mag einen schlechten Verlierer oder einen aufgeblasenen Sieger - lernen Sie also, beides mit gleicher Fassung zu nehmen. Falls Sie verlieren, denken Sie daran, dass es nicht die Schuld Ihres Hundes ist - ihm selbst ist es völlig egal und er wird mit Sicherheit nicht verstehen, warum Sie plötzlich schlecht auf ihn zu sprechen sind!

SIBIRISCHE STREICHE

Hundeausstellungen sollten Spaß machen. Falls weder Sie noch Ihr Hund sie mögen, warum gehen Sie dann hin? Die meisten Siberian Huskies gefallen sich aber als Showstars und es ist immer wieder verblüffend, dass ein Hund, der sich während des Trainings voller Energie ins Geschirr wirft oder beim Spazieren gehen wie ein Wahnsinniger an der Leine zieht, im Showring plötzlich wunderschön an loser Leine geht. Vergessen Sie aber nie, dass Siberian Huskies von schelmischer Natur sind und Ihnen im Ring einen Streich spielen können, indem Sie am Ende der Leine wild herumhüpfen und alle Menschen rundum, Sie inbegriffen, auszulachen scheinen. Dies ist sehr frustrierend für den Besitzer, denn es scheint, als ob all Ihre Mühe und Vorbereitungsarbeit umsonst gewesen sei. Regen Sie sich nicht auf - das macht alles nur noch schlimmer. Bleiben Sie ruhig stehen und fangen Sie dann noch einmal von vorne an. Dies ist für einen Hund, der gerne spielen möchte, meistens recht entmutigend und deshalb effektiv.

Ein Ausstellungstag ist immer aufregend und anstrengend, weshalb die meisten Siberian Huskies, zuhause angekommen, erst einmal in tiefen Schlaf verfallen, um die versäumten Ruhepausen nachzuholen!

Ausstellungen

RICHTEN

Eine spezialisierte Arbeitshunderasse wie der Siberian Husky muss sowohl von Rassekennern als auch von Allround-Richtern bewertet werden. Allround-Richter tendieren durch die Tatsache, dass sie viele verschiedene Rassen richten, eher dazu, den Siberian Husky als Ausstellungshund zu betrachten und der Funktionalität des Aufbaus im Hinblick auf die Verwendung als Schlittenhund nicht genügend Bedeutung beizumessen. Wenn sie versuchen, die Arbeitseigenschaften zu bewerten, favorisieren sie häufig einen schwereren Typ gegenüber dem gewünschten leichteren, da sie einen für schweren Zug geeigneten Hund vor dem inneren Auge haben. Ich möchte die Allround-Richter nicht kritisieren, aber darauf hinweisen, dass das Richten durch Hinzuziehen eines Rassespezialisten ausgeglichen werden sollte.

Gute Richter beginnen an der Basis und arbeiten sich dann langsam nach oben. Wenn Sie selbst richten möchten, beginnen Sie auf lokaler Ebene und sammeln Sie dann auf größeren Ausstellungen Erfahrungen. Wichtig ist auch, rassespezifische Richterseminare zu besuchen und viele verschiedene Hundetypen sowohl im Stand als auch in der Bewegung anzusehen. Setzen Sie das Gesehene in Relation zur Manier, die der Hund im Geschirr zeigt.

Besonders hilfreich ist eine Tätigkeit als Richterassistent. Wenn Sie neben dem Richter im Ring stehen, haben Sie eine wesentlich genauere Sicht auf die Hunde als von der Zuschauerbank aus. Auch das Assistieren beim Richten anderer Rassen ist eine hervorragende Möglichkeit, um Erfahrungen zu sammeln. Es werden auch spezielle Kurse für das Richten angeboten, die meist über einen längeren Zeitraum laufen und sowohl praktische Übungen als auch ein gut Teil Theorie enthalten. Der Besuch solcher Kurse lohnt sich immer, egal, ob Sie nur Siberian Huskies oder verschiedene Rassen richten möchten.

Beim Richten des Siberian Husky müssen unbedingt seine Arbeitsqualitäten bewertet werden.

CHECKLISTE FÜR DIE AUSSTELLUNGSAUSRÜSTUNG

- Papiere und Meldeunterlagen (inklusive einer Straßenkarte)
- Bürste und Kamm
- Wasser und Wassernapf
- Clip zur Befestigung der Startnummer
- Showleine
- Futterbelohnungen
- Handtuch
- Anbindekette
- Essenspaket - für Mensch und Hund!

7 GESUNDHEITSFÜRSORGE UND ERBLICHE KRANKHEITEN

INNERE PARASITEN

Das Vorkommen innerer Parasiten ist von Land zu Land etwas unterschiedlich, jedoch sind Spul- und Bandwürmer mit verschiedenen Unterarten am weitesten verbreitet.

Spulwürmer (Toxocara) haben einen komplizierten Vermehrungszyklus, der insbesondere die Infektion von Welpen sehr erleichtert. Die Larven besiedeln das Körpergewebe sowohl von Welpen als auch von erwachsenen Hunden. Sie ruhen über etwa zwei Drittel der Tragezeit im Körper der Hündin, um dann über den Uterus in die Föten zu wandern und sich im Magen weiter zu entwickeln. Außerdem verschlucken Welpen Wurmeier mit der Muttermilch oder lesen sie aus einer infizierten Umgebung auf. Lassen Sie sich vor Geburt der Welpen von einem Tierarzt beraten, wie Mutter und die Neugeborenen am besten entwurmt werden sollen. Regelmäßige Behandlung von Hündin und Welpen ist unerlässlich, um den Vermehrungszyklus der Würmer zu unterbrechen; aber auch erwachsene Hunde sollten halbjährlich oder jährlich behandelt werden, um eventuellen Folgebefall zu bekämpfen.

Auch gegen Bandwürmer, Herzwürmer, Lungenwürmer etc. sollte in regelmäßigen Abständen entwurmt werden. Besprechen Sie mit Ihrem Tierarzt, was in Ihrem Land notwendig ist.

ÄUSSERE PARASITEN

Der Fluch jedes Hunde- oder Katzenhaushaltes sind Flöhe und Zecken, besonders, wenn Sie in einer wild- und schafreichen Gegend leben. Untersuchungen haben ergeben, dass die große Mehrheit der auf Hunden vorkommenden Flöhe tatsächlich Katzenflöhe sind. Wenn Sie also auch Katzen haben, müssen Sie ebenfalls für deren Flohfreiheit sorgen, selbst wenn sie von den Hunden getrennt leben.

Mittel zur Flohbehandlung reichen von Sprays und Halsbändern über Puder bis zu Shampoos pflanzlicher oder chemischer Zusammensetzung, es gibt interne und externe Behandlungsmöglichkeiten. Wichtig ist auch, dass Sie die Umgebung mitbehandeln, die Teppiche regelmäßig staubsaugen und die Hundedecken häufig waschen, sonst werden sich Ihre gerade erst entflohten Tiere sofort wieder anstecken. Welches Mittel Sie zur Flohbekämpfung verwenden, bleibt Ihnen und Ihrem Tierarzt überlassen.

LEBENSZYKLUS DER SPULWÜRMER

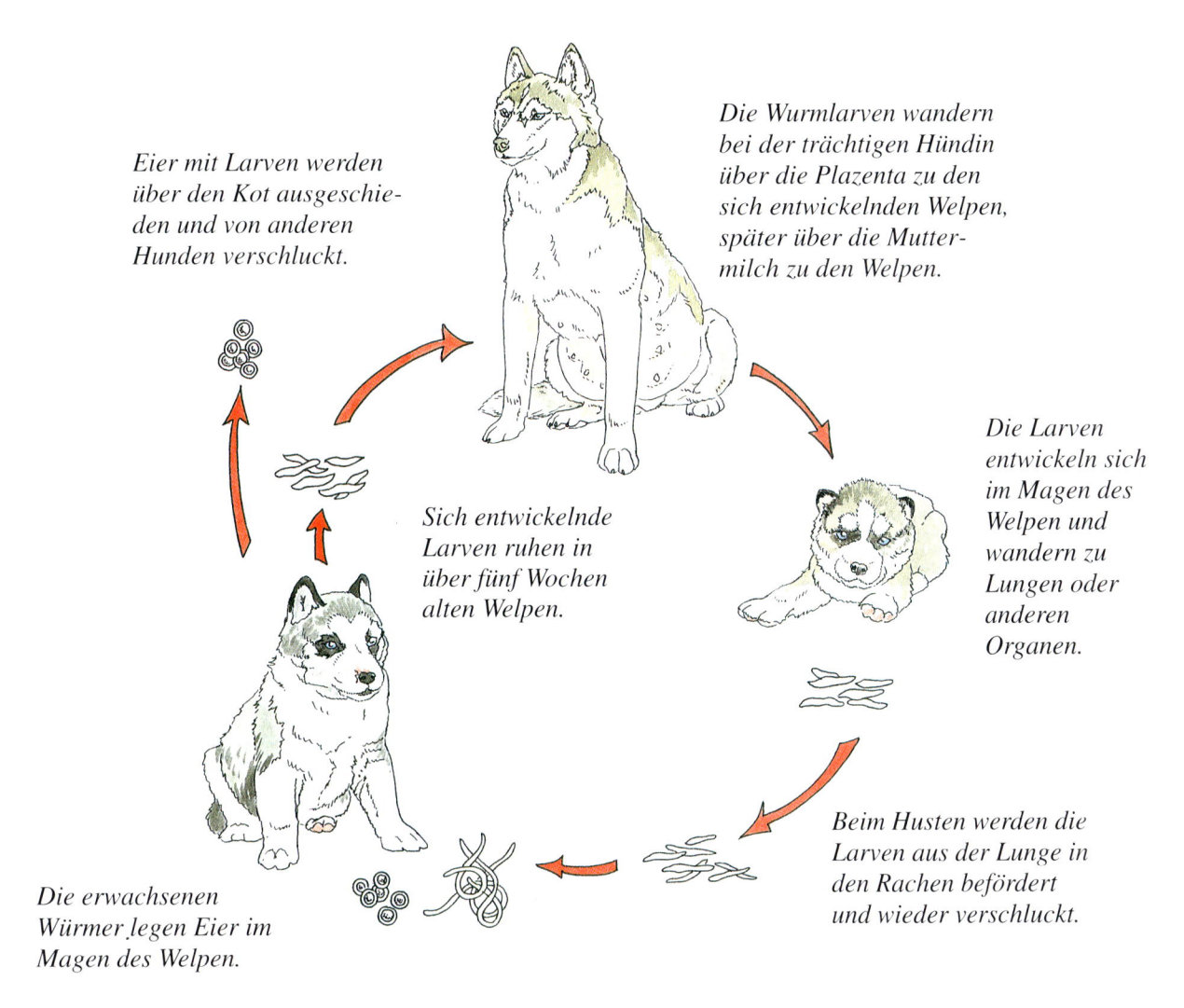

Eier mit Larven werden über den Kot ausgeschieden und von anderen Hunden verschluckt.

Die Wurmlarven wandern bei der trächtigen Hündin über die Plazenta zu den sich entwickelnden Welpen, später über die Muttermilch zu den Welpen.

Sich entwickelnde Larven ruhen in über fünf Wochen alten Welpen.

Die Larven entwickeln sich im Magen des Welpen und wandern zu Lungen oder anderen Organen.

Die erwachsenen Würmer legen Eier im Magen des Welpen.

Beim Husten werden die Larven aus der Lunge in den Rachen befördert und wieder verschluckt.

Handeln Sie aber schnell, wenn Sie erste Hinweise auf Flöhe bemerken, da sich die Situation sonst schnell verschlimmert.

Zecken sind nicht in allen Gegenden ein Problem, aber auch gegen sie sollte schnell vorgegangen werden. Sowohl Flöhe als auch Zecken können je nach Wirtstier und geographischer Region verschiedene Krankheiten übertragen, von denen einige sogar tödlich verlaufen. In Gegenden, wo diese Gefahr besteht, sind spezielle Impfstoffe verfügbar. Lassen Sie sich diesbezüglich von Ihrem Tierarzt beraten.

Zur Entfernung von Zecken werden verschiedene Methoden empfohlen, doch Vorsicht: das Beträufeln mit Öl oder Verwenden von Flohspray ist nach den neueren Erkenntnissen falsch. Herausdrehen mit feuchtem Finger oder einer speziellen Zeckenzange, ohne dass der Kopf steckenbleibt, ist leicht zu erlernen. Wichtig ist nur, dass der Zeckenkopf entfernt wird.

LEBENSZYKLUS DER BANDWÜRMER

Die Flohlarve wächst und entwickelt sich mitsamt den Eiern.

Beim Säubern des Haarkleides nimmt der Hund Flöhe und in ihnen ruhende Wurmlarven auf.

Der Wurm entwickelt sich im Magen des Hundes

Wurmglieder werden abgestoßen und mit dem Kot ausgeschieden.

Die Bandwurmeier werden von Flohlarven gefressen.

Das Wurmglied trocknet ein, bricht auf und gibt Eier frei.

Die Zeckenzange erleichtert das Entfernen - den Finger hat man immer dabei.

HAUTKRANKHEITEN
Sofern sie richtig ernährt werden, leiden Siberian Huskies selten unter Hautkrankheiten und die Rasse zählt nicht zu denen mit erblich bedingten Hautproblemen.

ZINKMANGEL
Ein selten, aber hin und wieder beim Husky auftretendes Problem ist Zinkmangel, der sich in kahlen Stellen im Haarkleid und Juckreiz, vor allem im Gesicht, äußert. Dieser Zustand lässt sich leicht durch die Gabe von Zinktabletten beheben, die dem Futter beigemischt werden. Eine gleichzeitige Behandlung der Haut lindert den Juckreiz. Die Erkrankung und ihre Behandlung sollten mit dem Tierarzt besprochen werden.

NÄSSENDE EKZEME
Eine weitere relativ häufige, vor allem während der Frühjahrs- und Sommermonate

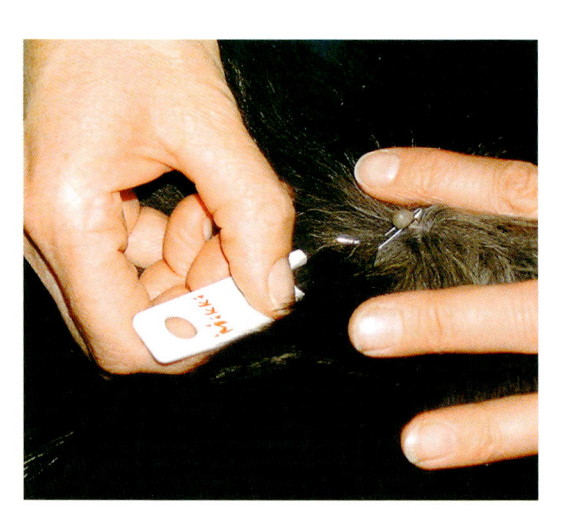

Entfernen einer Zecke.

Gesundheitsfürsorge und erbliche Krankheiten

vorkommende Erkrankung sind nässende Ekzeme.

Sie werden hauptsächlich dadurch verursacht, dass sich der Hund während des Haarwechsels in die juckende Haut beißt. Jede kleine Hautverletzung ist eine Eintrittspforte für Bakterien, die schnell eine Infektion oder entzündete Stelle hervorrufen können. Zwar lässt sich das recht leicht behandeln, wird aber besser von vorneherein durch gründliches Bürsten während des Haarwechsels vermieden.

DIE SIBERIAN HUSKY HÜNDIN
HITZE
Siberian Huskies sind ihren Vorfahren immer noch sehr ähnlich und deshalb recht »ursprüngliche« Hunde. Außerdem stammen sie aus einer kalten und unfreundlichen Klimaregion, die jedes Jahr nur einen kurzen Zeitraum zur Aufzucht von Nachkommen ermöglicht. Im Unterschied zu Hündinnen aus Rassen, die bereits über viele, viele Generationen hinweg domestiziert wurden und zweimal jährlich in die Hitze kommen, werden Siberian Husky Hündinnen deshalb in der Regel nur einmal jährlich heiß. Aber auch diese Aussage muss relativiert werden, denn die Hitzeperioden können von Hündin zu Hündin unterschiedlich verlaufen. Manche kommen einmal jährlich oder noch seltener in die Hitze, andere alle fünf Monate. Für jemanden, der nicht züchten möchte, ist der erste Fall natürlich sehr angenehm; wer aber darauf wartet, dass die Hündin endlich in die Hitze kommt, um mit ihr zu züchten, kann dies sehr ärgerlich sein.

Siberian Husky Hündinnen sind in der Hitze pflegeleicht. In der Regel sind sie sehr sauber; es gibt aber auch spezielle »Höschen« für heiße Hündinnen, die Verschmutzungen Ihrer Teppiche verhindern. Vergessen Sie nicht, sie Ihrer Hündin wieder auszuziehen, wenn Sie sie hinauslassen – man vergisst sie leicht, weil sie kaum zu sehen sind. Halten Sie die Hündin mindestens drei Wochen lang von Rüden fern, um sicher zu gehen und lassen Sie sie nicht unbeaufsichtigt in den Garten, da heiße Hündinnen gewöhnlich stärkere Ambitionen haben, denselben zu verlassen.

SCHEINTRÄCHTIGKEIT
Scheinträchtigkeiten kommen bei den meisten Hunderassen vor und der Siberian Husky bildet hier keine Ausnahme. Die Hündin ist sozusagen darauf »programmiert«, Welpen zu haben, wenn ihre Hitze vorüber ist. Bei manchen Hündinnen kann sich das so stark äußern, dass alle körperlichen Anzeichen einer Trächtigkeit auftreten, einschließlich Laktation, Verhaltens- und Wesensänderungen. Dieser Zustand kann für die Hündin sehr belastend sein. Wenn häufiger Scheinträchtigkeiten auftreten, sollten Sie darüber nachdenken, Ihre Hündin kastrieren zu lassen. Besprechen Sie sich ausführlich mit Ihrem Tierarzt, denn ständig kommen neue Medikamente auf den Markt und möglicherweise sieht er noch einen anderen Lösungsweg.

KASTRATION
Die Kastration sollte bei einem Siberian Husky nur als letzter Ausweg angesehen werden - beispielsweise in schweren Fällen dauernder Scheinträchtigkeit - und nicht unbedingt als Bequemlichkeitslösung für den Besitzer oder bei Aggression unter Rüden. Oft werden viele gute Gründe angeführt, die für eine Kastration sprechen. Bedenken Sie aber immer, dass eines der Hauptresultate ein völlig ruiniertes Haarkleid sein wird. Auf diese Tatsache werden Sie die meisten Tierärzte oder Verhaltenstherapeuten nicht aufmerksam machen, ernst

zu nehmen ist sie aber trotzdem. Das überlange und übermäßig dicke Haarkleid, das nach einer Kastration gebildet wird, ist äußerst schwer zu pflegen und macht das Arbeiten im Geschirr für den Hund mit Sicherheit zu einer heißeren Angelegenheit.

Der einzige zu rechtfertigende Grund für eine Kastration beider Geschlechter (von medizinischer Indikation abgesehen) ist, wenn durch Verhinderung der Hitzeperioden mehr Frieden in Ihren Hundehaushalt einkehrt. Achten Sie dabei aber sorgfältig auf den richtigen Zeitpunkt, denn man kann eine Hündin in der Scheinträchtigkeit »festnageln«, wenn man sie zu diesem Zeitpunkt kastriert. Besprechen Sie sich deshalb gründlich mit Ihrem Tierarzt, bevor Sie sich entscheiden.

PYOMETRA
Trotz aller Warnungen vor der Kastration gibt es Umstände, die sie unumgänglich machen. Einer davon ist, wenn Ihre Hündin von einer Erkrankung namens Pyometra befallen wird. Pyometra ist eine eitrige Infektion der Gebärmutter, die relativ häufig bei älteren Hündinnen vorkommt und sofortige chirurgische Behandlung erfordert. Eines der häufigsten Symptome ist, dass die Hündin mehr Wasser zu sich nimmt als gewöhnlich. Auch die Temperatur kann erhöht sein. Verlieren Sie keine Zeit, den Tierarzt aufzusuchen, wenn Sie den Verdacht auf Pyometra haben. Der operative Eingriff ist schwerwiegend, so dass die Hündin Zeit und gute Pflege benötigt, um sich davon zu erholen.

PROBLEME BEI DER GEBURT
Probleme während und nach der Geburt sind bei Siberian Huskies ungewöhnlich. Wenn sie doch einmal vorkommen, können sie aber gravierend sein, wie bei allen anderen

Ältere Hündinnen sind verstärkt durch Pyometra, eine schwere Gebärmutterentzündung, gefährdet.

Hunderassen auch. Dann ist sofortiges Handeln gefragt! Prägen Sie sich deshalb die möglichen Symptome gut ein.

WEHENSCHWÄCHE
Der Geburtsvorgang wird im Kapitel über das Züchten näher beschrieben. An dieser Stelle nur folgender Hinweis: Sollte Ihre Hündin mehr als zwei Stunden lang Wehen haben, ohne dass der erste Welpe das Licht der Welt erblickt, suchen Sie sofort den Tierarzt auf. Auch wenn sie zwischen der Geburt zweier Welpen mehr als anderthalb Stunden lang Wehen zeigt oder nur hechelnd und sichtlich leidend, aber ohne Wehen dasitzt, verständigen Sie den Tierarzt - es könnte sich um eine Wehenschwäche handeln. Der Tierarzt wird Ihnen sagen, was zu tun ist. Wichtig ist jedoch, die Hündin nicht einfach sich selbst zu überlassen. Möglicherweise ist ein Kaiserschnitt notwendig, um die Welpen zur Welt zu bringen. Die meisten Hündinnen akzeptieren ihre Welpen, sobald sie aus der Narkose aufwachen. Stellen Sie jedoch sicher, dass die Welpen während der Zeit, in der die Mutter noch außer Gefecht ist, abgetrocknet und warm untergebracht werden. Die

Gesundheitsfürsorge und erbliche Krankheiten

Wundnähte des Kaiserschnittes scheinen Welpen und Mutter beim Saugen nicht weiter zu behindern, behalten Sie jedoch ein besonders wachsames Auge auf die Hündin.

EKLAMPSIE

Zu den nach der Geburt auftretenden Problemen zählen Eklampsie und Mastitis. Die Eklampsie (auch Milchfieber genannt) wird durch einen Kalziummangel verursacht. Ihre Symptome sind recht leicht zu erkennen: die Hündin ist wacklig auf den Beinen, desorientiert und tappt möglicherweise unsicher umher. Bringen Sie sie umgehend zum Tierarzt! Auch wenn die Symptome Besorgnis erregend aussehen, ist die Erkrankung doch relativ schnell und problemlos zu kurieren: intravenöse Kalziumgaben führen die Hündin in den Normalzustand zurück. Eklampsie lässt sich durch Verfüttern einer guten Komplettnahrung verhindern. Geben Sie jedoch kein kalziumhaltiges Zusatzfutter zu einem Komplettfutter hinzu, da eine Überdosis Kalzium zum gleichen Problem führen kann.

MASTITIS (GESÄUGEENTZÜNDUNG)

Mastitis kann zu jedem Zeitpunkt der Laktation auftreten. Die Hündin fühlt sich sehr schlecht, hat hohe Temperatur und eine oder mehrere gerötete und geschwollene Zitzen. Eine Behandlung mit Antibiotika ist angezeigt, während derer die Welpen von der Hündin weggenommen und mit der Flasche gefüttert werden sollten.

ERBLICH BEDINGTE KRANKHEITEN

Siberian Huskies sind im Allgemeinen eine gesunde Rasse, aber selbst bei ihnen kommen, wie bei der großen Mehrheit aller Hunderassen und auch beim Menschen, erblich bedingte Krankheiten vor. Heute ist es möglich, potenzielle Träger von Erbkrankheiten einer genetischen Untersuchung zu unterziehen und diese Hunde dann von der Zucht auszuschließen. Für die Erbkrankheiten des Siberian Husky gibt es jedoch heute leider noch keine Tests zur Untersuchung des Genmaterials. In der Zwischenzeit sollte sich jeder von uns bemühen, alle Maßnahmen anzuwenden, die zur Gesunderhaltung und Verbesserung der Rasse zur Verfügung stehen.

AUGENPROBLEME

Die am häufigsten vorkommenden erblichen Probleme beim Siberian Husky sind Augenkrankheiten. Glaukome, Grauer Star, PPM (Persistierende Pupillarmembran), Progressive Retinaatrophie und Retinale Dystrophie kommen vor.

Die ernsteste dieser Erkrankungen ist das Glaukom oder der Grüne Star. Jeder Siberian Husky sollte vor seiner Verwendung zur Zucht daraufhin untersucht werden, und wenn eine Veranlagung zu dieser Erkrankung festgestellt wird, aus dem Zuchtprogramm ausgeschlossen werden. Die akute Krankheit ist für den Hund sehr schmerzhaft (wie beim Menschen auch) und muss unter allen Umständen vermieden werden.

Die übrigen erwähnten Augenprobleme sind weniger schwerwiegend. Auch wenn ein Hund mit grauem Star nicht unbedingt zur Zucht eingesetzt werden sollte, kann es doch nötig sein, mit seinen Wurfgeschwistern weiterzuzüchten, um andere erwünschte Eigenschaften zu erhalten. Wenn eines Tages eine Untersuchung des Erbmaterials verfügbar sein wird, ist es auch möglich, passive Träger für die Disposition zu diesen Erkrankungen zu erkennen und aus der Zucht auszuschließen.

Momentan empfehlen wir noch jährliche Untersuchungen des Hundes, um befallene

Siberian Huskies sind eine robuste, gesunde Rasse, trotzdem kommen einige Erbkrankheiten vor.

Tiere frühzeitig zu identifizieren. Viele Augenprobleme treten erst mit höherem Lebensalter auf.

HÜFTEN UND ELLBOGEN

Hüftgelenksdysplasie (HD) kann vererbt werden und ist bei bestimmten Rassen recht verbreitet. Im Grundsatz handelt es sich um ein schlecht geformtes Hüftgelenk, das Lageveränderungen und sehr schmerzhafte osteoarthritische Veränderungen der Gelenkknochen nach sich ziehen kann. Hunde, die unter Dysplasie der Hüftgelenke leiden, können in ihrer Bewegungsfähigkeit und damit auch in ihrer Lebensqualität eingeschränkt sein. Die Erkrankung muss also um jeden Preis verhindert werden! In der Regel haben Siberian Huskies sehr gute Hüften, trotzdem sollten die Hüftgelenke aller Hündinnen und Rüden, mit denen gezüchtet werden soll, röntgenologisch untersucht werden, damit die Dysplasie-Rate niedrig bleibt und die Gesundheit unserer Rasse, für die freie Bewegung von so besonderer Bedeutung ist, erhalten werden kann.

Auch die Ellbogengelenke können untersucht werden, obwohl hier bisher beim Siberian Husky keine erbliche Disposition festgestellt werden konnte - wie übrigens bei der HD auch. In Anbetracht der Tatsache, dass diese Untersuchungen alle vorbeugenden Charakter haben, wäre es trotzdem sinnvoll, sie mit Ihrem Tierarzt zu besprechen.

ZINKMANGEL

Der Zinkmangel wurde bereits im Abschnitt über die Hautkrankheiten kurz angesprochen. Obwohl dieses Problem beim Siberian Husky relativ selten vorkommt, scheint es doch erblich zu sein. Wenn Sie Zinkmangel bei einem Zuchthund bemerken, wäre es ratsam, in der Zucht eine Auskreuzung mit einer anderen Linie vorzunehmen, da diese Erkrankung für den Hund sehr unangenehm sein kann.

LIVER SHUNT (Porto-cavaler Shunt)

Dies ist ein erbliches Problem mit möglicherweise tödlichen Folgen. Die zur Leber führenden Blutbahnen sind nicht korrekt geformt, so dass die Blutzufuhr zur Leber verringert ist und die Leber nicht richtig funktionieren kann. Die Deformation kann sich außer- oder innerhalb der Leber befinden. Mitunter kann sie durch einen chirurgischen Eingriff behoben werden, in schwierigeren Fällen ist dies aber nicht möglich, so dass der Hund eventuell eingeschläfert werden muss. Die Erkrankung *kann* durch spezielle Ernährung und Medikamentengabe aufgehalten werden, der Erfolg einer Behandlung hängt aber davon ab, wie gravierend das Problem bei dem betreffenden Hund ist.

Diese Form der falsch angelegten Blutgefäß-Verbindung zur Leber ist als erbliche

Gesundheitsfürsorge und erbliche Krankheiten

Erkrankung bei einigen Rassen erkannt worden, scheint aber beim Siberian Husky nur sehr selten vorzukommen und auf einige wenige Blutlinien beschränkt zu sein. Dieses seltene Auftreten ist zwar einerseits erfreulich, macht aber andererseits die Identifikation von Hunden mit dieser erblichen Disposition und das Ausmerzen dieses Erbdefektes schwieriger. Solange noch keine Untersuchung des Genmaterials von möglichen Erbträgern möglich ist, ist es umso wichtiger, die betroffenen Zuchtlinien zu identifizieren, damit sichergestellt ist, dass das Problem sich nicht weiter vergrößert.

HYPERTHYREOSE

Auch Hyperthyreose ist eine erbliche Erkrankung und kommt bei Siberian Huskies relativ häufig vor. Die Symptome sind vielfältig, das klarste von ihnen ist jedoch, dass der Hund plötzlich lethargisch wird und seine übliche Energie verliert. Weitere Anzeichen für einen niedrigen Thyroidspiegel sind schlechte Fellqualität, Unfruchtbarkeit und generell schlechter Allgemeinzustand.

Die Erkrankung wird mittels einer Blutuntersuchung diagnostiziert und mit täglicher Medikamentengabe behandelt. Ohne Medikation lässt die Lebensqualität des Hundes schnell nach, die Erkrankung kann sogar zum Tod führen. Bei richtiger Behandlung kann der Hund jedoch durchaus ein normales, gesundes Leben führen. Wenn Sie vermuten, dass Ihr Hund unter Hyperthyreose leiden könnte, informieren Sie Ihren Tierarzt, dass sie bei Siberian Huskies erblich ist. Er kann die Erkrankung dann relativ früh in seiner Diagnose entweder ausschließen oder bestätigen, anstatt nach einer Nadel im Heuhaufen zu suchen.

UNFRUCHTBARKEIT

Unfruchtbarkeit ist bei Siberian Huskies kein weit verbreitetes Problem, da sie eine sehr natürlich gebliebene Rasse sind. Außerdem kann Unfruchtbarkeit natürlich nicht auf die Nachkommen vererbt werden!

MONORCHISMUS UND KRYPTORCHISMUS

Wesentlich weiter verbreitet ist das Problem des Kryptorchismus. Zur Begriffsklärung: Als Monorchiden bezeichnet man einen Rüden mit nur einem Hoden; der zweite Hoden ist gar nicht vorhanden, weder im Hodensack noch in der Bauchhöhle. Bilateraler oder doppelseitiger Kryptorchismus liegt vor, wenn zwar beide Hoden vorhanden sind, sich aber nicht im Hodensack befinden. Unilateraler oder einseitiger Kryptorchismus liegt vor, wenn sich nur ein Hoden im Hodensack befindet und der andere in der Bauchhöhle versteckt liegt.

Ihr Tierarzt ist in der Lage, einen versteckten Hoden zu lokalisieren. Ein

Frühe Anzeichen einer Hyperthyreose sind Lethargie und schlechte Kondition.

Kryptorchide sollte im Alter von etwa einem Jahr tierärztlich untersucht werden, da versteckt liegende Hoden einem erhöhten Krebsrisiko ausgesetzt sind. Regelmäßige jährliche Vorsorgeuntersuchungen sind ohnehin für alle Hunde ratsam – bei dieser Gelegenheit könnten auch Anzeichen für Gewebeveränderungen festgestellt werden. Viele Tierärzte empfehlen die routinemäßige Entfernung versteckter Hoden und meistens auch die gleichzeitige Kastration.

Überdenken Sie Ihren Entschluss jedoch gründlich, bevor Sie einer Kastration zustimmen. Das Wachstum des Haarkleides wird sowohl bei Rüden wie bei Hündinnen hormonell gesteuert. Nach einer Kastration fällt diese Steuerung weg, was bei einer Rasse mit ohnehin schon schwerem, dichtem Haarkleid wie dem Siberian Husky katastrophal enden kann. Wenn sich nur ein Hoden im Hodensack befindet, können Sie Ihren Tierarzt bitten, nur den in der Bauchhöhle liegenden Hoden zu entfernen, damit der verbleibende Hoden weiterhin die Hormone produzieren kann, die für ein normales Fellwachstum benötigt werden. Dies ist besonders wichtig bei einem Hund, der stark gearbeitet wird und unabdingbar bei einem sehr langhaarigen Siberian Husky.

Zum Thema Kastration wäre noch anzumerken: Hören Sie nicht auf Menschen, die zu einer Kastration raten, um dominantes Verhalten von Rüden zu unterdrücken. Das ist selten eine Lösung (nur bei Überproduktion von Testosteron)!

Ein langhaariger Siberian Husky sollte wenn möglich nicht kastriert werden, damit das Fell nicht noch schwerer wird.

IMPFUNGEN

Auch zum Thema Impfungen existieren verschiedene Meinungen. Die Tatsache, dass hoch ansteckende und tödlich verlaufende Viruserkrankungen bei Hunden heutzutage so gut wie ausgerottet sind, haben wir jedoch mit Sicherheit erfolgreichen Impfkampagnen zu verdanken. Sicherlich gibt es immer wieder Hunde, die in Gesundheit alt werden, ohne je geimpft worden zu sein - was aber sicher zu einem guten Teil daran liegt, dass alle anderen Hunde rundherum geimpft waren und das betreffende Individuum deshalb nie mit dem tödlichen Virus konfrontiert wurde. Die meisten Hundebesitzer lassen zumindest die Grundimmunisierung beim Welpen durchführen. Ob die Impfungen dann jährlich wiederholt werden, ist eine Frage der individuellen und tierärztlichen Handhabung. Eine ganze Reihe von Tierarztpraxen empfiehlt heute Impfungen im Abstand von drei Jahren und zwischenzeitliche Blutuntersuchungen zur Bestimmung des Immunitätsniveaus.

In einigen Ländern ist die regelmäßige Tollwutimpfung vorgeschrieben. Seit die englischen Quarantänebestimmungen gelockert wurden, dürfen Hunde auch von und nach England reisen, wenn bestimmte Impfungen nachgewiesen werden können. Alle nach England einreisenden Hunde müssen obligatorisch gegen Tollwut geimpft sein, innerhalb des Landes sind Wiederholungsimpfungen im Abstand von zwei Jahren Pflicht.

In den USA gibt es außerdem Impfungen

Gesundheitsfürsorge und erbliche Krankheiten

gegen die von Zecken übertragene Lyme-Borreliose. Lassen Sie sich von Ihrem Tierarzt beraten, welche Impfungen in Ihrer Heimatregion notwendig sind.

SONNENBRAND UND ÜBERHITZUNG

Es mag seltsam klingen, aber Siberian Huskies lieben die Hitze! An Winterabenden liegen sie vor dem offenen Kamin und im Sommer draußen in der Sonne. Es ist deshalb Ihre Aufgabe, für eine Regulierung zu sorgen und Acht zu geben, dass die Hunde keinen Sonnenbrand bekommen. Besonders weiße Hunde sind anfällig dafür, da ihre Haut nur von wenigen Pigmenten geschützt wird. Am stärksten gefährdet sind die Ohren. Wenn Sie sich die Ohren weißhaariger Hunde bei Sonnenschein ansehen, können Sie das Licht hindurchscheinen sehen - das Resultat sind Hautschäden und möglicherweise sogar Hautkrebs. Bei Katzen ist Hautkrebs heute gar nicht mehr so selten, unterschätzen Sie diese Möglichkeit deshalb nicht. Es macht Sinn, die Hundeohren mit einer Sonnenschutzcreme (hoher Lichtschutzfaktor) einzureiben und die Hunde in den Schatten zu locken, wenn sie zu lange in der Sonne gelegen haben. Stellen Sie sicher, dass den ganzen Tag über im Garten oder Auslauf genügend Schatten vorhanden ist. Schon eine einfache Decke oder ein Bettuch kann, an den Zaun gebunden und mit Pföstchen hochgehalten, guten Schutz bieten.

Während ein Sonnenbrand gesundheitsschädlich ist, kann ein Hitzschlag tödlich enden. Hitzschläge können das ganze Jahr über auftreten - als Resultat einer Überhitzung im Auto, Bewegung bei zu großer Wärme oder einfach von Überforderung. Wenn der Körper unter Hitzestress steht, kann intensives Hecheln des Hundes eine Hyperventilation und damit einen starken Abfall des Kohlendioxydgehaltes im Blut bewirken. Das Blut wird zu alkalisch und bringt den gesamten Stoffwechsel durcheinander. Wenn ein Hund erst einmal kollabiert, ist es wahrscheinlich, dass er schwere langfristige Hirnschäden davonträgt, selbst wenn er sich erholt zu haben scheint. Wenn Sie Ihre Hunde im Sommer (selbst zu kühleren Tageszeiten) einspannen, legen Sie regelmäßige Pausen ein und tränken Sie, und sei es nur, um den Konditionszustand der Hunde zu überprüfen. Wirklich ehrgeizige Hunde, besonders die größeren, gefährden sich leicht selbst, da sie sich überfordern, bevor sie selbst es merken. Achten Sie auf starkes, lautes Hecheln oder eine tiefrote Zunge, die ihre Farbe sogar ins Blaue verändern kann. Mit dem Zusatz von Elektrolyten (meist in Pulverform) ins Trinkwasser können Sie Flüssigkeits- und Salzverluste im Körper schneller ausgleichen und so den Stoffwechsel wieder ins Gleichgewicht bringen.

Natürlich sollte ein Hund bei Hitze niemals im Auto gelassen werden. Da

Weiße Hunde sind besonders anfällig für Sonnenbrand und Hautkrebs.

Hunde eine höhere Körpertemperatur haben als wir, ist die gefährliche Obergrenze viel schneller erreicht. Das Auto im Schatten zu parken und die Fenster etwas geöffnet zu lassen reicht nicht aus, um allen Problemen aus dem Weg zu gehen - die Sonne wandert, und offene Fenster allein sind noch keine Garantie für Luftzirkulation im Auto.

Da Hunde nur sehr beschränkt schwitzen können, ist innerliche und äußerliche Kühlung lebensrettend. Tauchen Sie den Hund als Erstmaßnahme in kühles (nicht kaltes) Wasser und bewegen Sie ihn zum Trinken. Suchen Sie aber immer sofort einen Tierarzt auf, wenn Sie den Verdacht auf einen Hitzschlag haben.

Siberans sind dafür bekannt, gern an ihren Pfoten zu nagen.

PFOTEN BEISSEN

Die Angewohnheit, an den eigenen Pfoten und Knöcheln zu kauen und zu beißen, ist bei Siberian Huskies weit verbreitet. Diese Hunde sind besonders um ihre Pfoten besorgt und mögen es in der Regel auch nicht, dort angefasst zu werden. Einige Hunde können Stunden damit zubringen, sitzend die Oberseite ihrer Vorderpfoten zu belecken und zu benagen. Sofern Sie sich überzeugt haben, dass nicht ein Schnitt, ein Kratzer oder eine andere Verletzung die Ursache für das plötzliche Interesse an einer bestimmten Pfote ist, ist dies kein Grund zur Besorgnis. Bei Hündinnen kommt dieses Verhalten öfter vor, wenn sie scheinträchtig sind. Es scheint so, als ob die Pfoten anstelle von »Welpen« eifrig beleckt werden. Bei vielen anderen Hündinnen und Rüden scheint es einfach eine Angewohnheit zu sein. Das Resultat ist oft sehr kurzes Haar auf der Pfotenoberseite. Da aber ansonsten kein Schaden entsteht, kann das Pfotenbeißen ignoriert werden. Es scheint, als ob es in diesem Verhalten auch eine erbliche Komponente gäbe, denn es wird auch bei Nachkommen beobachtet, die in anderer Umgebung groß geworden sind und es nicht durch Abschauen von den Eltern gelernt haben können.

STÖRUNGEN DES VERDAUUNGSSYSTEMS

DURCHFALL UND ERBRECHEN

Siberian Huskies haben, wie einige andere Rassen auch, ein etwas sensibles Verdauungssystem. Typisch scheint zu sein, dass vom Boden aufgelesener Kaugummi, sonstiger Abfall oder schmutziges Pfützenwasser keine oder nur wenig Störungen verursachen, während gutes, speziell zubereitetes Hundefutter Durchfall verursachen kann, sofern es nicht sehr sorgfältig ausgewählt wurde. Ein Trockenalleinfutter in Krokettenform und Spitzenqualität scheint dem Siberian Husky am besten zu bekommen. Der Abwechslung halber kann etwas frisches Fleisch oder Dosenfutter dazu gegeben werden, aber da das Trockenfutter bereits alle notwendigen Nährstoffe enthält, ist dies nicht eigentlich notwendig, sondern dient eher zur Befriedigung unseres eigenen Bedürfnisses, den Hunden einen interessanten Speiseplan zu bieten. Wir empfehlen, dem Trockenfutter kurz vor dem Verfüttern warmes oder kaltes Wasser hinzuzusetzen - in der Regel reicht das aus, um Ihren Hund gesund zu erhalten.

Eine weitere häufige Ursache für

futterbedingten Durchfall ist Überfütterung. Füttern Sie anfangs etwas weniger als die empfohlene Menge und steigern Sie dann allmählich, damit Sie erkennen können, ab welchem Punkt möglicherweise Probleme auftreten.

Da das Verdauungssystem des Hundes keine Enzyme zur Aufspaltung von Rohfaser enthält, sollten preiswerte Flockenmischfutter vermieden werden. Diese können durchaus Verdauungsprobleme verursachen, vor allem aber müssen Sie größere Mengen füttern, um den Anteil des unverdaulichen Materials auszugleichen.

Bei allen Hunden (wie auch beim Menschen) können natürlich auch infektionsbedingte Verdauungsstörungen auftreten. Auch wenn sich das Problem oft von selbst löst, ist doch ein Tierarztbesuch angebracht, um das eigene Gewissen zu beruhigen. Eine besonders unangenehme Infektion bedarf hingegen schon der Behandlung mit Antibiotika oder flüssigen Medikamenten, ein Anruf beim Tierarzt ist deshalb ratsam. Hüten Sie sich jedoch vor einem Tierarzt, der Ihnen ein anderes Futter empfiehlt, um den Hund wieder auf Vordermann zu bringen. Viel besser ist es, 24 Stunden lang überhaupt nichts zu füttern - ein anderes Futter könnte leicht zu erneutem Durchfall führen!

Durchfall und Erbrechen können auch Resultat einer Vergiftung sein, wenn Ihr Husky gerne in Dingen herumsucht, die ihn nichts angehen. Besonders bei Welpen, die noch nicht über die Erfahrung erwachsener Hunde verfügen, was gut für sie ist und was nicht, besteht diese Gefahr. Wenn Sie den Verdacht haben, dass Ihr Husky irgendetwas für ihn Giftiges gefressen hat, suchen Sie unverzüglich den Tierarzt auf.

MAGENDREHUNG
Magendrehungen kommen beim Siberian Husky selten vor. Zu den Ursachen dieser Erkrankung gibt es zahlreiche Theorien, mit Sicherheit spielt aber auch eine rassespezifische Disposition eine Rolle. Zur Vorbeugung sind vor allem vernünftig geplante Ernährung und Bewegung wichtig. Es wird geraten, lieber täglich zwei kleinere Mahlzeiten als eine große zu füttern, Bewegung unmittelbar nach der Futteraufnahme zu beschränken und die Hunde zu nicht so hastigem Fressen zu bewegen. Letzteres kann erreicht werden, indem man ein paar große Kugeln oder Kieselsteine (mindestens 6 - 7 cm Durchmesser) mit in den Futternapf legt, so dass der Hund gezwungen wird, um sie herum zu fressen - so kann er sein Futter nicht herunterschlingen.

8 ZUCHT UND AUFZUCHT EINES WURFES

Die alte Auffassung, dass jede Hündin einen Wurf haben müsse weil dies gut für sie sei, ist heute als völlig abwegig entlarvt. Sie sollten nur dann einen Wurf planen, wenn Sie mindestens einen der Nachkommen behalten möchten und wenn Sie sich ernsthaft der Rasse und deren künftigem Bestand verschrieben haben. Planen Sie *niemals* einen Wurf aus der Absicht heraus, alle Welpen verkaufen zu wollen. Das wäre unverantwortliches Profitdenken - egal, ob Sie erfahrener Züchter oder Neuling sind. So werden einfach nur mehr Welpen mit ungewisser Zukunft in die Welt gesetzt, besonders bei einer so spezialisierten Rasse wie dem Siberian Husky.

Jeder von uns ist der Meinung, dass er seinen Hunden das bestmögliche Zuhause bietet. Wenn Sie auch so denken, werden Sie schnell merken, wie schmerzlich es sein kann, Welpen zu verkaufen. So sicher das neue Zuhause auch scheinen mag - Paare trennen sich, Babys werden geboren, Arbeitsplätze und äußere Umstände wechseln. Und dann gibt es immer wieder die Sorte von Welpenkäufern, der Sie ausführlich alles über die Rasse erklärt haben, die Ihnen versichern, alles verstanden zu haben und den Hund nie frei laufen zu lassen, und letzten Endes dann doch all Ihre Warnungen in den Wind schlagen.

IHRE HÜNDIN – EINE ZUCHTHÜNDIN?

Wenn Sie züchten möchten, sollten Sie sich vorher vergewissern, ob Ihre Hündin ein bestmögliches Exemplar ihrer Rasse ist. Die Versuchung, von Ihrer ersten Hündin zu züchten, ist enorm, denn Sie lieben sie innig und für Sie wird sie immer die Beste sein. Wenn Sie aber in der Zucht fortfahren möchten - auch wenn Sie nur einen einzigen Wurf planen - bedenken Sie, dass sich die Dinge schneller ändern, als Sie es selbst merken, denn Ihre erste Nachzucht bildet die Basis für Ihr gesamtes künftiges Zuchtprogramm. Diese Tatsache bleibt immer zutreffend und wichtig, egal, ob Sie mit den Hunden arbeiten, sie ausstellen oder sie lediglich als Haustiere haben möchten.

Versuchen Sie also, Ihre Hündin mit anderen Siberian Huskies zu vergleichen. Beim eigenen Hund fällt es natürlich schwer, objektiv zu sein. Wenn es Ihnen Mühe macht, sich selbst gegenüber ehrlich zu sein, befragen Sie Dritte - Richter, den Züchter, andere Hundebesitzer - und machen Sie sich auch auf Kritik gefasst. Nur dann können Sie ein fundiertes Urteil über die Zuchteignung fällen.

Wenn Sie mit Ihrer Hündin arbeiten und Nachzucht für Ihr eigenes Schlittenhundeteam haben möchten, ist die wichtigste Überlegung, wie sie sich im Geschirr bewährt hat. Ansonsten ist der Gedanke, eventuell mit ihr züchten zu wollen, reine Zeitverschwendung. Selbst wenn Sie nur diese eine Hündin besitzen und sie zum Training mit den Hunden anderer zusammengespannt haben, wissen Sie, ob ihr das Arbeiten Spaß macht. Wenn sie nur halbherzig bei der Sache ist oder sich gerade eben so mit der Arbeit arrangiert, dann beginnen Sie von vorn und sehen Sie sich nach einer Hündin aus bewährten Arbeitshundelinien um. Falls sie aber wirklich mit Begeisterung arbeitet und Sie auch andere wichtige Aspekte wie gutes Wesen und guten Aufbau überprüft haben, dann legen Sie los.

Egal, was Ihr Beweggrund zum Züchten ist, einige Punkte werden Sie immer selbst am besten beurteilen können. Der wichtigste davon ist das Wesen. Der Siberian Husky ist ein unbekümmerter, freundlicher Hund mit einer gewissen natürlichen Reserviertheit. Wenn diese Beschreibung nicht auf Ihre Hündin zutrifft, züchten Sie nicht mit ihr. Viel zu viele Hunderassen wurden bereits ruiniert, weil Menschen sich einen schnellen Profit von der wachsenden Beliebtheit einer Rasse versprachen, ohne sich um das Wesen Gedanken zu machen. Dabei herausgekommen sind Hunde, die von ihrem Wesen her überhaupt nicht mehr dazu geeignet sind, mit Menschen zusammen zu leben. Mir selbst ist noch nie ein »bösartiger« Husky begegnet, aber denkbar wäre es - deshalb ist es so wichtig, immer ein Auge auf das Wesen der Hunde zu behalten.

AUSWAHL EINES ZUCHTRÜDEN

Diese Entscheidung kann eine der schwierigsten überhaupt sein. Wir alle beschäftigen uns mit den Möglichkeiten, vor allem, wenn mehrere in Frage kommende Rüden zur Verfügung stehen. Wenn Sie mit Ihren Hunden arbeiten oder sie ausstellen, wissen Sie, welche Rüden als die Spitzentiere gelten. Bei dieser Arbeitshunderasse muss die Hauptüberlegung immer sein, ob der Rüde gut im Geschirr läuft und ob er Arbeitseifer zeigt. Wenn wir diesen Eigenschaften im Zuchtprogramm nicht die gebührende Aufmerksamkeit widmen, könnten sie der Rasse schnell verloren

Bevor Sie auch nur darüber nachdenken, einmal zu züchten, muss klar sein, dass die Hündin von hoher Qualität ist.

Der Deckrüde muss von vorzüglichem Wesen sein.

gehen. Da der Rassestandard des Siberian Husky keinen Wert auf Fell- oder Augenfarbe legt, müssen auch Sie sich bei der Auswahl eines Zuchtrüden keine Gedanken darum machen. So bleibt Ihnen die Freiheit, sich auf Aufbau, Bewegungsablauf, Wesen, Gesamteindruck und Arbeitseifer zu konzentrieren.

GESUNDHEITSFRAGEN

Gesundheitliche Fragen sind natürlich ebenfalls von Belang. Die beim Siberian Husky vorkommenden Erbkrankheiten wie Glaukome, Grauer Star oder Kryptorchismus wurden ja bereits angesprochen. Es liegt auf der Hand, dass von einem Hund mit Grünem Star oder der Neigung dazu niemals gezüchtet werden sollte. Tierärzte raten dazu, dass alle Hunde mit beispielsweise erblich bedingtem Grauen Star mitsamt allen Geschwistern und den Eltern aus jeglichem Zuchtprogramm ausgeschlossen werden sollten. Dies wäre das Ideal in einer perfekten Welt, da so aber in vielen Fällen ansonsten exzellente Hunde ausgeschlossen würden, gilt es immer, das Für und Wider sorgfältig gegeneinander abzuwägen. Diskutieren Sie die Zuchteignung einer bestimmten Hündin oder eines bestimmten Rüden mit einem Rassespezialisten, bevor Sie weiter überlegen. Eine gute Methode, um bestimmte Merkmale genetisch zu festigen, ist die Linienzucht. Hin und wieder kann es aber auch wichtig sein, Auskreuzungen vorzunehmen, um so Erbkrankheiten zu verhindern.

Es ist zu hoffen, dass in relativ naher Zukunft Methoden zur Genanalyse zur Verfügung stehen werden, mit deren Hilfe man die Träger bestimmter Erbkrankheiten in der Zucht des Siberian Husky identifizieren kann, ohne alle Wurfgeschwister ebenfalls ausschließen zu müssen, die das betreffende Gen möglicherweise gar nicht tragen.

In der Zwischenzeit besteht die beste Vorgehensweise darin, alle Möglichkeiten mit Experten der Siberian Husky-Zucht durchzusprechen und nur dann weiterzumachen, wenn man sich sicher ist, die erste Wahl getroffen zu haben. Nehmen Sie niemals den Rüden »um die Ecke« nur deshalb, weil er so leicht verfügbar ist!

VOM RICHTIGEN ZEITPUNKT

Die meisten Deckrüdenbesitzer bevorzugen es, wenn die Hündinnen zu ihnen gebracht werden. Der Rüde ist in seinem eigenen Revier entspannter und muss nicht die erste halbe Stunde damit verbringen, seine neue Umgebung zu erkunden.

Die meisten Menschen bringen ihre Hündin zu früh zum Rüden. Verständlich, denn wir alle sind ungeduldig – wenn die Hündin aber noch nicht bereit ist, bedeutet dies Stress und Frustration sowohl für sie selbst als auch für den Rüden. In der Regel ist es früh genug, die Hündin zwischen dem zwölften und vierzehnten Tag ihrer Hitze zum Rüden zu bringen. Manche Hündinnen sind aber nicht vor dem zwanzigsten Tag, oder sogar noch später bereit.

Zucht und Aufzucht eines Wurfes

WIEDERHOLTES DECKEN
Meistens werden zwei Deckakte durchgeführt, aber überlassen Sie diese Entscheidung besser Ihrer Hündin. Falls Sie sich bereit zeigt, ein zweites Mal gedeckt zu werden – umso besser; ist sie von dieser Idee aber sichtlich nicht begeistert, könnte dies bedeuten, dass sie bereits aufgenommen hat. In diesem Fall sollten Sie nicht weiter darauf bestehen. Überhaupt ist es nicht sinnvoll, innerhalb von 48 Stunden ein zweites Mal decken zu lassen, da Sperma genau über diesen Zeitraum aktiv bleibt. Beobachten Sie, wie Ihre Hündin in den nächsten Tagen nach dem Heimkommen auf andere Rüden reagiert. Wenn sie noch interessiert erscheint, bringen Sie sie zum Decken zurück. Verlassen Sie sich auf die Instinkte Ihrer Hündin: kein Lehrbuch kann sie übertreffen!

DAS DECKEN
In der Regel beaufsichtigt der Besitzer des Rüden das Decken, wird Sie aber bitten, Ihre Hündin festzuhalten, sobald die Phase des Hängens begonnen hat. Eine in dieser Situation zappelnde Hündin kann dem Rüden Probleme bereiten, besonders, wenn er noch jung und unerfahren ist. Eine Beruhigung der Hündin ist deshalb hilfreich. Von dieser Ausnahme abgesehen sollte es Siberian Huskies aber gestattet sein, alleine mit der Situation umzugehen.

Beaufsichtigen Sie die beiden sich in der Regel fremden Hunde unbedingt, aber überlassen Sie sie ansonsten sich selbst. Warum Menschen in einem solchen Maß in das Geschehen eingreifen, wie sie es bei manchen Rassen tun, entzieht sich jedem Verständnis!

Das Hängen kann nur wenige oder bis zu zwanzig und dreißig Minuten dauern. Letzteres ist für alle Anwesenden ermüdend, aber wenn sich die beiden erst einmal voneinander getrennt haben, bleibt Ihnen nur noch, sie zu loben, ihnen eine kleine Körpertoilette zu gestatten und sich auf den Heimweg zu machen. Kommen Sie in ein paar Tagen wieder, wenn das praktikabel ist, denken Sie aber an das bereits oben Gesagte.

DIE DECKBESCHEINIGUNG / DER DECKSCHEIN
Es liegt in der Verantwortung des Rüdenbesitzers, das Formular der Deckbescheinigung auszufüllen und Ihnen zu übergeben, bevor Sie nach Hause fahren. Meist bekommen Sie dieses Papier, sobald Sie die Deckgebühr bezahlt haben. Mit ihm wird der Deckvorgang bescheinigt und Sie benötigen es später, um den Wurf und die Namen der einzelnen Welpen registrieren zu lassen.

DIE TRAGENDE HÜNDIN
Jetzt beginnt die Zeit des großen Wartens. Neun Wochen können sehr langsam vergehen, wenn Sie auf die Ankunft Ihres Wurfes warten! Es gibt aber keinen Grund, Ihre Hündin wesentlich anders zu behandeln als bisher. Falls Ihre Hündin zu den eher Schlanken gehört und bereits unter normalen Umständen ein schlechter Fresser ist, ist es ratsam, ihre Futterration in den letzten Wochen um etwa zwanzig Prozent zu steigern. Falls Sie mit Ihren Hunden arbeiten, können Sie die Hündin auch weiterhin in einem nicht zu schnellen Team fahren. Einige Besitzer nehmen tragende Hündin völlig aus der Arbeit heraus, andere lassen sie bis zur fünften Woche weiter arbeiten. Falls Sie sich für die erste Variante entscheiden, stellen Sie sicher, dass die Hündin genügend Bewegung an der Leine bekommt. Den wenigsten Siberian Huskies gefällt ein Dasein als reiner Sofarutscher!

Haben Sie immer ein wachsames Auge auf Ihre tragende Hündin.

Außerdem fällt es Ihnen viel leichter, die Hündin nach Aufzucht der Welpen wieder zurück ins Training zu nehmen, wenn sie auch vorher regelmäßig bewegt wurde.

Ab der dritten Woche können Sie Ihre Hündin mit Ultraschall untersuchen lassen um so recht genau herauszufinden, wie viele Welpen sie erwartet. Alternativ warten Sie es einfach ab, bis es so weit ist. Behalten Sie auch dann zum errechneten Wurftermin ein Auge auf die Hündin, wenn Sie meinen, dass sie gar nicht tragend ist. Siberian Huskies haben geradezu ein Talent dafür, einen einzigen Welpen versteckt zu tragen und ihn gerade dann auf die Welt zu bringen, wenn Sie dachten, dass kein Nachwuchs zu erwarten ist!

VORBEREITUNGEN AUF DEN WURF
Die meisten Hündinnen verweigern etwa vierundzwanzig Stunden vor dem Werfen ihr Futter. Bereiten Sie ein Lager vor, in dem sie den Wurf zur Welt bringen und auch während der nächsten drei Wochen bleiben kann. Verschiedene Typen von Wurfkisten sind erhältlich. Das altbewährte Modell mit Abstandsleisten ist immer noch beliebt, da die Welpen darin hinter ihrer Mutter liegen können, ohne erdrückt zu werden. Selbst der fürsorglichsten Mutter könnte es passieren, dass sie einen hinter ihr versteckten Welpen nicht bemerkt. Dieser kann innerhalb weniger Stunden auskühlen und sterben, wenn er unentdeckt bleibt.

Hündinnen bevorzugen meist geschlossene Wurfkisten, die eine Beobachtung für den Menschen jedoch natürlich schwieriger machen. Ein großer Vorteil der geschlossenen Kiste ist, dass die Wärme darin besser zurückgehalten wird. Auf alle Fälle ist es aber ratsam, den Raum zu heizen oder eine Heizlampe über die Wurfkiste zu hängen. Der Hündin wird es so zwar möglicherweise zu warm, Welpen aber haben nur wenig Möglichkeiten, ihre Körpertemperatur selbst aufrecht zu erhalten und benötigen die zusätzliche Wärme selbst an warmen Tagen.

Lassen Sie die Hündin sich an den neu eingerichteten Raum gewöhnen, besonders wenn sie sonst keinen Zugang zu diesem Teil des Hauses hat. Wichtig ist, dass andere Haustiere von ihr ferngehalten werden, sie darf aber auch nicht so isoliert werden, dass die Welpen aufwachsen, ohne die normalen Haushaltsgeräusche zu hören. Der Hauswirtschaftsraum oder sogar ein großer Schrank in der Küche (mit offener Tür!) eignen sich gut. Die meisten Hündinnen suchen sich am liebsten selbst den Platz aus, an dem sie ihre Welpen zur Welt bringen möchten. Oft ist dies der unpassendste und unbequemste Platz (in Ihren Augen!), weshalb Sie möglicherweise auf Ihrer Wahl bestehen müssen. Die Ankunft der Welpen wird oft durch eine wilde Anwandlung von Kratzen und Scharren auf dem Fußboden oder in der Wurfkiste angekündigt. Geben Sie also der Hündin genügend alte Zeitungen, damit sie

Zucht und Aufzucht eines Wurfes

ihrem Trieb zum Nestbau nachkommen kann. Aufgeräumt kann werden, wenn die Welpen erst da sind!

Stellen Sie außerdem einen Pappkarton mit einer in ein Handtuch oder in eine Decke eingewickelten Wärmflasche bereit, in den Sie die ersten Welpen legen können, während die anderen noch geboren werden. Eine Schere mit abgerundeten Enden tut gute Dienste. Für den Fall der Fälle sollten auch ein gutes Milchersatzpulver und eine Babytrinkflasche oder eine Einwegspritze vorhanden sein.

DIE GEBURT

Sobald die ersten Welpen das Licht der Welt erblicken, werden Sie auf Trab gehalten. Zwar sind Siberian Huskies sehr instinktsichere Hunde und kommen auch gut alleine zurecht, aber trotzdem lohnt es sich, ein wenig auszuhelfen, vor allem beim ersten Wurf einer Hündin. Kontrollieren Sie bei der Geburt jedes Welpen, ob die Atemwege frei sind und entfernen Sie die Fruchthülle um Fang und Gesicht. In diesem Stadium ist der Welpe immer noch über die Nabelschnur mit der Mutter verbunden. Die Hündin beißt diese durch und frisst die Plazenta auf. Die Plazenten enthalten viele wertvolle Nährstoffe, weshalb Sie der Hündin gerne gestatten sollten, einige davon zu fressen. Räumen Sie aber möglichst auch ein paar auf die Seite, denn zu große Mengen können für die Verdauung durchaus ein harter Brocken sein! Möglicherweise müssen Sie beim Abnabeln des Welpen behilflich sein, indem Sie die Nabelschnur durchtrennen. Schneiden Sie die Nabelschnur in diesem Fall mindestens zehn Zentimeter vom Bauch des Welpen entfernt ab. Das restliche Ende wird eintrocknen und ungefähr innerhalb der nächsten vierundzwanzig Stunden von selbst abfallen.

Die Welpen werden in verschiedenen Zeitabständen geboren – es können fünfzehn Minuten dazwischen liegen, manchmal aber auch zwei Stunden. Falls Ihre Hündin länger als anderthalb Stunden lang Wehen zeigt, ohne einen Welpen zu werfen, verständigen Sie den Tierarzt – es könnte ein Problem geben. Ihr Tierarzt wird Ihnen sagen, was zu tun ist. Wichtig ist nur, die Hündin nicht in ihren Wehen alleine zu lassen, ohne etwas zu unternehmen. Auch vor der Geburt des ersten Welpen sollte die Hündin nicht mehr als zwei Stunden lang Wehen haben – ansonsten ist tierärztlicher Rat gefragt.

Mit einem weichen, sauberen Handtuch können Sie beim Abtrocknen der Welpen helfen, aber überlassen Sie dabei das meiste der Hündin. Für sie ist es wichtig, eine enge Beziehung zu ihren Welpen zu knüpfen, weshalb zu viel Einmischung sie stören könnte. Die meisten Siberian Husky Hündinnen sind in dieser Hinsicht sehr unkomplizierte, aber dennoch fürsorgliche Mütter und erfüllen die Mutterrolle mit größter Selbstverständlichkeit.

Stellen Sie sicher, dass die Mutter auch irgendwann einmal hinauskommt, um sich zu lösen, denn sie ist so mit ihren Welpen beschäftigt, dass sie sie nicht verlassen möchte. Bringen Sie sie kurz hinaus, aber nur an Halsband und Leine, damit Sie garantieren können, dass nicht ein weiterer Welpe im Garten zur Welt kommt – was kein ungewöhnliches Vorkommnis wäre!

NACH DER GEBURT

Wechseln Sie die Einlagen der Wurfkiste aus, legen Sie neues Zeitungspapier und frisches Vedbet aus, sobald alle Welpen auf der Welt sind. Besonders letzteres ist wichtig, damit die Welpen einen gewissen Halt haben, um zu Mama zu gelangen und während des Saugens nicht wegrutschen.

Zwei Wochen alte Welpen. In diesem Stadium, eine Woche vor der Entwöhnung, gibt es für den Züchter überraschend wenig zu tun.

Außerdem hält es schön warm. Welpen können sich sogar schon kurz nach der Geburt erstaunlich gut bewegen, aber sie benötigen dazu einen griffigen Untergrund und nicht nur Zeitungspapier.

Jetzt ist es ratsam, den Tierarzt zu einem kurzen Hausbesuch zu bitten, damit er überprüfen kann, ob alle Welpen geboren sind, keine Nachgeburten zurückgeblieben und Hündin und Welpen wohlauf sind.

Danach gibt es nur noch wenig für Sie zu tun – außer den Welpen beim Wachsen zuzusehen, bis sie alt genug sind, um entwöhnt zu werden. Die meisten Züchter wiegen die Welpen während der ersten Woche jeden Tag und später nur noch ein- bis zweimal pro Woche.

Machen Sie sich auf einen Gewichtsverlust der Welpen einen Tag nach der Geburt gefasst, denn die Milch der Hündin beginnt erst vierundzwanzig Stunden nach dem ersten Saugen richtig zu fließen. Das ist völlig normal und danach werden Sie eine gleichmäßige Gewichtszunahme beobachten können.

ENTWÖHNUNG

Sobald die Welpen drei Wochen alt sind, sollten Sie mit der Entwöhnung beginnen. Falls der Wurf sehr groß ist oder ein oder zwei Welpen nicht so schnell wachsen wie die anderen, müssen Sie eventuell schon früher entwöhnen. Züchter empfehlen oft die verschiedensten Futtermittel für Welpen, das einfachste und zuverlässigste ist jedoch zweifellos ein gutes Welpen-Komplettfutter.

Wählen Sie ein sehr gutes Markenprodukt aus und weichen Sie es etwas ein, bis eine breiige Paste entsteht. Streichen Sie etwas davon in den Fang jedes Welpen, damit er sich an den Geschmack gewöhnen kann. Es wird nicht lange dauern, bis alle zum Angriff auf die Futterschüssel starten und so viel Futter von Ihnen verlangen, wie Sie zu geben gewillt sind (oder die Bäuche der Welpen vorgeben). Wenn alle ein wenig gefuttert haben, geben Sie sie zurück zu Mama, die sie wäscht und weiter säugt.

Um zu verhindern, dass die Hündin misstrauisch wird, ist es gut, sie beim Füttern dabei sein zu lassen. In vielen Fällen ist es aber auch besser, sie währenddessen von den Welpen zu trennen, damit sichergestellt ist, dass die Welpen das Futter bekommen und nicht die Mutter!

Erhöhen Sie allmählich die tägliche Futtermenge, bis Sie bei der vom Hersteller empfohlenen Ration für die jeweilige Altersgruppe angelangt sind. Diese Menge sollte dann auf vier Mahlzeiten verteilt werden. Wenn die Welpen zwölf Wochen alt sind, können Sie auf drei Mahlzeiten reduzieren, mit sechs Monaten auf zwei. Die häufigste Ursache für Durchfallerkrankungen in diesem Alter ist Überfütterung. Falls dies passiert, reduzieren Sie sofort die Futtermenge und führen Sie die Rationssteigerungen langsamer durch.

Selbst bei erwachsenen Hunden empfiehlt es sich eher, lieber zwei Mahlzeiten pro Tag zu geben als nur eine einzige. Bei zwei Mahlzeiten ist die Menge des aufgenommenen Futters pro Mahlzeit halbiert, was besser, weil weniger belastend für das Verdauungssystem des Hundes ist. Außerdem wird so das Leben für die Hunde interessanter! Wir würden schließlich auch nicht gerne unsere gesamte Tagesration in einer einzigen Mahlzeit essen müssen, warum also sollten wir dies unseren vierbeinigen Freunden zumuten?

Im Alter von drei Wochen nehmen die Welpen schon feste Nahrung zu sich.

ENTWURMUNGEN
Sowohl in Bezug auf Impfungen als auch auf Entwurmungen sind die Meinungen von Tierarzt zu Tierarzt verschieden. Befragen Sie deshalb den Ihren, welche Mittel er empfiehlt und in welchem Alter die Welpen am besten geimpft werden sollen.

Alle Welpen haben Würmer, mit denen sie sich über die Muttermilch infiziert haben. Es ist deshalb unerlässlich, sie während der ersten Lebenswochen regelmäßig zu entwurmen. Wenn die Hündin ihre Welpen säubert, verschluckt sie aufs Neue Wurmeier, die sich wiederum in ihr entwickeln und über die Milch an die Welpen zurückgegeben werden – ein richtiger Zyklus ist in Gang gekommen. Ihn zu durchbrechen kann besonders schwierig sein, wenn die Welpen das Verhalten der Mutter abschauen und beginnen, sich

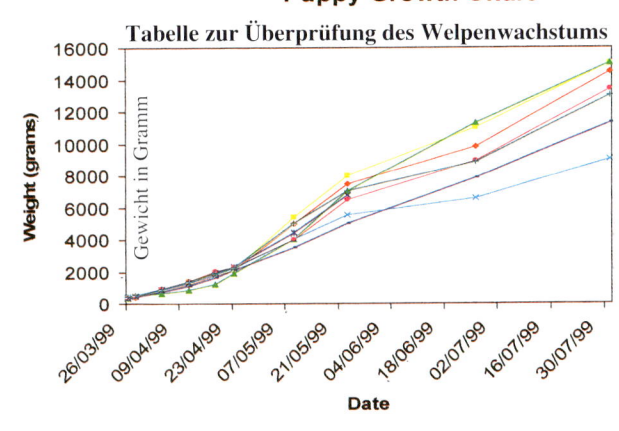

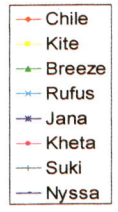

Hier sehen Sie die Wachstumsraten eines typischen Siberian Husky-Wurfes.

gegenseitig von den Ausscheidungen zu befreien. Wir finden dieses recht häufig vorkommende Verhalten abstoßend, für die Hunde ist es jedoch vollkommen normal. Den meisten Menschen, deren Hunde Kot fressen, ist dies zu peinlich, um darüber zu sprechen – weshalb sie nie erfahren, wie verbreitet dieses Verhalten ist. Bei Junghunden wächst sich diese Angewohnheit mit dem Älterwerden oft einfach aus, manchmal wird sie aber auch im Erwachsenenalter beibehalten. Aber wie es auch sei, machen Sie sich keine großen Gedanken darum: für uns mag es unangenehm sein, der Hund aber sieht die Dinge ganz anders!

In der Regel wird empfohlen, Entwurmungen im Alter von vier, sechs und acht Wochen durchzuführen (eine gleichzeitige Entwurmung der Mutter ist nötig, solange die Welpen saugen) und dann bis zu einem Alter von sechs Monaten in monatlichen Abständen. Erwachsene Hunde sollten später zweimal jährlich entwurmt werden. Wurmmittel gibt es in verschiedener Form: Tabletten, Paste und Sirup. Am einfachsten zu verabreichen ist der Sirup, vor allem bei Welpen. Beachten Sie die Anweisungen Ihres Tierarztes und notieren Sie, wann Sie welches Mittel gegeben haben.

IMPFUNGEN

Impfungen sind ein viel diskutiertes Thema. Fest steht lediglich, dass das beinahe vollständige Verschwinden hochansteckender, tödlicher Viruserkrankungen so gut wie vollständig auf effektive Impfmaßnahmen zurückzuführen ist. Die meisten Besitzer lassen zumindest die Grundimpfungen bei den Welpen durchführen. Ob diese dann jährlich wiederholt werden, ist Sache des Einzelnen und der Handhabung des jeweiligen Tierarztes. Wie bereits im Kapitel über die Gesundheit erwähnt, empfehlen viele Tierarztpraxen heute Impfungen in Abständen von drei Jahren und dazwischen Blutuntersuchungen zur Feststellung des Immunitätsgrades.

FRÜHE SOZIALISATION

Die ersten Impfungen werden in der Regel mit acht oder neun Wochen gegeben, die Wiederholungsimpfung zwei bis drei Wochen später. Nach Ablauf von zwei weiteren Wochen sind die Welpen bereit, die große weite Welt zu entdecken! Diese Vorgehensweise hat jedoch einen großen Haken: wenn man sie streng befolgt, bedeutet sie, dass die Welpen nicht herauskommen, bis sie fast vier Monate alt sind – und das kann ernste Folgen für ihre Sozialisation und ihr Selbstbewusstsein haben. Es ist deshalb wichtig, dass sowohl der Züchter als auch der neue Besitzer für so viel Sozialisation wie möglich sorgen.

Der Welpe sollte schon ab einem Alter von drei Wochen sozialisiert werden.

Zucht und Aufzucht eines Wurfes

Während der ersten drei Wochen werden Hündin und Welpen besser nicht gestört, wenn die Welpen aber erst entwöhnt sind, sollten sie mit so vielen Menschen wie möglich zusammenkommen und so viele verschiedene Geräusche wie möglich hören. Das Radio, die Waschmaschine und den Staubsauger in der Nähe laufen zu lassen ist eine gute Vorbereitung auf das spätere Leben der Welpen, vernachlässigen Sie deshalb diesen wichtigen Teil der Welpenaufzucht nicht.

PAPIERE
Mit dem Deckschein, den der Rüdenbesitzer zum Zeitpunkt des Deckens ausgefüllt und Ihnen übergeben hat, können Sie die Eintragung der Welpen beim entsprechenden Zuchtverband beantragen. Dazu benötigen Sie Namen (und alternative Namensvorschläge) für den gesamten Wurf. Sie müssen Angaben zu den Eltern, Farbe und Geschlecht der Welpen, Geburtsdatum und so weiter in ein Formblatt eintragen, das sie zusammen mit der Eintragungsgebühr so früh wie möglich an den Zuchtverband senden. So haben Sie die offiziellen Ahnentafeln für die Welpen schon zur Hand, wenn diese zu ihren neuen Besitzern gehen.

(Anmerkung der Übersetzerin: In Deutschland ist Abnahme durch einen Zuchtwart, der auch die Registrierung beim Club übernimmt, Pflicht.)

An dieser Stelle noch ein Wort zu weiterem Papierkram: viele Züchter bitten die Welpenkäufer, einen Vertrag zu unterzeichnen. So ist sichergestellt, dass auf beiden Seiten Klarheit über die Abmachungen herrscht und dass keine Zweifel über irgendwelche mündlichen Absprachen bestehen.

Wir nehmen außerdem einen Hinweis auf eventuelle Zucht- oder Exportbeschränkungen, die in der Ahnentafel des Welpen vermerkt sein könnten, mit in den Vertrag auf. Außerdem enthalten unsere Verträge eine Klausel, dass die neuen Besitzer den Hund zur Weitervermittlung an uns zurückgeben müssen, sollten sie irgendwann einmal nicht mehr in der Lage sein, den Hund weiter behalten zu können.

Erklären Sie den Käufern, was Sie von ihnen erwarten, geben Sie ihnen ein Exemplar des Vertrages mit und behalten Sie eines für Ihre Unterlagen. Für uns ist diese Vorgehensweise von unschätzbarem Wert. Jemand, der Ihre Vertragsbedingungen nicht unterzeichnen möchte (solange sie vernünftig sind), ist sicher nicht der richtige neue Besitzer Ihres Welpen.

VERSICHERUNG
Viele Tierhalterhaftpflichtversicherungen bieten eine sechswöchige Übergangsfrist nach der Abgabe des Welpen an einen neuen Besitzer an, während der er weiter versichert bleibt. Der Abschluss einer solchen Versicherung für Ihre Welpen ist sinnvoll.

Auch eine Tierkrankenversicherung macht sich bei einem Haushalt mit einem oder zwei Tieren unter Umständen bezahlt: für eine relativ niedrige Prämie sind Sie vor größeren Tierarztrechnungen sicher. Auch für Züchter kann sich eine solche Versicherung lohnen, denn die Kosten für einen Kaiserschnitt können hoch sein. Wenn Sie mehrere Hunde besitzen, rechnen sich Krankenversicherungen jedoch kaum, da die Kosten für die Beiträge bei weitem den eventuell zu erwartenden Nutzen übersteigen.

Schauen Sie sich die Angebote verschiedener Versicherer an und entscheiden dann, was sowohl am besten zu Ihrer Situation und der des neuen Besitzers passt.

Siberian Husky -Heute-

EIN GUTES ZUHAUSE FINDEN

Jetzt steht Ihnen der schwierigste Teil bevor. Der Siberian Husky ist nicht der richtige Hund für jedermann! Erstlingsbesitzer müssen echtes Interesse an der Rasse zeigen und davor gewarnt werden, den Hund frei laufen zu lassen. Auch müssen sie darauf hingewiesen werden, dass der Hund eventuell kleinere Tiere jagen kann. Es ist deshalb unerlässlich, dass Sie sich mit zukünftigen Besitzern treffen und dass diese sich völlig im Klaren darüber sind, welche Verpflichtung sie eingehen. In mancher Hinsicht ist es besser, an Menschen zu verkaufen, die bereits Siberian Huskies besitzen und die Rasse verstehen. Allerdings könnten diese nicht unbedingt an Ihrem Wurf interessiert sein, es sei denn, sie kennen Sie und Ihren Zwinger persönlich.

Das andere Problem beim Verkauf an »Husky-Leute« ist, dass diese möglicherweise (wie bei anderen Rassen auch) eher an den Arbeits- oder Ausstellungseigenschaften des Hundes interessiert sind als an der Freundschaft zu ihm, während Sie sich wünschen, dass Ihr Welpe in erster Linie ein liebevolles Zuhause als erwünschtes Familienmitglied findet.

Gute Möglichkeiten um Käufer zu finden können Anzeigen in Hundemagazinen, der Tageszeitung oder bei Welpenvermittlungsagenturen sein, oft sind mündliche Empfehlungen aber der beste Weg.

Seien Sie auf alle Fälle wachsam: überprüfen Sie die neuen Besitzer nochmals, nochmals und nochmals. Der Siberian Husky ist eine hoch spezialisierte Rasse und sollte nie an jemanden abgegeben werden, der ihn nur seines Aussehens wegen haben möchte. Natürlich sehen Siberian Huskies an der Leine toll aus – die meisten Menschen sind es aber dann sehr schnell leid, vom Hund durch den Park gezerrt zu werden und ihn nicht frei laufen lassen zu können; auch sind sie nicht begeistert, wenn ihr Garten ständig umgegraben wird und Katzen oder kleinere Hunde bedroht werden.

Machen Sie sich also auf Fehlschläge gefasst. Auch ein sorgfältig ausgesuchtes Zuhause kann sich als Problemfall entpuppen. Vor Scheidungen, Arbeitslosigkeit etc. ist niemand gefeit – und oft ist der Hund der Verlierer. Seien Sie immer bereit, gegebenenfalls auch später einen Hund aus Ihrer Zucht zurückzunehmen, wenn etwas schief gehen sollte. Tierheime sind nicht der beste Ort, um Siberian Huskies weiterzuvermitteln und spezielle Husky-Vermittlungsorganisationen sind meist hoffnungslos überlastet.

Sehr viele Menschen möchten gerne einen Siberian Husky haben - aber nicht alle sind als Besitzer eines Hundes dieser anspruchsvollen Rasse geeignet.

DER TAG DES ABSCHIEDS
Wenn die neuen Besitzer zur Abholung des Welpen ankommen sind, setzen Sie sich erst einmal gemütlich und abseits von den Welpen mit ihnen hin und erledigen Sie alle nötigen Formalitäten. Händigen Sie den Käufern das Antragsformular zum Besitzwechseleintrag beim Zuchtverband aus, die Ahnentafel und möglichst auch eine Versicherungspolice. Stellen Sie eine Quittung über den Kaufpreis aus und unterzeichnen Sie jetzt den Kaufvertrag, falls Sie einen solchen vorbereitet haben. Sprechen Sie mit den neuen Besitzern Ihre schriftlichen Fütterungs- und Pflegehinweise durch und klären Sie alle Fragen. Wenn all das erledigt ist, können Sie sich entspannen und zu den Welpen gehen.

Was Sie den Welpenkäufern mitgeben müssen:

- Ahnentafel
- Versicherungspolice
- Dokumente zur Eintragung beim Zuchtverband
- Quittung
- Kaufvertrag
- Schriftliche Fütterungs- und Pflegehinweise
- Muster des von Ihnen verwendeten Futters

Je nachdem wann die Käufer zum Abholen kommen und wie lang deren Heimweg ist, ist es besser, den Welpen am Abreisetag nicht mehr zu füttern, da dies aller Voraussicht nach auf dem Heimweg zu Übelkeit führen wird. Bitten Sie die Käufer, eine Decke oder ein Stofftier für den Welpen mitzubringen. Wenn Sie den ganzen Wurf mit diesem Gegenstand spielen lassen, riecht er später, wenn der Welpe alleine ist, vertraut nach seinen Geschwistern. Sehr ratsam ist

Sich von den Welpen zu verabschieden, kann traurig, aber auch erleichternd sein!

eine Transportbox, damit der Welpe ruhig auf der Fahrt schlafen kann. Jetzt zahlt es sich aus, wenn Sie bereits vorher die Gelegenheit hatten, die Welpen einige Male im Auto spazieren zu fahren (und sei es nur rund um den Block), denn so ist der Junghund bereits an die Fahrgeräusche gewöhnt und wird nicht mit zu vielen verschiedenen neuen Erfahrungen auf einmal konfrontiert.

Die meisten frischgebackenen Besitzer möchten ihren Welpen auf dem Schoß nach Hause transportieren. Das ist verständlich, aber in diesem Fall sollten Sie dazu raten, sich mitsamt Hund und Transportbox auf die Rückbank des Autos zu setzen, damit die Box zur Hand ist, wenn der Hund zu zappelig wird oder schlafen möchte. Falls der Welpe von einer Einzelperson abgeholt wird, müssen Sie auf der Verwendung eines Transportkäfigs bestehen. In der Regel machen Siberian Huskies beim Auto fahren keine Probleme, und je eher sie daran gewöhnt wurden, desto besser.

Ein kurzer Anruf der neuen Besitzer nach deren Ankunft zuhause hilft sicherlich, Sie selbst zu beruhigen. Ansonsten ist es aber vermutlich besser, die Käufer während der nächsten Tage in Ruhe zu lassen, damit sie sich in Ruhe an ihren neuen Hund gewöhnen können. Solange die Käufer wissen, dass sie Sie jederzeit erreichen und um Rat fragen können, wird auch alles die richtigen Wege gehen.

TIERHEIME UND VERMITTLUNG

Das Thema »Tierheime« wurde bereits kurz angesprochen, es lohnt jedoch, etwas mehr darüber nachzudenken, da die Zahl der zur Weitervermittlung stehenden Siberian Huskies gleichzeitig mit der Popularität der Rasse stark angestiegen ist.

Für so manch einen ist ein Husky aus dem Tierheim oder einer anderen Vermittlungsstelle die ideale Wahl. Die zeitaufwändige Aufzucht und Erziehung zur Stubenreinheit eines Junghundes fällt weg und ein erwachsener Hund kann sich leicht in ein neues Zuhause einfügen. Falls Sie Kinder und andere Haustiere haben, müssen Sie sich vorher vergewissern, dass der Hund daran gewöhnt ist, denn einem erwachsenen Hund ist es sehr viel schwerer klarzumachen als einem Junghund, dass er Babys und kleinere Tiere nicht mit den Pfoten bekratzen oder sogar nach ihnen schnappen darf.

Siberian Huskies werden im Verhältnis zur Kopfzahl der Rasse relativ häufig wieder abgegeben, was auf zwei Hauptgründe zurückzuführen ist: Erstens sind sich Käufer oft nicht bewusst, was sie da auf sich nehmen und/oder die Züchter kümmern sich nicht ausreichend um eine gute Platzierung ihrer Welpen. Zweitens haben viele Siberian Husky-Besitzer mehrere Hunde, so dass immer viele Hunde gleichzeitig heimatlos werden, wenn die Hundehaltung aufgegeben werden muss. Falls sich Interessenten an Sie wenden, die die richtige Sorte Mensch für einen Siberian Husky zu sein scheinen, sich aber unsicher sind, ob sie einen Welpen nehmen möchten, könnten dies ideale Kandidaten für einen Tierheim-Husky sein.

Nur selten sind Huskies aus Vermittlungsstellen Problemhunde, denn die Gründe für ihre Abgabe sind meistens die schon früher genannten. Oft sind sie sogar anhänglicher als der durchschnittliche, gewöhnlich etwas reservierte Siberian Husky, da sie nur zu froh sind, endlich ein neues und liebevolles Zuhause gefunden zu haben. Für die geeigneten Besitzer sind sie die richtige Wahl und können empfohlen werden.

EIN NEULING IM RUDEL

Falls jemals einer der von Ihnen gezüchteten Hunde vom Besitzer abgegeben werden muss, sollten Sie bereit sein, ihn zurückzunehmen oder zumindest für den Tierheimaufenthalt zu zahlen, bis ein passendes neues Zuhause gefunden ist. Falls Sie den Hund selbst behalten möchten, ist es relativ einfach, ihn in Ihr bestehendes Rudel zu integrieren, vorausgesetzt, die Gewöhnung findet langsam und allmählich statt - dies hängt aber von der Größe Ihres Rudels und dem Alter der Hunde ab.

Oft ist es besser, die Hunde unauffälliger miteinander bekannt zu machen, anstatt sie direkt zu konfrontieren. Zum Beispiel können Sie einen gemeinsamen Spaziergang unternehmen, bei dem die Hunde abgelenkt sind und an andere Dinge als den fremden Neuling denken; die Hunde in getrennten Transportkäfigen fahren, durch die sie sich zwar sehen und riechen, aber nicht berühren können und so weiter. So wird der ersten Begegnung die Spitze genommen.

Beobachten Sie dann zuhause weiter - im Idealfall stellen Sie dem Neuling einen Käfig zur Verfügung, in den er sich zurückziehen kann, wenn der Rest des Rudels zu

Zucht und Aufzucht eines Wurfes

Die erwachsenen Hunde demonstrieren dem Welpen gegenüber Dominanz, der sich vernünftigerweise unterwürfig zeigt.

Unterwerfung ist ein entscheidendes Verhalten, um Aggression anderer Hunde abzuwenden.

lästig wird. Lassen Sie den fremden Hund niemals vor Ablauf einiger Wochen mit dem Rest des Rudels alleine, auch wenn alle zusammen einen friedlich-entspannten Eindruck machen. Erst wenn Sie sich ganz sicher sind, dass keinerlei Spannungen mehr bestehen, können Sie alle alleine lassen. Das Gleiche gilt natürlich in noch stärkerem Maße, wenn Sie einen Welpen oder Junghund in ein bestehendes Rudel einführen, denn ein junger Hund kann von einem aufgebrachten, angreifenden Rudel leicht getötet werden. Ein erwachsener Hund hat zumindest den Vorteil der Körpergröße. Egal ob erwachsener Hund oder Welpe – lassen Sie immer Vorsicht walten, wenn Sie einen neuen Hund in ein bestehendes Rudel integrieren.

9 SIBERIAN HUSKIES IN GROSSBRITANNIEN

Der Siberian Husky ist mit Sicherheit auf dem Weg, in England zu einer sehr populären Rasse zu werden – immerhin ist die Zahl von nur einer kleinen Ausgangsbasis innerhalb von etwa dreißig Jahren auf ein beachtliches Maß angestiegen. Die ersten in neuerer Zeit importierten Hunde kamen mit US-amerikanischen Militärbediensteten und deren Familien nach England, die ihre Haustiere mit auf die Militärstützpunkte brachten.

Der erste Siberian Husky wurde erst im Jahr 1969 vom Kennel Club registriert. Es handelte sich um eine grau-weiße Hündin mit braunen Augen und dem Namen Yeso Pac's Tasha im Besitz von Bill und Jean Cracknell. Bill war amerikanischer Soldat und brachte Tasha, die erst eine Quarantäne absolvieren musste, mit nach England.

Tasha führte die bedeutenden New England Zuchtlinien, nämlich Monadnock, Alyeska, Igloo Pak und natürlich Yeso Pac. Die Cracknells importierten außerdem die schwarz-weiße Hündin Savdajaures Samovar aus dem Besitz von Anna Mae Forsberg. Ihre Ankunft fiel unglücklicherweise mit einer in England gerade herrschenden großen Angst vor Tollwut

Kenstaff Sascha ist Tochter eines Original-Siberian und wurde in den späten 1960er Jahren von der Familie Profitt importiert.

zusammen, so dass sie elf anstatt der üblichen sechs Monate in Quarantäne verbringen musste.

Noch vor dieser ersten Zuchtbucheintragung hatte das englische Ehepaar Profitt bereits während eines Schweizurlaubes Siberian Huskies gesehen. Die Rasse gefiel ihnen so gut, dass sie im Jahr 1968 die

Ch. Forstal's Mikishar the Amarok, aus Sicht des Führers links, war der erste Rüdenchampion Englands.

dunkelgrau, weiß und lohfarbene Hündin Togli importierten und außerdem noch aus dem norwegischen Zwinger von Helge and Benedict Ingstad den silbergrauen Rüden Killik. Togli stammte hauptsächlich aus der Seppala und der Alaskan Anadyr Linie. In den heutigen Pedigrees kann sie über ihre Töchter von dem Rüden Ilya of Northwood, die Wurfgeschwister Kenstaff Natasha und Kenstaff Sascha aus der Zucht der Profitts, wiedergefunden werden. Diese beiden Hunde waren im Besitz von Mrs. Liz Leich und Mrs. Christine Jackson.

Als Don und Liz Leich im Jahr 1971 aus den USA zurückkehrten, brachten sie Ilya und Douschka of Northwood mit. Obwohl beide Hunde den Zwingernamen »of Northwood« trugen, waren sie nicht miteinander verwandt. Im Jahr 1972 brachte Douschka den ersten Forstal-Wurf nach Savdajaures Samovar. Einer der Welpen, Sernik, war der erste rote Siberian Husky Englands.

DER ERSTE RÜDENCHAMPION

Seit diesen frühen Tagen hat es zahlreiche Importe aus den USA, Kanada, Europa und anderen Ländern gegeben. Viele der Hunde kamen aus erfolgreichen Arbeitszwingern, denn die Begeisterung, mit der Don und Liz Leich ihre Hunde im Geschirr laufen ließen und sie dazu verwendeten, wozu sie geschaffen waren, steckte andere an und entfachte eine Nachfrage nach bewährten Arbeitshundelinien.

Micnicroc's Nanuska (Savdajaures Samovar ex Yeso Pac's Tasha), eine grau-weiße Hündin, war die Mutter von Forstal's Mikishar the Amarok, bekannt als Miki, dem ersten Rüdenchampion Englands. Er war beinahe elf Jahre alt, als der Championstatus an die Rasse verliehen wurde. Nanuska stammte aus einem siebenköpfigen Wurf der Cracknells aus dem Jahr 1971. Einer der Welpen von Ilya und Douschka war Forstal's Kassan, der schwarz-weiße Vater Mikis. Miki, selbst grau-weiß, war Vater dreier Forstal Champions: Deki, ein weiterer Grau-Weißer aus der gescheckten Hündin Forstal Roy-a-lin Zarnetsa; Meshka, ein weiterer Grau-Weißer aus der ebenfalls gescheckten Hündin Ch. Forstal Kooshak; und Chutki, ein Schwarz-Weißer aus der gescheckten Hündin Roy-A-Lin's Apatchy Girl of Forstal, die von Linda Arnett aus den USA importiert worden war. Miki war nicht nur ein Champion auf Ausstellungen, sondern auch wichtiger Leithund des Forstal Zwingers, der vielen jungen Hunden im Training den richtigen Weg zeigte.

ZUGÄNGE AUS HOLLAND

Im Jahr 1981 hatte der Forstal Zwinger zwei bedeutende Zugänge aus Holland zu verzeichnen, die aus hervorragenden Arbeitshundelinien stammten: Goosack of Kolyma, ein schwarz-weißer Rüde (Alaskan's Pala of Anadyr ex Oleta of Kolyma) und Green Beret's Snowy Lyscha, eine grau-weiße Hündin (Alaskan's Unik Knik of Anadyr ex Stanawoi's Siwaga). Diese beiden waren Nachkommen der Alaskan Anadyr Linie - Lyscha's Großvater war Alaskan's Nicolai of Anadyr II, der berühmte Leithund von Earl und Natalie Norris (Betreiber des Alaskan Anadyr Zwingers in Alaska).

Der Star unter den Nachkommen

Goosack's war vermutlich Ch. Zoox Gadzheek, der auf dem Trail tolle Leistungen für Ian McRae erbrachte. Als Christine McRae ihn ausstellte, erreichte er auch im Ausstellungsring beachtlichen Erfolg, unter anderem den Titel »Best of Breed« auf Crufts 1986.

Dies war das erste Jahr, in dem Challenge Certificates an die Rasse vergeben wurden, und Crufts bot dazu die erste Gelegenheit. Als man der Rasse zum ersten Mal den Championatsstatus verlieh, gab es einige Diskussionen darum, ob die Rasse bereits ausgereift genug sei, um ins Scheinwerferlicht der Öffentlichkeit zu treten. Jedenfalls wurde der Status vergeben und die Beliebtheit der Rasse stieg seitdem weiter an.

Goosack kommt in den Ahnentafeln vieler der besten englischen Arbeits- und Ausstellungshunde vor. Ch. Forstal Meshka, ein Enkel von Goosack, brillierte jahrelang für Ali Koops auf Ausstellungen: er gewann dreizehn CC's, darunter BOB auf Crufts und Reservechampion in der Arbeitshundegruppe auf Crufts. Außerdem war er der erste Siberian Husky, der 1990 in Schottland den Titel »Best in Show« auf einer Championatsausstellung für alle Rassen gewann. Er war grau-weiß und Vater von drei weiteren Champions, Ch. Zima Zareenah of Wapello im Besitz von Sean und Janice Martin und aus dem Zwinger von Simon und Sheila Luxmoore; Ch. Alasam's Cold as Christmas (ex Skimarque Grey Dawn), ein Grau-weißer im Besitz von Mary Davidson, und Ch. Forstal Nikolaas, ein Grau-weißer, der ursprünglich aus Zucht und Besitz von Liz Leich stammte, die ihren Zwingernamen »Forstal« an Sally und Sheril Leich, Ali Koops und Brian Skilton weitergegeben hatte.

CHAMPIONS AUF AUSSTELLUNGEN UND DEM TRAIL

Die Mutter von Ch. Zima Zareenah war Ch. Zima Zala Snyegoorachka aus Zucht und Besitz der Luxmoores. Beany, wie sie genannt wurde, gewann den Titel »Best Opposite Sex« auf Crufts 1986 und das erste Hündinnen-CC in England. Im darauf folgenden Jahr gewann sie BOB auf Crufts und »Best in Show« auf der von Nancy Van Gelderen-Parker gerichteten Championatsausstellung, die zur Einweihung des Siberian Husky Club of Great Britain veranstaltet wurde.

Sie war grau-weiß und häufig unter den Siegerteams des Zima Zwingers in wichtigen Rennen zu finden. Beany's Vater war Wapahkwa's Avik, ein Grau-weißer, der 1975 von Nora Taylor aus Kanada importiert und Vater von elf Würfen wurde. Er war der Großvater von Ch. Valchonok's Prince of Forstal, BOB at Crufts in 1988.

Zwei weitere bemerkenswerte Kinder Goosacks, beides Leithunde und Ausstellungs-Champions, waren Ch. Forstal Kooshak und Ch. Forstal's Annyka of Zima.

Goosack of Kolyma kommt in vielen Ahnentafeln von Siberian Huskies vor.

Ch. Zima Zala Snyegoorachka, die erste mit einem CC ausgezeichnete Hündin Englands.

Roy-a-Lin's Apatchy Girl of Forstal, ein einflussreicher Import aus den USA.

Diese Hündinnen waren beide gescheckt – eine Farbe, die in den USA eine Zeit lang völlig außer Mode war und im Ausstellungsring schlecht bewertet wurde. Kooshak war die Mutter von Meshka. Annyka war Mutter eines weiteren großen Champions, Ch. Zima Toaki. Toaki hielt einen außergewöhnlichen Rekord, indem er mehr CC's (33), mehr Renn-Championtitel (5) und Runner-up Plätze (3) auf dem Trail gewann als jeder andere Siberian Husky.

Nachdem er das Zima-Team im Alter von zehn Jahren und neun Monaten zu seinem vierten Championatstitel auf dem Trail geführt hatte, gewann er sein viertes Crufts Challenge Certificate und wurde Best of Breed 1992 und 1995. Toaki und die anderen zeigen die echte Vielseitigkeit der Rasse, indem sie buchstäblich heute noch draußen auf dem Trail rennen und morgen, nach einem schnellen Bad, im Ausstellungsring stehen.

Roy-a-Lin's Apatchy Girl of Forstal, eine weitere gescheckte Hündin, war ein großzügiges Geschenk von Linda Arnett (USA) an die Familie Leich und kam tragend im Jahr 1975 an. Da es zu dieser Zeit in England nur wenige Blutlinien gab, war sie eine willkommene Ergänzung. Der Wurf versprach, einen hervorragenden Beitrag zur Zucht des Landes zu leisten, aber tragischerweise wurde Grüner Star diagnostiziert und die Möglichkeit, diese Linie weiter auszubauen, war verloren. Patchy war die Mutter von Kooshak.

Wir haben bereits Lyscha erwähnt, die Goosack in der Quarantäne Gesellschaft leistete. Beide waren Anfang der 1980er Jahre die besten Arbeitshunde, die man bis dahin in England je gesehen hatte und hätten sicherlich mit den besten Schlittenhunden aller Altersklassen mithalten können. Lyscha gab ihre Begabung und ihre Intelligenz als Leithund an Annyka weiter, die wiederum die erfolgreichste und intelligenteste Leithündin des Luxmoore Zwingers wurde.

Im Jahr 1983 importierte Frau Anna Sanchez aus Kanada die grau-weiße Hündin Snowmist's Omega aus der Ramey Familie. Omega brachte die hervorragende Arbeitshundeblutlinie des Zwingers »Doc Lombard's Igloo Pak« mit und war die Mutter von Joi Barnes's Ch. Asturias Vatrushka.

Als Christine Jackson 1984 von einem Deutschlandaufenthalt nach England zurückkehrte, brachte sie Dubchek of Mikrischa mit, einen Enkel von Ilya of Northwood und Sohn von Kenstaff Sascha. Ch. Zoox Dukara und Ch. Zoox Miduchenka (Inhaber von 17 Challenge Certificates) waren beide Töchter von Dubchek.

Siberian Husky -Heute-

Snowmist's Omega of Asturias, ein kanadischer Import aus einer Linie erfolgreicher Arbeitshunde.

NEUERE IMPORTE

In den späten 1970er Jahren nahm die Popularität des Schlittenhundesportes mit Siberian Huskies zu, und es wurden zahlreiche bewährte Schlittenhunde importiert, die bereits in den USA oder in Europa erfolgreich in Rennen gelaufen waren.

Unter diesen Hunden waren besonders die Sepp-Alta Siberians von Doug Willett erwähnenswert. In den frühen siebziger Jahren hatte Doug versucht, die Blutlinien des Markovo Zwingers (im Besitz von J. Bragg, Canada) wiederzubeleben, die direkt von der Seppala-Linie abstammten - einer sehr qualitätvollen Linie, deren Hunde für ihre Härte, Persönlichkeit und gutes Wesen bekannt waren: ein einziges Vergnügen, mit solchen Hunden zu leben und zu arbeiten. John und Kari Coyne brachten im Jahr 1987 Rachel und Queen of Sepp-Alta nach England. Herr Peter Carroll importierte 1988 von Frau Anneliese Braun-Witschel Nutuk of Sepp-Alta.

Rachel kam tragend an und brachte ihren Wurf, der sieben hervorragende Arbeitshunde enthielt, noch in der Quarantänezeit. Einer davon, Chukchi's Ditko of Sepp-Alta, gewann als Leithund des Luxmoore-Teams zwei Rennchampionate. Die Härte der Linie, aus der er stammte, wurde besonders deutlich, als er durch einen Unfall ein Auge verlor und trotzdem mit großem Erfolg weiter Rennen lief. Seine Wurfgeschwister Shango, Bear, Sunday, Helen und Ruby waren alle überdurchschnittliche Arbeitshunde. Leider sollte dies Rachel's einziger Wurf in England bleiben, da sie eine Infektion einfing und noch in der Quarantäne starb.

Der gegenüber abgebildete Ch. Skiivolk Ivan und Ch. Skiivolk Great Travis, beide aus dem Zwinger von Jenny Littlejohn und beide Rachel's Enkel, wurden in den Jahren 1994 und 1995 Champions. Ch. Kazachye's Susitna nach Rajarani, die ihren Titel 1995 erhielt, war eine Enkelin von Nutuk of Sepp-Alta.

In den späten 1980er Jahren importierten Garth und Jenny Littlejohn Alaskan Anadyr-Hunde aus Holland für ihren Skiivolk Zwinger. Alaskan's Nikolai III of Anadyr aus Alaska folgte 1990.

Im Jahr 1990 importierten die Luxmoores Alchi's Shannon aus dem Lokiboden Zwinger von Leigh and Susan Gilchrist in Ontario, Kanada – so gelangten die Lokiboden/Igloo Pak Linien nach England. Weitere Importe aus dem Zwinger der Gilchrists folgten, als Fred und Lisa Palmer die Hündin Vista's Amanda of Lokiboden und John und Lorraine Carter Lokiboden's Barrow und Lokiboden's Superior importierten.

In England gibt es nur begrenzten Raum für Schlittenhunderennen mit Huskies. Der Sport kann nicht im Verborgenen stattfinden, und wir erhalten uns die Möglichkeit zu seiner Ausübung dadurch, dass wir einen sorgsamen und verantwortungsvollen

Ch. Skiivolk Ivan, aus der Zucht von Jenny Littlejohn.

Umgang mit der Natur und anderen Waldbenutzern pflegen sowie die Tatsache, dass man mit Rennen kein Geld verdienen kann. Deshalb ist es auch so wichtig, der Versuchung eines Importes von Huskies aus Alaska und der Verwandlung unseres Sportes in einen Kampf um Geld und Konkurrenz zu widerstehen .

OBEDIENCE UND AGILITY

In England sind nur sehr wenige Siberian Huskies in Obedience-Wettkämpfen aktiv.

Nicht viele sind dazu bereit, diese Herausforderung anzunehmen, denn die Ausbildung jeden Hundes für den Wettkampfsport verlangt viel Zeit und totale Hingabe. Trotzdem gibt es Ausnahmen:

Frau Irene Stapley hat ihren Siberian Husky Cheechako's Eugency (Kodii) bis zu einem sehr hohen Niveau ausgebildet. Bis vor kurzem trat er in der B-Klasse auf Open und Championship Obedience Shows auf und war auch zur erfolgreichen Teilnahme in einer C-Klasse fähig. Zu seinen Platzierungen zählten vier Siege in der *Novice Class*, drei Siege in Klasse A und ein zweiter Platz in Klasse B. Heute lebt er im Ruhestand.

Irene arbeitet während der Ausbildung mit Spiel und Belohnung, was dem Siberian Husky sehr entgegenzukommen scheint. Sie glaubt fest an die drei Grundsätze Geduld, Konsequenz und Lob. Irene ist eine berufene und erstklassige Hundeausbilderin, die bereits Crufts Supreme Obedience Championship mit einem Border Collie gewonnen hat. Heute besitzt sie einen neuen Siberian mit Namen Rajarani Simply Red, der sich sehr gut entwickelt und sicherlich in Kürze sein Debüt in einem Obedience Wettkampf geben wird. Kein Zweifel, dass auch er zu einem hervorragenden Wettkämpfer wird!

Eine weitere englische Obedience-Enthusiastin ist Frau Julie Maguire. Alle ihre vier Siberians sind bis zum Beginner/Novice Niveau ausgebildet und beherrschen »Bei Fuß« an- und abgeleint, Herankommen, Apportieren, Sitz-Bleib und Platz-Bleib. Gelegentlich nimmt Julie an Obedience-Wettkämpfen teil.

In englischen Agility-Wettkämpfen gibt es, wenn überhaupt, nur ganz wenige Siberian Huskies, einige betreiben Agility aber als Freizeitspaß. Sie haben viel Freude daran, tendieren aber dazu, sich zu stark zu erregen und, wenn man ihnen die Chance gibt, den Clown zu spielen. Ein nach Australien exportierter Rüde aus der Zucht von Julie Maguire, Akela's Chilkat, nimmt an Agility Wettkämpfen teil und hat die erste von drei Teilprüfungen auf dem Weg zum Titel »Agility Dog« bereits bestanden. Wenn er nur will, ist er sehr schnell und genau, kann einen aber auch zum Narren halten. Er besitzt den Titel »CD (Companion Dog)« und wird von Kathy Kopelles McCleod trainiert, die sich ganz ihren Hunden und deren Ausbildung verschrieben hat. Ohne Zweifel können Siberian Huskies auf Grund ihrer Intelligenz, Anpassungs- und Lernfähigkeit in der Obedience bis zu einem hohen Niveau ausgebildet werden.

ZUCHTVERBÄNDE

Die Gründungsversammlung des Siberian Husky Club of Great Britain (SHCGB) fand im Jahr 1977 mit fünfundzwanzig

Mit harter Arbeit können es Siberians in der Obedience überraschend weit bringen. Im Bild: Julie Maguire mit Rajarani Treshka.

Kathy Kopelles McCleod mit Akela's Chilkat (Chilli) in einem Agility Parcours.

Gründungsmitgliedern statt. Zunächst tendierte der Klub dazu, seine Aktivitäten auf die Bereitstellung von Informationen über die Rasse zu beschränken, aber schon im Jahr 1978 veranstaltete man das erste Seminar, um Ausstellungsrichtern die Besonderheiten der Rasse näher zu bringen.

Die ersten Schlittenhunderennen wurden 1978 und 1979 organisiert - Amateurveranstaltungen nach heutigen Maßstäben, aber dennoch ein Anfang. Das erste Rennen fand in Hankley Common/Surrey mit sieben Teams statt. Von den damaligen Teilnehmern sind auch heute noch die meisten in der Husky-Szene aktiv. Ihre Namen waren Heather Lyons, Mags Holt, Sally Leich, Sheril Leich, Mike Harrison, Sandra Bayliss und Trevor Plant. Die Wagen hatten ein Gewicht von etwa 90 kg (im Vergleich: heute 15 - 16 kg), die Hunde mussten durch tiefen Sand ziehen und hatten trotzdem Spaß. In den Anfangstagen war es das Ziel vieler, nur von der Startlinie weg und außer Sichtweite zu kommen, bevor die Hunde zum Schnüffeln oder Untersuchung einer Hecke am Wegrand stehen blieben. Der Professionalismus, den die meisten Teams heute an den Tag legen, ist für den Anfänger oft entmutigend, der sich kaum vorstellen kann, wie seine Hunde einmal ein solch hohes Niveau erreichen sollen. Die Welt des Schlittenhundesports ist aber in der Regel sehr freundlich und Anfängern wird immer gerne geholfen.

Früher bot man nur Klassen für Fünfer-/Sechserteams beziehungsweise Dreier-/Viererteams von Hunden an. Die Einführung einer Zweierklasse erlaubte dann aber wesentlich mehr Menschen, die keine Möglichkeit zu einer größer angelegten Hundehaltung hatten, eine Teilnahme. Bei manchen Rennen ist die Fächeranspannung von drei Hunden nebeneinander eine willkommene Ergänzung. Eine unbegrenzte Anzahl von Hunden (Open Class Racing) ist jedoch für die engen Biegungen und Windungen der englischen Wälder weniger geeignet.

Für die meisten Menschen, die erst einmal vom Virus des Schlittenhunderennens befallen wurden, ist es unmöglich, wieder davon loszukommen. Die freudige Aufregung und Begeisterung der Hunde wirkt ansteckend, egal, ob Sie für sich alleine im ruhigen Wald trainieren oder an einem Wettkampf teilnehmen.

Was das Ausstellungswesen betrifft, so mussten Siberian Huskies bis zum Jahr 1972 noch in der »Any Variety« Klasse (andere Rassen) antreten. Erst ab den 1980er Jahren gab es bei den meisten Ausstellungen auch eigene Klassen für Siberian Huskies. Bis zum Jahr 1990 hatten sich die Dinge gravierend verändert - jetzt gab es sage und schreibe sechs am gleichen Tag stattfindende Ausstellungen, die Klassen für Siberians ausschrieben!

Um das Jahr 1975 gab es etwa 55 Siberian Huskies in England. Die Zahlen wuchsen beständig, aber es gab noch keinerlei Hinweis auf den plötzlichen Beliebtheitsboom der Rasse Mitte der 1980er Jahre. Aus Unterlagen lässt sich ersehen, dass im Jahr 1980 36 Siberian Huskies beim Kennel Club registriert waren. 1989 waren es plötzlich 292, und im Jahr 2000 registrierte der Kennel Club 961 Siberians.

1982 fanden drei Schlittenhunderennen statt, 1983 organisierten die Coynes das erste Rennen Schottlands. Das Medienecho ließ erahnen, dass dies der Rasse einen enormen Popularitätsanstieg einbringen würde.

Von 1974 bis 1986 wurden Siberian Huskies auf Crufts in der »Any Variety« Klasse ausgestellt, die ersten Challenge Certificates wurden 1986 vergeben. Zu dieser Zeit musste der SHCGB noch mit einigen Schwierigkeiten kämpfen. Dem hohen Bedarf an der Vergabe von CC's stand eine nur sehr kurze Liste von Richtern gegenüber, in der weder genügend Allroundrichter noch Rassespezialisten zu finden waren. Auch heute noch ist die Auswahl an Richtern sehr begrenzt, wenn man die 27 auf einer englischen Championatsausstellung zu vergebenden CC's in Betracht zieht.

Das zweite Problem war, dass es für die relativ geringe Anzahl erwachsener Siberian Huskies und Richter in England zu viele CC's gab. Das dritte, und wie sich herausstellte komplexeste Problem, waren die Rennambitionen der Huskybesitzer. Sie wollten sich und ihre Hunde der Herausforderung stellen, sich in Rennen mit anderen englischen Teams auf schneelosem Trail zu messen. Der Zuchtverband konnte diese Nachfrage nach Veranstaltungen dieser Art nicht befriedigen, was zur Gründung eines eigenen Arbeitshundeclubs führte.

Der SHCGB hat immer einen aktiven und entschlossenen Standpunkt zur Frage der Untersuchung auf Erbkrankheiten vertreten. Alle Hunde werden regelmäßig auf Augenerkrankungen hin untersucht und für Zuchthunde ist eine Röntgenuntersuchung auf Dysplasie der Hüftgelenke obligatorisch. Mit der Durchführung dieser Untersuchungen hat der Club erfolgreich sichergestellt, dass englische Siberian Huskies gesund und in guter Verfassung sind und dass alle möglicherweise auftretenden Probleme sofort erkannt und in den künftigen Generationen vermieden werden.

Der Schottische Siberian Husky Club wurde 1996 anerkannt und vertritt die gleiche Politik im Hinblick auf Gesundheitschecks. Er hat steigende Mitgliederzahlen zu verzeichnen und hofft, in naher Zukunft Championatsausstellungen durchführen zu können.

ARBEITSHUNDE-ORGANISATIONEN

In den 1990er Jahren wurden verschiedene Arbeitshunde-Organisationen auf nationaler Ebene gegründet, um die Arbeitseigenschaften des Siberian Husky voranzubringen. Unter ihnen waren besonders die British Sled Dog Racing Association (BSDRA) (1992-1996), die British Siberian Husky Racing Association (BSHRA) (gegründet 1996) und die Sled Dog Association of Scotland (SDAS), gegründet in den frühen 90er Jahren, von Belang. Andere, kleinere Vereine und Zusammenschlüsse haben versucht, ihre Aktivitäten zu koordinieren, konnten aber dem dauerhaften Einfluss der großen Verbände keine Konkurrenz machen.

Die British Sled Dog Racing Association wurde mit dem Ziel gegründet, ein britisches Championat auszurichten und Spitzen-Rennveranstaltung auf Spitzen-Trails und mit perfekter Organisationsstruktur anzubieten. Mit Unterstützung des kanadischen Sponsors Labatt ließ sich dieses Ziel tatsächlich auch während der nächsten vier Jahre verwirklichen.

1996 kamen die Gründer der BSDRA überein, dass der Sport einer Weiterentwicklung bedürfe - die Konsequenz war die Gründung zweier neuer Verbände.

Heute bieten die SHCGB, die SDAS und die BSHRA volle Veranstaltungskalender an, die beiden letzteren richten auch zweimal jährlich ein Championat aus. Heute sind schneelose Rennen in England so populär, dass über 50 Wettkämpfe pro Jahr veranstaltet werden.

Die besten Teams wären eine ernstzunehmende Konkurrenz für Siberian Husky Gespanne in jedem anderen Land.

EINIGE SPITZENZÜCHTER

Die erfolgreichsten Züchter der letzten zwanzig Jahre waren sowohl auf dem Trail als auch im Ausstellungsring die Zwinger Forstal (Familie Leich) und Zima (Familie Luxmoore).

Als Don und Liz Leich mit einigen Siberian Huskies aus den USA zurückkehrten, konnten sie sich sicher nicht vorstellen, welche langfristigen Auswirkungen dies einmal auf ihre Familie haben würde. Mit der Zeit waren alle Familienmitglieder in Hundezucht, Ausbildung und Renngeschehen verwickelt - Sally, Sheril und Jenny. Als 1980 noch Ali Koops aus den Niederlanden in den Haushalt einzog, war ein weiterer willkommener Mitstreiter für dieses allumfassende »Hundeleben« gefunden. Brian Skilton, der in den Vierer- und Sechserklassen sehr erfolgreich gewesen war und in den vergangenen Jahren beide Championate gewonnen hatte, zog 1989 ein.

Simon und Sheila Luxmoore bekamen ihren ersten Siberian Husky im Jahr 1981 – die schwarz-weiße Hündin Lanivet's Zolushka of Zima aus der Zucht von Christine und David Emery. Schon bald waren sie »vom Virus befallen« und blieben über die Jahre hinweg in Zucht und Zukauf von Hunden erfolgreich. Bis heute steht die Simon an der Spitze des Renn- und Ausstellungsgeschehens.

In den 1980er Jahren war auch der Zwinger Zoox (McRae) auf Rennen und im Ring erfolgreich. Anfang und Mitte der 80er Jahre bestimmten drei erinnerungswürdige Hunde das Ausstellungsgeschehen: Forstal Mikishar the Amarok, Forstal Noushka im Besitz von Keith McCallum und Forstal's Togo of Asturias im Besitz von Anna Sanchez.

In den 90er Jahren waren einige der erfolgreichen Namen im Ausstellungsring

Ch. Zima Toaki - Champion auf dem Trail und im Ausstellungsring.

die Zwinger Skiivolk (Jenny Littlejohn), Aceca (Bruce und Lyn Hall), Azgard (Chris Barry) und Rajarani (Brunette Greenland).

Zu denen, die schon zu Beginn der 80er Jahre aktiv waren, alle Stürme der Zeit überstanden haben und unbeirrt weiter ihre Siberian Huskies ausgestellt und gearbeitet haben, zählen Brian und Diane Gale (Orlov), Julie Foard (Bifrost), Helen Lightfoot (Footlite), Ray Ball, Sue und Roger Hull (Nunatak) und andere.

Viele sind in all dieser Zeit gekommen und gegangen - mitunter haben sie das Interesse deshalb verloren, weil sie nicht so viele Hunde beherbergen konnten, wie sie gebraucht hätten, um konkurrenzfähig zu bleiben. Anderen wurde einfach das Ausmaß zu hoch, mit dem die Hunde Zeit und Platz in ihrem Leben beanspruchten.

»ENTWICKLUNGSHILFE« VON ÜBERSEE

Natalie Norris (Anadyr), Mitglied in der Alaska Hall of Fame, kam schon 1984 nach England, um ein Rennen zu richten. Doug Willet (Sepp-Alta) besuchte England 1986, untersuchte einzelne Hunde auf ihre Arbeitstauglichkeit hin und gab eine wertvolle Einschätzung der Situation, gefolgt von einem Vortrag über die Seppala Blutlinien in der Siberian Husky Zucht.

1989 gaben Leigh und Susan Gilchrist (Lokiboden) aus Ontario, Kanada, Seminare über ihre Arbeit in der Skelettvermessung und deren Beziehung zu Spitzenleistungen bei Weltklasse-Schlittenhunden. Auch andere haben England besucht und wertvolle Beiträge geleistet. All diese bemerkenswerten Persönlichkeiten, die England in den Anfangsjahren besuchten, haben mit ihrem immensen Wissen, ihrer Unterstützung und den Einblicken, die sie in die Rasse ermöglichten, Unschätzbares geleistet. Im Nachhinein betrachtet könnte man jedoch sagen, dass man sicherlich hätte noch mehr Nutzen aus ihren Besuchen ziehen können. Jeder einzelne von uns befindet sich zu einem gewissen Zeitpunkt an einer anderen Stelle des Lernprozesses - vielleicht waren diese Persönlichkeiten für viele von uns damals zu große Spezialisten, trotzdem konnten die meisten irgendetwas von ihnen lernen. Es wäre zu einfach, zu behaupten, eine damalige Verpflichtung aller Beteiligten zum Besuch der Seminare hätte geholfen, die heutige Typenvarianz verringern zu können!

Beiträge zur Wissensvermittlung wie die genannten sind wichtig, um die Weiterentwicklung der Rasse in England zu sichern. Während der letzten Jahre sind die Menschen weiter herumgereist, um Siberian Husky Zuchten auch im Ausland zu sehen und von ihnen zu lernen. Anfänger haben heute in England die Möglichkeit, eine ganze Reihe von etablierten Zwingern und Experten mit jahrelanger Erfahrung zu besuchen. In letzter Zeit hat die Zahl der nach England importierten Hunde zugenommen, besonders von Tieren, die zu Ausstellungszwecken von Übersee geholt werden. In England war man immer stolz darauf, die Arbeitseigenschaften des Siberian Husky erhalten zu haben. Alle möglichen Anstrengungen wurden und werden unternommen, um das Prinzip »die Funktion bestimmt die Form« zu wahren, welches so wichtig ist, um die Authentizität der Rasse zu erhalten.

Die zutiefst schädlichen Aufspaltungen, wie sie in beinahe allen anderen Ländern stattgefunden haben und in denen der arbeitende Siberian völlig vom Ausstellungs-Siberian abgegrenzt wurde, müssen unbedingt verhindert werden, wenn der Siberian Husky auch weiterhin in England als *eine* Rasse fortbestehen soll. Es hat immer die Möglichkeit bestanden, »Ausstellungstypen« zu importieren, und diejenigen, die dies während der letzten Jahre getan haben, sollten sich vielleicht einmal fragen, warum wir anderen, erfahrenen Züchter dies nicht auch schon längst getan haben. Sicherlich nicht, weil wir nicht dazu in der Lage gewesen wären, sondern weil wir uns dazu entschieden hatten, die Rasse als die Athleten, die wir schätzen, zu erhalten. Für diejenigen, die ihre Hunde sowohl ausstellten als auch arbeiteten, bedeutete es harte Arbeit und viel Durchhaltevermögen, einen Hund zu erhalten, der in beiden Disziplinen glaubwürdig auftreten konnte.

Obwohl es heute in England eine Vielfalt verschiedener Typen innerhalb der Rasse gibt (oder vielleicht gerade deshalb), sieht es so aus, dass sich die Rasse nicht in zwei verschiedene Typen (Ausstellungshund und Arbeitshund) aufspalten wird.

Der Einsatz verschiedener Blutlinien stellt sicher, dass die Rasse fit und gesund bleibt, fähig, die Arbeit zu tun, für die sie einmal gezüchtet wurde und trotzdem schön anzusehende und attraktive Hunde hervorbringt.

Ch. Forstal Meshka - ein hervorstechender Ausstellungs- und Arbeitshund. Foto mit freundlicher Genehmigung von David Dalton.

10 SIBERIAN HUSKIES IN NORDAMERIKA

KANADA

Der erste Siberian Huskie (ursprüngliche kanadische Schreibweise bis Mitte der 60er Jahre) wurde im Oktober 1939 registriert, neun Jahre nach der ersten Eintragung in den USA. Insgesamt wurden damals 38 Siberian Huskies von Harry Wheeler aus St Jovite in Quebec eingetragen, der zu dieser Zeit der einzige Züchter in Kanada war.

HARRY WHEELER

Harry startete seine Zucht im Jahre 1930 in Zusammenarbeit mit Leonard Seppala und Elizabeth Ricker. Er begann mit zwei Sibirien-Importen namens Kingeak und Pearl, drei Hunden von Seppala und vier oder fünf Hunden von Mrs. Ricker. Diese Original-Siberian Huskies wurden vom Seppala-Zwinger (Ricker und Seppala) in Poland Springs, Maine, gekauft.

Während der Kriegsjahre wurde nur in sehr beschränktem Umfang gezüchtet. In den Jahren 1945, 1946 und 1947 gab es einige Würfe, aber 1950 gab Harry seine Zucht auf und verkaufte alles – seine Hunde, seinen Zwingernamen (Seppala) und die gesamte Ausstattung an C.S. Maclean und J.D. McFaul. Die beiden führten den Gatineau Zwinger und züchteten von 1942 bis 1951 auf dieser Basis. Ihr Zwinger war der zweitgrößte in Kanada und spielte eine wichtige Rolle in der Geschichte der Rasse.

Die Stammhunde der Gatineau-Linie waren Foxstand's Saint, ein Rüde, Foxstand's Skivar II, ebenfalls ein Rüde, und Bayou of Foxstand, eine Hündin. McFaul erwarb sie von William Shearer, einem der ersten Züchter in Neu England und Musher mit Championtitel. Aus der Gatineau-Linie gingen einige weiße Siberian Huskies hervor, von denen die bekanntesten Nicko, Starina, Timmie, Czarina, Kosko und Tina waren. So gut wie alle heute lebenden weißen Siberian Huskies stammen von den Gatineau-Hunden ab.

Als Don McFaul den Wheeler-Zwinger übernahm, züchtete er mit seinen Gatineau-Linien kaum noch weiter und verwendete sie kaum für die Seppala-Linien. Obwohl heute keine Original-Gatineau Hunde mehr leben, verdanken doch einige der besten amerikanischen und kanadischen Schlittenhunde-Linien ihre Qualität dem Blut dieser Linie, wie zum Beispiel White

Water Lake, Bow Lake und Little Alaska.

Tony Landry vom White Water Lake Kennels, Ontario, begann seine Zucht mit zwei Gatineau-Rüden, nämlich Kobe of Gatineau und Kosko of Gatineau sowie einer Hündin namens Queen of Gatineau II. Er züchtete von 1947 bis 1966 Siberian Huskies. Einer seiner Rüden, Spook of White Water Lake, ist auch heute noch in vielen Ahnentafeln zu finden.

Nur ein einziges Mal verwendete Don McFaul einen Gatineau-Hund als Deckrüden für die Seppala Linie, nämlich im Jahr 1953. Außerdem kaufte er zwei weitere Foxstand-Hunde hinzu: Foxstand's Sunday, einen Rüden, und Foxstand's Georgia, eine Hündin. Beide wurden stark in den Seppala-Linien eingesetzt. Sunday war ein hervorragender, intelligenter Leithund und in den 1950er Jahren einer der beliebtesten Deckrüden.

Austin Moorcroft aus Ontario, Betreiber des Huskie Haven Zwingers, besaß zwar nur wenige Zuchthunde, übte aber trotzdem nachhaltigen Einfluss auf die Zucht in Kanada aus. Sein Deckrüde war Charney of Seppala; außerdem besaß er eine Hündin, Dina of Seppala, und Nony of White, eine weitere Hündin aus dem Zwinger »White Water Lake« von Tony Landry. Später tauschte er zwei seiner Welpen, Yaddam und Ava of Huskie Haven, gegen zwei Anadyr-Hunde ein, Painuk of Anadyr und Akiak of Anadyr. Yaddam und Ava gehörten zu den Stammhunden des Anadyr Zwingers von Earl und Natalie Norris, der auch heute noch Bedeutung besitzt. Viele Welpen wurden trotz der ungünstigen geographischen Lage ihres Heimatzwingers im Norden Ontarios über ganz Nordamerika verkauft.

Ch. Ilya of Huskie Haven, eine silbergrau-weiße Hündin, wurde 1951 in Toronto erster kanadischer Champion.

Ch. Snow Ridge Chiefson gewann als erster Siberian Husky in Kanada den Titel »Best in Show«. Dieser schwarzweiße Rüde stammte aus der Zucht von Bunty Dunlop, der Tocher von Elizabeth Ricker Nansen. Der Snow Ridge Zwinger war von 1950 bis 1970 aktiv und brachte, vor allem Ende der 50er Jahre, mehrere Champions hervor, darunter Ch. Snow Ridge Jetson, Ch. Snow Ridge Nanook, Ch. Snow Ridge Oolik und Ch. Katrina of Snow Ridge.

Zu dieser Zeit erwarb Bunty auch mehrere Seppala (McFaul) Hunde, darunter Lobo of Seppala, Laki of Seppala und Ditko of Seppala. Ditko of Seppala ist auch heute noch in vielen Sepp-Alta Ahnentafeln zu finden (Sepp-Alta ist der Zwingername von Doug Willett). Ein anderer Neuerwerb war Bryar's Texas, ein Leithund aus dem Zwinger von Keith und Jean Bryar in New Hampshire. Dieser Rüde wurde bis zum Championatstitel ausgestellt und führte das Snow Ridge Schlittenhundeteam einige Jahre lang an.

In den 1950er Jahren galt der Name Seppala als Synonym für die besten Schlittenhunde, die überhaupt zu bekommen waren und Namen wie Wabask of Seppala, Boyarka of Seppala (Beaver) und Wesen of Seppala (Wes) sind Champion-Mushern in Alaska und Neuengland auch heute noch ein Begriff.

Zwei weitere gute Arbeitshundelinien, die zu dieser Zeit auf Grundlage von Seppala Hunden aufgebaut wurden, waren die aus dem Bryar Zwinger in New Hampshire und dem Malamak Zwinger von J.M. McDougall in Quebec. Bekannte Seppala-Zuchthündinnen sind Nina, Zaza und Mitzie. Mitzie, McFaul's beste Hündin, lief bis zum Alter von 12 Jahren vor dem Rennschlitten!

Im Herbst 1963 verkaufte McFaul seine

Dushka of Seppala spielte eine Schlüsselrolle in der Gründung des Markovo Zwingers.

letzten Zuchthunde an Earl Norris vom Alaskan Anadyr Zwinger in Willow, Alaska. Shango of Seppala, Ditko of Seppala (beides Rüden) und Dushka of Seppala wurden zu Stammhunden des Markovo Zwingers von J. Jeffrey Bragg.

Frau Eva Havlicek vom Shady Lane Zwinger in Jerseyville, Ontario, war von 1955 bis 1967 aktiv. Ihre Stammhunde kamen aus den Gatineau Linien, hinzu kam ein Sakonnet-Rüde von Frau Elizabeth Nansen (ehem. Ricker). Frau Havlicek stellte einige selbst gezogene Hunde bis zum Championat aus, darunter den Rüden Ch. Shady Lane's Nicklas und die Hündin Ch. Shady Lane's Tawnsy. Ch. Shady Lane's Kolyma Princess CD war der erste Siberian Husky mit Obedience-Titel in Kanada (Igloo Pak's Suggen ex Katcha of Gatineau).

Der Malamak Zwinger war von 1959 bis 1972 aktiv und baute auf Hunden von Gagnon und McFaul Seppala auf. Darunter wurden vor allem die Hündinnen Gagnon's Ruby, Ch. Vixen of Seppala IV und Ch. Chugach of Seppala sowie die Rüden Maquois of Seppala und Ch. Sargo of Seppala II bekannt. Malamak war zwar hauptsächlich als Schlittenhunde-Zwinger bekannt, stellte aber auch einige Hunde bis zum Championat aus. Viele dieser Hunde wurden auch zu Begründern neuer Linien in Quebec und Ontario.

Ch. Racecrest's Bandit (Ch. Snow Ridge Chiefson ex Ch. Shady Lane's Kolyma Princess CD), ein Langhaar-Rüde, war in den 60er Jahren einer der am meisten verwendeten Zuchtrüden Ontarios.

DIE WIEDERBELEBUNG DER SEPPALA LINIE

Jeff und Mary Bragg aus Pefferlaw, Ontario, gründeten ihren Tadluk Zwinger im Jahr 1968. Ihr erster Siberian Husky war Ch. Racecrest's Openwood Thunder, gefolgt von Ch. Troika's Boika. Später importierten sie einige Hunde aus dem Anadyr Zwinger in Alaska, darunter die beiden Rüden Sepp of Anadyr und Fox of Anadyr sowie die Hündin Laska of Anadyr. Einige Hunde kamen auch aus dem Osten der USA hinzu - Tonto of Calivali, Star of Calivali, Cheenah's Thrush und Ne-Tuk's Vulcan of Manahtok, wobei die beiden letzten Hunde der Little Alaska-Linie entstammten.

Tadluk züchtete hauptsächlich mit bewährten Arbeitshundelinien und setzte auf Typ, guten Aufbau und Leistungsfähigkeit. Zu den eingesetzten Fremdrüden gehörten Alakasan's Zhoolik O'Racecrest, Warlock's Hector of Kadatuk, Igloo Pak's Jan, Malamak's Okleasik, Yeso Pac's Red Sleeves und Saber of Calivali. Zu den bekanntesten Ausstellungshunden dieses Zwingers gehörten Ch. Troika's Boika, Ch. Tadluk's Edmonton und Ch. Tadluk's Flidget.

Tadluk-Hunde wurden sowohl zu Ausstellungs- als auch zu Arbeitszwecken über ganz Kanada und die ganze USA verkauft und finden sich heute in vielen Ahnentafeln wieder.

Während Jeff beschloss, sich auf die Seppala-Linie zu konzentrieren, züchtete Mary bis zum Jahr 1975, als der Zwinger aufgelöst wurde, unter dem Namen Tadluk weiter. Jeff, der später nach Saskatchewan umzog, züchtete von 1968 bis 1975 auf Grundlage seines Markovo Zwingers weiter. Zu seinen Stammrüden zählten Shango und Ditko of Seppala und Ch. Mikiuk Tuktu of Tornyale. Dushka of Seppala, Lyl of Sepsequel und Frostfive of Anisette stellten die weibliche Stammseite des Markovo Zwingers.

Jeffs größter Wunsch war es, die Seppala Linie wieder zu beleben. Die Zeit drängte, denn die übrig gebliebenen Hunde aus der Seppala-Linie wurden immer älter und waren über das ganze Land verstreut. Das Leben in Saskatchewan war alles andere als leicht, und 1975 stellte Jeff nach Geburt des zehnten Wurfes fest, dass er sein ehrgeiziges Zuchtprogramm sowohl aus wirtschaftlichen als auch aus emotionalen Gründen nicht weiter fortführen konnte und suchte Käufer für die 11 Welpen und 24 Erwachsenen reiner Seppala-Abstammung. Er stellte fest, dass ein großes Interesse an der Linie bestand, die er während der letzten fünf Jahre vor dem Aussterben bewahrt hatte. Um Jeff zu zitieren: »Jetzt kann ich daran glauben, dass diese Hunde eine wirkliche und lebensfähige Alternative zu den überzüchteten Ausstellungshunde-Linien darstellen und dass durch sie zumindest die Chance besteht, den Siberian Husky wieder seinem Original näher zu bringen. Meine eigene Rettungsaktion hat nun ihren natürlichen Abschluss gefunden und ich verlasse die Arena der Hundezucht in dem Wissen, dass genügend junge Hunde vorhanden sind, mit denen Interessierte die Linie weiterführen können. Ich vertraue darauf, dass die Zucht in ihren Händen blüht und gedeiht und mehr gesunde und leistungsfähige Hunde hervorbringen wird, als ich selbst es gekonnt hätte.«

Zwanzig Jahre später kehrte Jeff Bragg mit einem Zwinger in Whitehorse, Yukon, und etwa 60 Hunden in die Hundezucht zurück. Viele seiner Seppala-Hunde finden sich über die gesamte USA und in Europa wieder.

UELEN
Maisie Morrow aus Parksville, British Columbia, begann 1969 mit der Hundezucht. Nach dem ersten Wurf war Bruce Morrows Interesse an der Seppala Linie geweckt und kurz darauf wurden sechs Hunde aus Jeff Braggs Markovo-Zwinger angeschafft. Dies waren Helen of Markovo, Surgut of Markovo, Davik of Markovo, Mokka of Markovo, Sly of Markovo und Zaza of Markovo. Surgut wurde zum Stammrüden für den Uelen-Zwinger von Bruce Morrow. Surgut gewann im Alter von 13 Jahren im Oktober 1987 den Titel »Best Veteran« beim Siberian Husky Club of British Columbia. Der Richter Lee Hills schrieb, dass er beim Anblick dieses Rüden »Visionen des Standards durch seinen Kopf tanzen sah«. Surgut findet sich heute in vielen Ahnentafeln von auf Sepp-Alta gezüchteten Hunden wieder. Chiwooka's Illanzer, ein Enkel von Surgut im Besitz von Paul und Barbara Fisk, erhielt auf der gleichen Ausstellung den Titel »Bester Schlittenhund«.

Peter und Judy French gründeten 1972 ihren Sergii-Zwinger, hatten aber bereits seit 1968 Huskies gezüchtet, gefahren und ausgestellt. Sie zählten 1968 zu den entscheidenden Gründungsmitgliedern des

Chiwooka's Illanzer errang die Auszeichnung »Bester Schlittenhund« auf der gleichen Ausstellung, bei der auch sein Großvater (Surget of Markovo - links) im stolzen Alter von 13 Jahren und 9 Monaten den Titel »Bester Veteran« erhielt.

Siberian Husky Club of Canada, der einen Informationsaustausch über die Rasse und eine Wissensverbreitung ermöglichte. Der beste und vielseitigste Rüde aus dem Sergii-Zwinger war Ch. Gustov Happovitch, der auch gute Erfolge auf dem Trail vorweisen konnte.

SNOWMIST

Der Snowmist-Zwinger wurde im Frühjahr 1973 von Beryl, Kim und Sue Ramey gegründet. Zu Beginn stellten sie alle ihre Hunde auf Ausstellungen und Rennen vor, kamen aber bald zu dem Schluss, dass einige größere Änderungen notwendig waren. Als Kim 1978 ihren Ehemann Tom kennen lernte, begann der Snowmist-Zwinger, sich in zwei spezialisierte Zuchtrichtungen aufzuspalten, nämlich für Ausstellungshunde und für Arbeitshunde. Viele der in Rennen eingesetzten Hunde von Kim und Tom wurden durch SEPP (Siberian Evaluation Performance Programme) bewertet. Dieses Programm war von einer Gruppe von Siberian Husky-Besitzern gegründet worden, die befürchteten, aufgrund der steigenden Popularität der Rasse würden Siberians nach und nach ihre natürlichen Veranlagungen zu schnellen, zähen Schlittenhunden verlieren. Viele der Zuchttiere hatten noch nie ein Geschirr gesehen und in Weltklasse-Schlittenhundeteams tauchten immer seltener Siberian Huskies auf. Aus der Besorgnis heraus, dass alle wichtigen Arbeitshundeeigenschaften verloren gehen könnten, wurde ein Testprogramm entwickelt, das diejenigen Siberians identifizieren sollte, die immer noch Spitzenleistungen erbringen konnten. Die Idee war, dass die besten Hunde die Ausgangsbasis für ein neues Zuchtprogramm darstellen sollten, um den Siberian Husky wieder als Arbeits-/Schlittenhund in den Vordergrund zu rücken.

Viele der Stammhunde von Kim und Tom stammten aus dem Anadyr-Zwinger. Später wurden auch Hunde aus den Blutlinien Igloo Pak, Lokiboden und Zero eingekreuzt, um die Leistungsfähigkeit weiter zu verbessern. Einer der besten Schlittenhunde, die sie je besaßen, war Alaskan's Larka of Anadyr.

Northstar's Snowmist Birch SDU CD gewann in den Jahren 1995 und 1996 die

Siberian Husky -Heute-

Ward Young Trophy. Diese Auszeichnung wird nur an Hunde vergeben, die sich in allen drei Disziplinen, Rennen, Ausstellungen und Obedience, im Geschäftsjahr des Siberian Husky Club of Canada qualifiziert haben.

Beryl, Kim und ihre Schwester Sue erreichten mit ihren Hunden auf vielen kanadischen Spezial-Ausstellungen Titel und Preise. Am bemerkenswertesten war Can. Am. Ch. Snowmist's Mai Tai. Mit Bain's Northern Snocub CD gewannen sie außerdem einen Obedience-Titel. Kim sagt dazu: »Es gibt nichts Schöneres, als ein gutes Gespann von Siberian Huskies über einen schönen Trail zu fahren oder einen selbst gezüchteten Hund zum Titel Best in Show zu führen!«

Northstar's Snowmist Birch SDU, CD. Foto mit freundlicher Genehmigung von Alex Smith.

TOWMAN

Der Towman Zwinger entstand, als Tom und Annette Iliffe im Jahr 1971 ihren ersten Siberian Husky von Toms Vater Ted kauften, der selbst viele Jahre lang Noweta-Siberians besessen hatte. Mit Annette errang Noweta's Lobo seinen Championtitel, Tom und Annette bevorzugten es hingegen, ihre Hunde einzuspannen. Einmal fuhren sie 3000 Meilen bis Alaska, um die Hündin Alaskan's Chevak of Anadyr zurückzuholen, die mit dem von Tom sehr bewunderten Rüden Rix's Stormy Buckhorn gepaart worden war. Die Mühe hatte sich gelohnt, denn die Hunde aus ihrer Zucht erwiesen sich schnell als in Rennen erfolgreich. Towman's Yakutat ging zu den Norrises zurück. Wie Earl sagte, war er die beste Auskreuzung, die er je in seinem Zwinger durchgeführt hat.

LOKIBODEN

Leigh und Susan Gilchrist begannen 1975 mit zwei als Familienhunden gehaltenen Huskies. Nachdem sie ihr erstes Schlittenhunderennen gesehen hatten, waren sie von diesem Sport fasziniert und begannen, sich nach einem größeren Haus umzusehen, um mehr Hunde halten zu können. Ihr erstes,

Das Snowmist Team 1998 mit den Leithunden Lokiboden's Gremlin SD (vom Fahrer aus gesehen rechts) und Snowmist's Keys SDX (vom Fahrer aus gesehen links.).

Noweta's Lobo. Foto mit freundlicher Genehmigung von Dal Hubbert.

fünfköpfiges Schlittenhundegespann bestand aus dem ersten Wurf und den beiden Elterntieren. Zum Glück hatten sie mit Hunden aus guten Arbeitslinien begonnen, die sportlich veranlagt waren und es auf lokalen Wettkämpfen gegen alle möglichen anderen Schlittenhunde zu einigem Erfolg brachten.

Die erfolgreichsten Lokiboden-Schlittenhunde stammten aus der Igloo Pak-Linie. Louise und Doc Lombard (Zwinger Igloo Pak) steuerten ihren Erfahrungsschatz bei und übten großen Einfluss auf das Zucht- und Trainingsprogramm der Gilchrists aus.

Leigh und Susan kauften Arctic Trail's Kola, eine Hündin aus der Igloo Pak Linie, von Lloyd Slocumb und paarten sie mit Igloo Pak's Kaltag. Das Resultat war der »Tanz-Wurf«, in dem Lokiboden's Tango, Twist und Hustle lagen. Später kauften sie von Doc Lombard Igloo Pak's Sitka hinzu und paarten sie mit Tango. Aus diesem »Sesamstraßen-Wurf« stammte Mr. Snuffalupagus, genannt Snuffy. Nachdem Charlie Belford die Hunde auf einer SEPP-Prüfung hatte rennen sehen, sprach er sich für eine Inzucht auf diese Hunde aus. Viele der erfolgreichsten Schlittenhunde gehen auf Snuffy und Sitka zurück.

Ziel des Lokiboden-Zwingers war es, sich mit Weltklasse-Teams zu messen und unter den ersten zehn zu landen. Leigh und Susan züchten Hunde, die weiche, mühelose Bewegungen haben, Arbeitseifer, Ausdauer und ein freundliches Wesen. Auf der Basis von Messungen, die Susan an Spitzenhunden vorgenommen hatte, entwickelte Leigh eine Norm für die Skelettstruktur, die er in seinem Zuchtprogramm verwendete.

Die Gilchrists waren ebenfalls an der Entwicklung des SEPP-Projektes beteiligt und vermessen heute teilnehmende Hunde. Ihr Zwinger ist von fünf Hunden in den siebziger Jahren heute auf einen Bestand von über 30 Tieren angewachsen. Ihrer Meinung nach ist das die Mindestzahl von

Igloo Pak's Sitka aus der Zucht von Doc u. Louise Lombart. Besitzer: Leight u. Susan Gilchrist.

Hunden, um gute Schlittenhunde hervorbringen zu können. Einer ihrer Leitsätze lautet: »Leistung ist keine Frage des Zufalls, sondern der Priorität.«

KIMLAN

Der Kimlan Zwinger wurde ebenfalls im Jahr 1975 registriert. Don und Rosemary Hooker verbrachten viel Zeit mit der Besichtigung verschiedener Zwinger, kehrten aber letztendlich wieder zum Yeso Pac Zwinger von Charlie und Carolyn Posey zurück, weil diese Hunde mit Doppelbegabung es ihnen angetan hatten. Einige Jahre später, als die Poseys sich aus dem aktiven Schlittenhundesport zurückzogen, kauften sie Yeso Pac's Grey Wolf. Sie dachten, er könne ihrem im Aufbau befindlichen Team sicher nutzen – was er auch tat. Bei der Beobachtung von Grey Wolfs außergewöhnlichem Gangwerk beschlossen sie, ihn auszustellen. Sie machten ihn im Alter von neun Jahren nicht nur zum kanadischen und amerikanischen Champion, sondern er wurde auch zum meistverwendeten Rüden in ihrem Zwinger. So gut wie jeder Hund, den sie heute besitzen, stammt von ihm ab.

ANDERE ZWINGER

Ch. Pikwutuske's Grey Phantom CD, genannt Duppy, war der Grund, weshalb Brent und Kathy Thomas von der Stadt aufs Land zogen, um dort mit ihren Hunden zu leben und zu arbeiten. Duppy und Ch. Yeti's Kola (ein Rot-Weißer) stehen hinter Ch. Telaka's Kamper. Ch. Xango Zirka Telaka Yeti und Kamper gewannen den Titel »Best Brace in Show« in Winnipeg.

Sandy Cairns erwarb ihren ersten Siberian Husky, Azura, OTCh. Trailmasters Soomi, im Jahr 1971 und gewann 1979 eine Obedience – der erste Siberian mit Platzierung in einer Arbeitshundeklasse der Obedience. Azura war eine echte Persönlichkeit und erzog Sandy sehr gut! Ch. Shisando's Frostkist Footman, bekannt als Eli, stammte aus Sandy Cairns erstem Wurf und wurde ihr erster selbst gezüchteter Champion. Er gewann zahlreiche Auszeichnungen und im Alter von zehn Jahren den Companion Dog (CD) Titel.

Der Kanunik-Zwinger von Kathy Stewart beherbergt seit über 21 Jahren Siberians; von dort sind zahlreiche Champions hervorgegangen. Die Zucht basierte ursprünglich auf einem Rüden aus der Monadnock Linie. Ihr erster Champion war Ch. Baron Nicholas Von Gower und wurde auch zum Stammrüden des Kanunik Zwingers. Über die Jahre hinweg kamen von dort auch zwei gescheckte Champions, nämlich Ch. Kanunik's Kreme Puff und Ch. Kanunik's White Knight.

Richard Smith, Beamter bei der kanadischen berittenen Polizei, kam Ende der siebziger Jahre mit Siberians in Kontakt und setzte sein Schlittenhundegespann an-

Das Lokiboden-Team von Leigh Gilchrist 1990.

Ch. Kanunik's White Knight, einer der beiden gescheckten Champions des Zwingers.

stelle eines Schneefahrzeuges auf Patrouille in den unzugänglichen Regionen der Northwest-Territories ein. Später leitete er mit diesem Gespann auch geführte Touren und unternahm im Jahr 1980 eine 2600 km lange Tour, indem er die historische Schlittenhunderoute der North West Mounted Police und der Hudson Bay Company rekonstruierte: von Fort Edmonton in Alberta bis nach Old Crow, Yukon.

SCHLITTENHUNDERENNEN IN KANADA

In Kanada werden zahlreiche Schlittenhunderennen veranstaltet. Zu den wichtigsten historischen Rennen zählten die Derbies von St. Agathe, Maniwaki und Quebec City (die alle drei in Quebec stattfanden) sowie das Rennen »The Pas« in Manitoba. Heute findet von diesen Rennen nur noch das »The Pas« weiterhin statt. Es ist ein recht außergewöhnliches Rennen, das mit einem Massenstart auf einem gefrorenen See beginnt. Der Trail verläuft vom See aus weiter über einen Fluss. Das Rennen dauert drei Tage und ist als besondere Herausforderung bekannt.

Zu den bekanntesten nordamerikanischen Rennen zählen heute der Yukon Quest, das »Labrador 400«, das Iditarod und das Fur Rondy. Der Verlauf vieler dieser Rennen führt über die Grenzen von Alaska, Kanada und in den Norden der USA hinein.

USA
von Pam Thomas

Siberian Huskies gibt es in Nordamerika seit 1908 und in den »unteren« 48 Bundesstaaten (ursprünglich gehörten Alaska und Hawaii nicht zu den 48 amerikanischen Bundesstaaten) seit 1926, als Leonard Seppala mit 42 Hunden nach dem berühmten Serum-Rennen (siehe im Kapitel zur Rassegeschichte) auf Tournee ging. Man kann ruhigen Gewissens behaupten, dass so gut wie alle Siberian Huskies in den USA von eben dieser Handvoll von Hunden abstammen oder von Hunden, die in den 1930er Jahren in die USA importiert wurden. In sehr vielen Fällen kann heute der Besitzer eines Siberian Huskies die Ahnentafel seines Hundes bis zu Seppalas »Originalimporten« nach Nome, Alaska, zurückverfolgen – zu Hunden wie Dolly, Kayak und Rauna.

DIE ERSTEN HUNDE

Leider ist die Identität vieler auf alten Fotos abgebildeter Gespanne und einzelner Hunde nicht geklärt, so dass es durchaus sein kann, dass wir beispielsweise Abbildungen von Molinka besitzen, ohne es zu wissen – weil sie nicht benannt ist. Es gibt allerdings ein identifiziertes Foto von Dolly. Alles weist darauf hin, dass Dolly einer der Original-Importhunde aus der Umgebung des Flusses Kolyma war, wenn auch nicht bekannt ist, wer sie nach Amerika brachte und wann. Auf Fotos des Teams von Seppala beim All Alaska Sweepstakes Rennen im Jahr 1915 ist sie nicht zu sehen. Aus einer Verpaarung mit dem Rüden Sepp brachte Dolly den

Welpen Fritz und mit dem Rüden Suggen den Welpen Togo. Fritz war Jahrgang 1915 und gehörte der Pioneer Mining Company. Er ist auf Fotos des Seppala-Teams beim All Alaska Sweepstakes Rennen 1916 zu sehen und als Leithund des Teams von Victor Anderson, mit dem er 1917 Zweiter im All Alaska Sweepstakes wurde. Diese Hunde gingen 1924 in den Besitz von Seppala über. Fritz gehörte zu den Hunden, die 1925 im berühmten »Serum-Rennen« liefen und ging 1926 mit Seppala nach Neu England. Dort konnte man ihn im Jahr 1927 als Leithund für Elizabeth Ricker laufen sehen und im Jahr 1929 für Dr. Francis J. D'Avignon. Alte Aufzeichnungen zeigen, dass er später an Dr. Beverley Sproul verkauft wurde und im Dezember 1932 in New York starb.

Aus einer Verpaarung von Fritz mit der Hündin Shika (Ugruk ex Boorka) ging Harry hervor, der wiederum mit der Hündin Kolyma (Putza ex Duska) im Jahr 1925 die Welpen Toska, Bonzo, Chernook (oder Chenuk) und Rosie brachte. Tosca wurde in Neu England mit Smoky verpaart und brachte Belford's Wolf. Anschließend ging sie in den Zwinger von Harry Wheeler nach Quebec und brachte fünf Würfe nach dem Rüden Kreevanka, der in den 1930er Jahren importiert worden war. Ch. Vanka of Seppala II (Cossack) war einer der Nachkommen des Jahres 1935 von Kreevanka und Tosca. Im Jahr 1942 wurde Cossack mit Sky of Seppala (Smokey of Seppala ex Nanna) verpaart, woraus Ch. Helen of Cold River und Duchess of Cold River hervorgingen. Die Besitzerin von Sky war Mrs. Marie Lee Frothingham.

NACH DEM ZWEITEN WELTKRIEG
William Belletete kaufte eine Hündin namens Duchess von William Shearer, der nach dem Zweiten Weltkrieg eine Reihe von

Ch. Wonalancet's Baldy of Alyeska.

Hunden aus den in der Arktis eingesetzten Such- und Rettungshundestaffeln sowie den Sanitätsstaffeln der amerikanischen Armee übernommen hatte. Duchess wurde 1948 mit dem in Besitz von Eva und Milton Seeley stehenden Rüden Ch. Wonalancet's Baldy of Alyeska verpaart und brachte zwei Rüdenwelpen, die später großen Einfluss auf die Rasse ausüben sollten. Kiev of Gap Mountain diente viele Jahre lang als Modell zur Illustration des Rassestandards und Izok of Gap Mountain wurde einer der einflussreichsten Deckrüden. Er wurde als enthusiastischer, leistungsbereiter, zäher und ausdauernder Schlittenhund beschrieben. Ein Wurfbruder der beiden, Baldy of Gap Mountain, wurde ebenfalls mindestens einmal zur Zucht eingesetzt, über diesen Hund ist jedoch wenig bekannt.

Izok wurde unter anderem folgenden Hündinnen zugeführt: Ch. Aleka's Czarina (Nachkomme: Mulpus Brook's The Roadmaster); Panda Girl (Nachkomme: Monadnock's Kira und Monadnock's Laska); Tanya of Monadnock (Nachkomme: Monadnock's Petya); Aleka's Sonya, (Nachkomme: Sonya's Torger); Monadnock's Czarina (Nachkomme: Monadnock's Aleka); Rola (Nachkomme:

Wanee of Marly, die Stammhündin des Marlytuk Zwingers) und Ch. Noonok of Marly. Diese Nachkommen oder deren Geschwister tauchen heute in den Ahnentafeln der meisten nordamerikanischen Siberian Huskies auf, darunter auch in den Linien des Alakazan-Zwingers von Peggy Koehler. Izok wird bis heute von Peggy sehr hoch geschätzt. Nach Demidoff und Jennings, Autoren des Buches »The Complete Siberian Husky«, diente er auch als Idealmodell für die Zucht des Frosty Aire Zwingers von Jack und Donna Foster. Nachdem sie diesen Rüden gesehen hatten, setzten sie ihr ganzes Bestreben darein, »Hunde vom Typ und Kaliber des berühmten Izok of Gap Mountain zu züchten«.

RASSIGE SCHÖNHEITEN
Eine besonders schöne Vertreterin ihrer Rasse ist die Hündin Alaskan's Yakut of Anadyr II (Towman's Yakutat ex Yeso Pac's Joni of Anadyr). Sie stammt aus Zucht und Besitz von Earl und Natalie Norris, lief dreimal als Leithund im Iditarod Rennen sowie im HOPE-Rennen über die Halbinsel Kamchatka, wo sie als Dritte ins Ziel kam, außerdem in zahlreichen anderen Rennen über lange Distanzen. Sie wurde nur wenig ausgestellt, errang aber eine Sonderauszeichnung auf der Rasseschau des Siberian Husky Club of Anchorage im Jahr 1996. Yakut wird häufig als »Standardhund« in Seminaren für die Ausbildung von Zuchtrichtern verwendet, da sie so gut wie perfekt proportioniert ist. Außerdem gewann sie die Schlittenhundeklasse für Hündinnen und den Titel »Bester Schlittenhund« auf der National Specialty von 1998.

Das erste HOPE-Rennen wurde im Jahr 1991 von Jon Van Zyle, Leo Rasmussen und einigen anderen organisiert. Es handelte sich

Alaskan's Yakut of Anadyr II, einer der besten amerikanischen Siberian Huskies.

dabei um einen Trail, der über 1200 Meilen von Nome in Alaska bis nach Anadyr in Sibirien führte und zum Ziel hatte, amerikanische und tschukotische Fahrer einander näher zu bringen und so einen Beitrag zur Völkerverständigung und zum Weltfrieden zu leisten – verbunden mit der Hoffnung auf eine bessere und freundlichere Welt. Und, wie Jon Van Zyle es sagte, »all das mit Hilfe des besten Freundes des Menschen«.

Izok of Gap Mountain kommt in siebter Generation väterlicherseits in Yakut's Ahnentafel vor. In diesem Fall wurde Izok mit Aleka's Sonya (von Jean Bryar) verpaart und brachte Tamara, die spätere Mutter von Bryar's Texas. Texas wiederum war Vater von Ch. Wobiska's Chippy of Roka, der Mutter von Kelson's Elko, einem kanadischen Rüden, der bedeutenden Einfluss auf Schlittenhundelinien in den USA und in Kanada hatte. Elko und/oder seine Schwestern, Kelson's Goblin und Kelson's Ginger, sind präsent in den Blutlinien der Zwinger Lokiboden, Anadyr, Alkas'iber, Wolfepak, Snowmist, Sepp-Alta, Kodiak und anderen. In Yakut's Ahnentafel ist Elko der Vater von Rix's Stormy

Ch. Alkas'iber's Editorial Comment SDX (Oprah) ist bekannt für ihre raumgreifende Bewegung.

O'Buckhorn, der wiederum Yakut's Vater, Towman's Yakutat, zeugte.

Ch. Alkas'iber's Editorial Comment, SDX (Alkas'iber's Steely Dan, SDX ex Keewatin's Mighty Mishka, SDO), bekannt als Oprah und aus der Zucht von George und Ann Cook stammend, ist Jahrgang 1989 und lief als junger Leithund 1992 im Yukon Quest Rennen. Sie und ihre Mutter, Leithündin des 1989er Teams von Lombard/Norris, liefen in den Rennen von Marmora, Labrador, Can-Am und weiteren Langstreckenrennen. Oprah errang ihr Championat im Dezember 1996. Als ihre größte Stärke bezeichnen ihre Besitzer das raumgreifende, mühelose Gangwerk.

In Oprah's Ahnentafel findet sich in achter Generation Izok of Gap Mountain, die Linie führt weiter über Tamara, Bryar's Texas und Ch. Wobiska's Chippy of Roka bis zu Kelson's Elko. Elko wurde mit Nekanesu's Sitka (Malamak's Ego ex Ch. Wobiska Tasha of Nekanesu) verpaart, woraus Nekanesu's Deno hervorging, der Vater von Nekanesu's Sonny Boy. Sonny zeugte Oprah's Mutter, die Hündin Keewatin's Mighty Mishka SDO (Minnie), eine hervorragende Leithündin im Team von George und Ann Cook und die erste Hündin der USA, die den Titel »Sled Dog Outstanding« errang. Die Vorfahren von Minnie's Mutter, der Leithündin Nekanesu's Lucky, lassen sich bis zu Bryar's zurückverfolgen.

Oprah stammt aus einer langen Linie von Leithunden und wurde immer wieder eingesetzt, um ein Team sicher und zuverlässig zu einem Kontrollpunkt zu bringen. Ann erinnert sich an die Nacht, als Oprah das Team bei Vollmond in Dawson anführte. Es war so kalt, dass der Atem der Hunde in der Luft gefror und in Kristallen wieder auf ihre Köpfe und Rücken herabfiel, so dass alle Hunde von einem Silberschimmer umgeben waren, den George »Oprah im Mondschein« nannte. Oprah's Vater, Alkas'iber's Steely Dan, SDX war der beste Leithund der Cooks. Sein Vater wiederum war der kanadische Champion Channikko's Nordic Digger, Am CD, Can CDX, Can TD, TT. Digger, wie er genannt wurde, war ein fabelhafter Leithund, immer begeistert bei der Arbeit und mit einem gewissen Sinn für Humor. Außerdem rettete er das Leben eines vermissten dreijährigen Jungen und absolvierte tausende von Stunden als Therapiehund.

Monte, mit vollem Namen Ch. Stormwatch's Montana (Ch. Black Oaks Arctic Trace ex Black Oak's Arctic Baircrest), lief zweimal im Iditarod Rennen, einmal im Yukon Quest und in vielen anderen Langstreckenrennen. Im Jahr 1995 erhielt er einen Sonderpreis auf der National Specialty in der Schlittenhundeklasse, außerdem den Titel *Best Opposite Sex* in der Klasse »Gezüchtet vom Aussteller« auf der Siberian Husky Club of Anchorage Specialty 1996 und *Best Opposite Sex* auf der Siberian Husky Club of America

Ch. Alkas'iber's Pumpkin Seed SD, ein Ausstellungssieger und Veteran des Zwingers Yukon Quest.

Ch. Stormwatch's Montana, bewährt auf Rennen und Ausstellungen. Foto mit freundlicher Genehmigung von Bishop Photography.

National Specialty 1998 gegen eine Konkurrenz von über 180 guten Hündinnen und Rüden.

In Monte's Ahnentafel kommt Izok of Gap Mountain zwölf Generation zurück mütterlicherseits vor, hinter Ch. Frosty Aire's Banner Boy, CD. Banner brachte aus einer Verpaarung mit Kameo of Kazan den Ch. Alakazan's Nikolai, den Vater von Ch. Innisfree's Pegasus, der wiederum Vater von Ch. Innisfree's Lady Shandilar war, der Mutter von Ch. Black Oak's Winter Stormwatch, CD, SD. Winter ist der Vater von Black Oak's Arctic Baircrest, Montes Mutter.

Ch. Alkas'iber's Pumpkin Seed, SD (Ch. Dama's Matanuska of Shonko ex Konik's Kountry Pumpkin) war der Hingucker des Jahres 1992 beim Yukon Quest für das Züchterteam Janet und Gary Cingel sowie George und Ann Cook. Essie, wie sie genannt wird, ist von roter Fellfarbe und wurde von den Veteranen des Rennens nur als »der kleine goldene Hund« bezeichnet. Sie hat seitdem die Rennen von Labrador, Can-Am und andere Langstreckenrennen absolviert. Im Oktober 1994 errang sie ihren Championtitel, wobei ihr fließender Bewegungsablauf ihr sehr zugute kam.

Essie's Vater Mat war ein national erfolgreicher Ausstellungshund, der in Cooks Team als Deichselhund lief. Auf beiden Seiten von Essie's Ahnentafel finden wir in zehnter Generation Izok of Gap Mountain, hinter Ch. Frosty Aire's Banner Boy, CD. Izok brachte aus einer Verpaarung mit Aleka's Sonya Sonya's Torger. Die Fosters erhielten dann aus einer Verpaarung von Ch. Kenai Kittee of Beauchien CDX mit Sonya's Torger den Rüden Frosty Aire's Tobuk, den Vater von Ch. Frosty Aire's Beauchien CD, der wiederum Vater des berühmten fünfköpfigen Champion-Wurfes war, in dem auch Ch. Frosty Aire's Beau-Tuk Balto lag. Balto wurde zum Vater von Ch. Frosty Aire's Banner Boy.

Erst an dieser Stelle, bei Banner Boy, weicht Essie's Ahnentafel ab. Auf mütterlicher Seite zeugte Banner Boy den Ch. Troika's Demishka, Vater von Digger. Digger ist der Vater von Dan, der wiederum Vater von Konik's Kountry Pumpkin ist, einem Leithund des Zwingers von Gary und Janet Cingel. Auf der väterlichen Seite von

Siberian Husky -Heute-

Essie zeugte Banner Boy den Ch. Alakazan's Nikolai, Vater von Ch. Tawny Hill's Gaibryel – Vater von Shonko's Dontcha Dare, Vater von Mat. Interestingly auf der mütterlichen Seite in Essie's Ahnentafel hinter Konik's Silver Streak ist Nicko II of Little Alaska (Leonard of Penn Forest ex Dagwong of Little Alaska) – eine doppelte Gatineau-Abstammung also.

DIE VERBINDUNG

Lassen Sie uns noch einmal zu den fünf Würfen zurückkehren, die Mitte der 1930er Jahre von Kreevanka und Tosca fielen. Wir hatten bereits festgestellt, dass Ch. Vanka of Seppala II in den Ahnentafeln heutiger Hunde oft vertreten ist. Ein weiterer sehr einflussreicher Nachkomme war Burka of Seppala, der 1942 mit Delzeue of Cold River (Sapsuk of Seppala ex Chuchi of Seppala) verpaart wurde und Valuiki of Cold River (den Stammrüden des Monadnock Zwingers) und Bugs brachte. Bugs, auch bekannt als Cub, wurde mit Foxstand's Sukey (geb. 1940) verpaart und brachte Candia, einen Hund, der in der Zucht des Alaskan Anadyr Zwingers der Familie Norris eine Schlüsselrolle spielte.

T-Cheeakio of Alyeska (geb.1938, Belford's Wolf ex Cheeak of Alyeska) wurde verpaart mit Ipuk of Alyeska (geb. 1941, Ch. Wonalancet's Baldy of Alyeska ex Cheeak of Alyeska) und brachte Keo of Alyeska. Sie wurde 1944 auch mit Czar of Alyeska verpaart (geb. 1941, Wolfe of Seppala ex Ch. Cheenah of Alyeska) und brachte Chinook's Alladin of Alyeska.

T-Cheeakio wurde dann mit Ch. Wonalancet's Baldy of Alyeska verpaart und brachte im Jahr 1949 Alyeska's Kobuk of Chinook.

In den Jahren von 1947 bis 1953 verpasste Alladin nicht ein einziges Rennen im Norris Team und lief immer als Leithund allein an der Spitze. Unter seinen Nachkommen waren zahlreiche Leithunde von Siegerteams wie das Women's Alaskan Team von Kit MacInnes oder die Women's North American Championship.

Im Zwinger der Norrises wurde er mit Bayou of Foxstand verpaart und brachte Ch. U-Chee of Anadyr, die neben El Ferro häufig im Arctic-Zwinger von Norbert und Kathleen Kanzler sowie Charlotte Reynolds Verwendung fand und steht im Chovotka-Zwinger von Bob und Dorothy Page hinter der Linie der Frosty Aire-Hunde. Aus einer Paarung mit Papka of Ananen brachte Alladin die Welpen Alaskan's Sestra of Anadyr, Alaskan's Tawny Lad of Anadyr und Alaskan's Chorni of Anadyr. Alladin wurde mit seiner Tochter Dirka of Anadyr (Alladin ex Candia) gepaart und brachte Akiak of Anadyr, die Mutter von Monadnock's Nadya. Mit seiner anderen Tochter Ch. U-Chee of Anadyr brachte er Czar of Anadyr, den Vater von Ch. Stony River's Ootah (aus dem gleichen Wurf wie Czar of Anadyr und Pasco of Anadyr). Diese beiden Hunde stehen hinter Ch.

T-Cheeakio of Alyeska aus dem Chinook-Zwinger.

Siberian Huskies in Nordamerika

Natalie und Earl mit Alladin, dem »Hund ihres Lebens«.

Monadnock's Norina, der Mutter von Ch. Monadnock's Aleka und Ch. Monadnock's King (Sohn von Ch. Monadnock's Pando).

Yaddam of Husky Haven ex Dirka of Anadyr brachte Natasha of Anadyr, Ch. Noho of Anadyr, Carka of Anadyr und Baridia of Anadyr. Aus einer Paarung von Alladin und Natasha fiel die Leithündin Nebesna of Polaris, Mutter von Ch. Babbet of Lakota.

Eine weitere Schlüsselrolle spielte Igloo Pak's Tok. Er war der persönliche Favorit von Doc Lombard. Tok war Jahrgang 1957 und zwölf Jahre alt, als er im Jahr 1970 im siegreichen Anchorage Fur Rondy Team mitlief.

Toks Einfluss auf die Siberian Huskies von heute kann gar nicht unterschätzt werden. Seine Nachkommen finden sich in den Ahnentafeln solcher Hunde wie Alaskan's Jafet of Anadyr, Posey's Willewah und Ch. Yeso Pac's Reynard (Yeso Pac und Marlytuk), Ch. Doonauk's Keemah (Doonauk, Marlytuk, Savdajaure), Yeso Pac's Anyia (Yeso Pac, Sno Fame) und in zahlreichen Schlittenhundezwingern wie Arctic Trail, Foxhaunt, Little Alaska, Lokiboden, Heritage North, Komet, Natomah, Caribou, Northome, Sepp-Alta und Zero.

ANDERE EINFLUSSREICHE HUNDE
Es war Natalie Jubin vom Norris-Zwinger, die Chinook's Alladin of Alyeska und zehn weitere Hunde mit nach Alaska brachte. Die von Bill Shearer gekaufte Candia wurde im Jahr 1946 mit Alladin gepaart und bescherte dem Norris-Zwinger T-Serko of Anadyr und Dirka of Anadyr (die Mutter von Noho of Anadyr, Carka of Anadyr, Baridia of Anadyr und Natasha of Anadyr). Starina of Gatineau (Foxstand's Saint ex Ilona of Seppala) stammte aus dem Zwinger von Don McFaul und wurde 1951 mit T-Serko of Anadyr gepaart, woraus Ch. Bonzo of Anadyr CD hervorging, der im Alter von drei Jahren der erste hervorstechende Leithund der Norrises wurde. Im Jahr 1955 errang er als erster Siberian Husky den Titel *Best in Show* aller Rassen, außerdem war er einer der vier Siberians, die sowohl einen Obedience- als auch einen Championtitel vorweisen konnten. Bonzo's Bruder Tyone of Anadyr steht in den Ahnentafeln hinter Innisfree's Rashiri of A'Baska und Harding's Gingeroe, der in den Ahnentafeln von Hunden aus den Zwingern von Martha Lake und Kimiluk (Kanada) zu finden ist.

In der Zwischenzeit hatte Short Seeley Alyeska's Kobuk of Chinook mit Keo of Alyeska gepaart und erhielt daraus im Jahr 1953 Alyeska's Sugrut of Chinook und Bluie of Chinook. Sugrut wurde mit Monadnock's Flash gepaart und brachte Columbia's Admiral, den Vater von Ch. Koonah's Red Kiska. Doc Lombard erwarb Sugrut und paarte ihn mit Igloo Pak's Misty (Foxstand's Pontiac ex Chogoandoe's Vanya), woraus am 17. November 1957 der

Igloo Pak's Tok, mit 12 Jahren immer noch im Rennsport aktiv.

berühmte Igloo Pak's Tok fiel. Einige Zeit später ging Sugrut in den Besitz der Norrises über, die ihn mit Vixen of Anadyr (Carka of Anadyr ex Ava of Husky Haven) paarten und daraus den schnellsten Hund erhielten, den sie je besessen hatten – Alaskan's Nicolai of Anadyr, Wurfdatum 10. November 1958 (Wurfgeschwister waren Alaskan's Polyanka of Anadyr und Alaskan's Vixen of Anadyr II).

Ch. Bonzo of Anadyr CD war, wie Natalie Norris in dem Buch *Racing Alaskan Sled Dogs* (Autor: Bill Vaudrin, erschienen 1976) sagte, einer der vier Leithunde aus ihrem Besitz, der die Bezeichnung »Hund des Lebens« verdiente. Die anderen waren Nicolai (der Großvater von Nicolai II), Bonzo und Alladin. Jeder war auf seine Weise ein außergewöhnliches Individuum. Das bereits oben erwähnte Buch enthält Beiträge von den 23 prominentesten Schlittenhundefahrern wie George Attla, Gareth Wright, Lombard und Belford, Joe Redington senior und Dick Tozier. Weiter finden sich dort Biographien von achtzehn bekannten Leithunden wie Doc Lombard's Nellie, George Attla's Johnny und Blue, Earl und Natalie's Alladin und Bonzo und Kit MacInnes's Ch. Tyndrum's Oslo CDX (Pando of Monadnock x Ch. U-Chee of Anadyr).

Zu Bonzos verdienstvollsten Taten gehörte es, Mitte der 1950er Jahre in den Championatsrennen einiges an Preisgeldern für Earl und Natalie einzulaufen, wunderbar in Obedience-Prüfungen und im Schauring abzuschneiden und zusammen mit Ch. Babbet of Lakota einen Wurf zu zeugen, der großen, überregionalen Einfluss auf die Zuchtprogramme der Rasse haben sollte. Ein Welpe dieses Wurfes war Alaskan's Bon-Bon of Anadyr, die Mutter des berühmten Leithundes Alaskan's Astro of Anadyr. Zwei weitere Wurfgeschwister, Cawkick of Lakota und Poko Bueno of Lakota, formten die Zuchtprogramme der Zwinger Dichoda und S-K-Mo, während der vierte, Alaskan's Babbette of Anadyr, den viermaligen Iditarod-Leithund Alaskan's Ko-Ka-Nok of Anadyr hervorbrachte. Ein fünfter, Am. Can. Ch. Chuchi of Anadyr, übte zuerst an der Westküste der USA, später in Australien über Huskihaus Indy of Kiska großen Einfluss auf die Zucht aus.

DIE TRENNUNG

Der erste Rassestandard wurde 1930 aufgestellt, in dem Jahr, als der American Kennel Club den Siberian Husky als eigenständige Rasse anerkannte. Offensichtlich beschrieb dieses Dokument Hunde wie Fritz, Toto, Togo, Tosca und Kreevanka – alles Schlittenhunde. Der erste Absatz des Standards lautete: »Er sollte außergewöhnlich aktiv, schnell und leichtfüßig sowie in der Lage sein, im Geschirr Lasten über kürzere Entfernungen mit einer Geschwindigkeit von etwa 20 Meilen pro Stunde zu transportieren.« In der Tat wurden fast alle zu dieser Zeit in den

USA gezüchteten Siberian Huskies auch zu Rennen eingesetzt; Entscheidungen hinsichtlich Zuchtplanung wurden eigentlich nur auf dem Hintergrund getroffen, ob der betreffende Hund in der Lage sein würde, Rennen für Leute wie Leonard Seppala, Elizabeth Ricker, Millie Turner, Harry Wheeler, Bill Shearer, Short Seeley und andere zu gewinnen.

Es ist gemeinhin bekannt, dass heute in den USA zwei verschiedene Typen des Siberian Husky existieren – der Ausstellungshund und der Schlittenhund. Das ist schade, aber vermutlich in einem so großen Land unvermeidlich. Sobald die Rasse zu Beginn der 1950er Jahre ins nationale Bewusstsein gerückt war, trugen verschiedene Faktoren zu ihrer beschleunigten Aufsplittung bei.

Der Rüde Ch. Monadnock's Pando wurde zu einer echten Berühmtheit, da er von 1957 bis 1961 vier Rassezuchtschauen und fünfmal in Folge den Titel *Best of Breed* in Westminster gewonnen hatte – die Folge war, dass blauäugige, schwarz-weiße Hunde in den Augen der Öffentlichkeit zum Prototyp des Siberian Husky avancierten. Short Seeley und Lorna Demidoff waren beide in einem Alter, in dem man selbst aktiv keine Rennen mehr fährt, aber sie nahmen an Ausstellungen teil und machten Ausstellungserfolg zu einem Kriterium für ihre Zuchtauswahl.

In den goldenen, vom Wirtschaftsaufschwung gekennzeichneten 1950er und 1960er Jahren gaben die Menschen bereitwillig Geld für Autofahren und das Hobby Hund aus. Die Beliebtheit des Siberian Husky als Ausstellungshund stieg geradezu explosionsartig und fiel zeitlich genau mit der Entdeckung des Alaskan Husky als schnellerem Schlittenhund zusammen. Da in den südlichen Bundesstaaten der USA

Bonzo war nicht nur ein siegreicher Renner, sondern auch erfolgreicher Deckrüde, Ausstellungssieger und Obedience-Wettkämpfer.

lebende Besitzer ihre Hunde wegen des feuchtwarmen Klimas nicht zu Rennen einsetzen konnten, trafen sie ihre Zuchtentscheidungen nicht nach Kriterien wie Leistungsfähigkeit, sondern eher nach der von den Richtern im Ausstellungsring gewünschten Kopf- oder Körperform; wobei die meisten Ausstellungsrichter weder Wissen über diese Rasse noch Erfahrungen mit ihr besaßen.

In den USA können ernsthaft gearbeitete Siberian Huskies sowohl in Sprint- als auch in Mittel- und Langstreckenrennen durchaus mit den besten Alaskan Huskies der Welt konkurrieren. Nach dem Prinzip »form follows function« können Siberian Huskies im Sprint bei Alaskan Huskies mithalten und eine Geschwindigkeit von etwa 30 Stundenkilometern über eine Distanz von 9 - 10 km aufrecht erhalten. Die Durchschnittsgeschwindigkeit von auf Langstrecken trainierten Hunden liegt in der

Regel bei etwa 16 - 20 Stundenkilometern.

Hunde, die unter der großen Mehrheit der Richter im Ausstellungsring Erfolg haben, haben in der Regel einen kürzeren Rumpf, rundere und schwerere Knochen und einen kürzeren Fang; sie tragen mehr Gewicht, sind kürzer gefesselt und bewegen sich weniger leichtfüßig, sondern eher mit schwingender Oberlinie. Sowohl Vor- als auch Hinterhand sind weniger gewinkelt und dunkle Gesichter kommen nur äußerst selten vor.

In den 1950er und den frühen 1960er Jahren gab es nur ganz wenige erfolgreiche Schlittenhunde, die auch auf Ausstellungen erfolgreich waren oder gar einen Championtitel errungen hatten. Dies lag aber nicht daran, dass die Züchter nicht beides angestrebt hätten, sondern daran, dass sie recht schnell eine wichtige Gesetzmäßigkeit erkannten: Hunde mit dem Potenzial zum Ausstellungssieger werden niemals erstklassige Schlittenhunde und umgekehrt. Leider!

HUNDE VON HEUTE

In den frühen 1990er Jahren fanden sich, zum Segen für die Rasse, einige Richter, die nicht nur den Rassestandard wirklich begriffen hatten, sondern auch dazu bereit waren, einmal die ausgetretenen Pfade zu verlassen. Leider gibt es immer noch viel zu wenige Richter diesen Kalibers, aber dank der wenigen gibt es heute im Ausstellungsring bereits wesentlich mehr erstklassige Schlittenhunde zu sehen als in den gesamten vierzig Jahren zuvor. Hunde, die das Iditarod absolvierten oder Sieger von Rennen über mittlere Distanzen, haben inzwischen auch mehrere Zuchtausstellungen gewonnen. Wahrscheinlich bleibt es aber leider nach wie vor zweifelhaft, ob je einmal ein im Sprintrennen erfolgreicher Hund einen Championtitel erringen wird, was daran liegt, dass erfolgreiche Sprinter oft einen zu extremen Körperbau haben.

11 SIBERIAN HUSKIES IN ALLER WELT

AUSTRALIEN

In vielen Ländern ist die Geschichte des Siberian Husky nur kurz. Auf alle Fälle trifft das für Australien zu, wo strenge Quarantänevorschriften die Einfuhr neuer Rassen nur dann zuließen, wenn der große persönliche Einsatz einzelner Enthusiasten alle behördlichen Schwierigkeiten überwand. So weckten 1971 die Schlittenhunde auf Schiffen australischer Forschungsstationen aus der Antarktis, die im Hafen von Melbourne einliefen, um neue Vorräte an Bord zu nehmen, das Interesse von Derry George. Von der Besatzung dieser Schiffe lernte er viel über das Wesen der Schlittenhunde. Nach ausführlichen Nachfragen und langem Suchen gelang es ihm schließlich im Jahr 1976, einen schwarz-weißen Siberian Husky Rüden namens Forstal's Tumac mit zwei verschiedenfarbigen Augen aus dem englischen Forstal-Zwinger von Frau Leich zu importieren.

Im November des gleichen Jahres kam die Hündin Danlee Karelia aus dem Danlee Zwinger von Sandra Bayliss, England, hinzu. Karelia war silbergrau und weiß, eine braunäugige Schönheit mit einem liebenswerten Wesen. Karelia und Tumac brachten im September 1978 zusammen den ersten australischen Wurf von Siberian Huskies: ein Rüde, Myvore Yuri, und zwei Hündinnen, Myvore Lara and Michaela.

Myvore Yuri wurde zunächst als Familienhund abgegeben; seine Schwester Lara ging an John und Carole Perkins nach Victoria. Man kam mit Charlene Wasson

Das Team von Mitch Blockley (Northstar Siberians) auf dem Weg zum Sieg im Altitude 5000 Pedigree Pal Schlittenhunde Derby von 1997.

(Hunevoss Zwinger) aus Neuseeland überein, Lara einen Rüden zur Gesellschaft zu geben. Der aus Neuseeland importierte Tushin of Hunevoss war ein Nachkomme von Tameila Rjukaan und Forstal's Nadia, den ersten Siberian Huskies Neuseelands. So wie Lara aus dem ersten in Australien geborenen Wurf stammte, gehörte Tushin zum ersten neuseeländischen Wurf. Die Familie Perkins wählte für sich den Zwingernamen Frostypines aus züchtete in den folgenden Jahren zahlreiche Würfe.

Derry George importierte 1979 eine weitere Hündin, Skimarque Duska, aus dem Skimarque-Zwinger von Jenny Manley in England, eine rot-weiße mit haselnussbraunen Augen. Skimarque Duska wurde mit Forstal's Tumac gepaart und brachte im Mai 1980 den zweiten australischen Wurf, in dem drei Rüden und zwei Hündinnen lagen. Für sich selbst behielt Derry George die Hündin Myvore Anna, die beiden Rüden wurden an Wendy Newton (Myvore Ilya) und Edna Harper (Myvore Layka) verkauft. Layka wurde später zur Stammhündin des Kolyma-Zwingers. Lorraine Bell aus dem Westen Australiens kaufte Myvore Inuk, der zum Stammrüden der Kimoberg-Siberian Huskies wurde.

Myvore Ilya wurde später verkauft, aber Wendy Newton (Chukchi) kaufte die ersten drei Importe von Derry George und importierte einen weiteren Rüden von Lynn Harrison aus England, den schwarz-weißen Brushbow's Atlatl.

Von Carole Perkins kaufte Mrs. Harper die Hündin Frostypines Anya und gründete mit ihr und Myvore Layka ihren eigenen Zwinger. Später importierte sie den grau-weißen Rüden Rossfort Nijinski aus dem englischen Rossfort-Zwinger und zwei Hündinnen aus dem Innisfree Zwinger in den USA: Innisfree N York Touch O' Class, eine grau-weiße mit braunen Augen, und Innisfree N York Blazing Star, eine rot-weiße.

Auch Lorraine Bell importierte einen Rüden - Maicon's Goosak of Kimoberg (rot-weiß, verschiedenfarbige Augen) und die Hündin Asturias Zaika (grau/weiß mit braunen Augen). Goosak kam aus Amerika, Zaika aus England.

Dank der 1994 geänderten Gesetzesgrundlage, nach der Hunde nicht mehr wie bisher 180, sondern nur noch 30 Tage in Quarantäne bleiben müssen, werden heute wesentlich mehr Siberian Huskies nach Australien eingeführt.

SCHLITTENHUNDE

Das erste Schlittenhunderennen Australiens fand 1987 in den Schneegebieten der Alpen von Victoria statt. Das Interesse an in Rennen eingesetzten Huskies stieg danach stark an und führte zur Gründung des Siberian Husky Club of Victoria, der weitere Rennen veranstaltete. Der nächste Bundesstaat, in dem Schlittenhunderennen stattfanden, war South Australia. Auch dies gab dem Interesse am Schlittenhundesport neuen Aufschwung und kurze Zeit später wurde die erste unabhängige Interessenvertretung gegründet, nämlich der Undera Sled Dog Club. Zu Beginn bestand seine Zielsetzung lediglich darin, jedes Jahr im Juni zum Geburtstag der Queen ein Schlittenhunderennen zu organisieren. Heute gibt es unabhängige Vereine in Victoria, New South Wales, South Australia und Queensland.

Inzwischen sorgen zahlreiche Veranstaltungen von Mai bis August für eine geschäftige Saison, solange die Temperatur- und Wetterbedingungen es zulassen. Leider sind schneesichere Gebiete nur beschränkt verfügbar, da die meisten Schneegebiete sich in Naturparks befinden, in denen Hunde nicht erlaubt sind. Die meisten Rennen führen auf je nach Geländeformation verschiedenen Trails durch den Busch. Trails in Victoria führen eher durch flaches Gebiet, in New South Wales ist es hügeliger und in Queensland sandig. Alle Rennen werden nach festgelegten Regeln und unter der Aufsicht unabhängiger Beobachter durchgeführt.

ZUCHTVERBÄNDE UND AUSSTELLUNGEN

In Australien gibt es mehrere Zuchtverbände für die Rasse, die wichtigsten sind der SHC of New South Wales, der SHC of Victoria, der Siberian Husky und Alaskan Malamute Club of South Australia und der SHC of Queensland. In Australien gibt es keinen nationalen Zuchtverband.

Im Jahr 1986 existierten nur 160 registrierte Siberian Huskies, aber nur zehn Jahre später waren es bereits 1223 Stück. Heute gehört der Siberian Husky zu den sechs beliebtesten Hunderassen Australiens. Mit der wachsenden Popularität der Rasse ging natürlich auch ein entsprechend gestiegenes Interesse an Ausstellungen einher. Um in Australien einen Championtitel zu erringen, muss ein Hund 100 Punkte auf einer Championatsausstellung sammeln und ein Challenge Certificate (CC) vorweisen können. Jedes CC zählt 5 Punkte, hinzu kommt je ein Punkt für jeden Hund des gleichen Geschlechtes, der in der Konkurrenz übertroffen wurde. Der Titel »Best in Group« ist 25 Punkte wert. Im Januar 1998 hat man den Titel »Grand Champion« eingeführt für Hunde, die die Schallgrenze von 1000 Punkten erreichen. Die in Teilnehmerzahlen gemessen größte Ausstellung ist die Melbourne Royal Show, an der etwa 6000 Aussteller teilnehmen und die die größte Veranstaltung ihrer Art auf der südlichen Erdhalbkugel ist. Jeder Bundesstaat hat seine »Royal Show«, das ist die in der Regel größte und am meisten beworbene Veranstaltung.

DÄNEMARK

Der erste Siberian Husky wurde im Jahr 1968 nach Dänemark importiert. Allerellies Candy gehörte Grethe Westring, kam von Gunnar Allerellie aus Kanada und brachte ihren ersten Wurf im März 1969. Vater des Wurfes war der Rüde Baro im Besitz von Alf Andersen aus Norwegen.

Im darauf folgenden Jahr brachte Candy einen ganzen Wurf reinweißer Welpen, allesamt Rüden. Es war der erste reinweiße Wurf in ganz Europa! Der Vater war Green Beret's Snowy Arctic, der aus Holland (Nancy van Gelderen-Parker) stammte.

Grethe Westring vom Chukchi-Zwinger importierte einige Rüden, die den Grundstein für eine Weiterzucht der Rasse in Dänemark legten: Green Beret's Snowy Arctic, Alaskan's Kaltag of Anadyr (1971 aus dem Anadyr-Zwinger der Familie Norris in Alaska importiert), Klondike's M'U Kaltag (1977 aus der Schweiz), Kree Vanka Frosted Finnstar (1976 aus Finnland von Stina Blomqvist) und Chilkoot's Moody (1981 aus der Schweiz).

Die Rasse ist heute in Dänemark zahlenmäßig noch relativ klein mit etwa 175 Mitgliedern im Zuchtverband und etwa 25 Zuchtzwingern.

Elly und Jorgen Hansen gründeten ihren Zwinger im Jahr 1970, 1977 führten sie Arnack of Tamarack und 1982 Balou of Sikusalingmiut ein. Balou wurde Vater eines sechsköpfigen Wurfes, der 1984 in englischer Quarantäne das Licht der Welt erblickte. Im Jahr 1996 importierten die Hansens von Karsten Gronas aus Norwegen den Rüden Bacon av Vargevass.

Bodil Nielsen (Setzoniaze). Alle Hunde des Teams sind Nachfahren von Grethe Westrings Hunden.

Heute werden in Dänemark etwa 15 Schlittenhunderennen pro Jahr veranstaltet. Die meisten davon werden, vor allen Dingen während der letzten Jahre, aus Mangel an Schnee mit dreirädrigen Wagen auf Naturboden abgehalten.

Der dänische Zuchtverband für Siberian Huskies veranstaltet fünf Ausstellungen pro Jahr. Viele der ausgestellten Hunde werden auch im Rennsport eingesetzt. Im Jahr 1999 feierte der Zuchtverband auf einer Ausstellung mit Karsten Gronas als Richter sein 25-jähriges Bestehen.

FINNLAND
Einer der ersten Musher Alaskas war der in Finnland geborene Johan Johannson (John »Ironman« Johnson), der im Jahr 1910 das All Alaska Sweepstakes Rennen gewann – eine Distanz von 408 Meilen in einer Rekordzeit von 74 Stunden, 14 Minuten und 37 Sekunden. Während Ironman Johnson in Alaska bereits in der Frühphase des Schlittenhundesportes mit Siberian Huskies zu tun hatte, dauerte es noch eine ganze Zeit, bis der erste Husky nach Finnland kam. Es handelte sich dabei um Anya-Alyeska, die 1965 von Kerstin Almi aus der Schweiz geholt wurde. Der erste in Finnland geborene Wurf stammte aus der Zucht von Esa und und Raili Mantysalo, die im Übrigen auch die ersten Finnen waren, die ihre Hunde im Geschirr laufen ließen. Die Wintertemperaturen fallen in Finnland bis unter 40 Grad, und da das Land nur dünn besiedelt ist, finden sich mit Leichtigkeit ruhige Wege, Wälder oder Seen, um Schlittenhunde zu trainieren. Besonders im Norden ist es möglich, tagelang mit Hunden unterwegs zu sein, ohne einer Menschenseele zu begegnen. Das einzige Problem, mit dem Musher hier konfrontiert werden, ist, dass die einheimischen Farmer sich häufig traditionell mit der Zucht von Rentieren befassen – und Rentiere und Huskies kommen nicht immer gut miteinander zurecht!

Der erste Vorsitzende des Finnish Siberian Husky Club (FSHC) war Esa Mantysalo, der auch in zahlreichen Rennen siegte. Sein erster Siberian Husky war eine Hündin namens Kanakanak's Kishka, die noch im Leib ihrer Mutter Monadnock's Konyak of Kazan nach Finnland kam. Sie brachte sechs Welpen, eine Hündin und fünf Rüden.

Einer dieser Rüden, Ahtojaan Piko, wurde von Stina Blomqvist (Kree Vanka Zwinger) gekauft. Die hauptsächlich in den Hunden des Kree Vanka Zwingers vorkommende Blutlinie ist Anadyr (Earl und Natalie Norris, Alaska). Stina importierte Green Beret's Snowy Angara, die erfolgreich mit Alaskan's Siber II of Anadyr verpaart wurde. Für sich selbst behielt sie zwei Welpen. Stina stellte ihre Siberian Huskies nicht nur aus, sondern setzte sie auch im Schlittenhundesport ein – sie gewann mit ihrem Team das finnische Championat gleich dreimal hintereinander!

Siberian Huskies in aller Welt

Im Jahr 1967 gab es gerade einmal etwa zehn Huskies in Finnland – zu dieser Zeit wurde der Finnish Siberian Husky Club gegründet, zu dessen Gründungsmitgliedern auch Stina Blomqvist zählte.

Das erste Trainingscamp für Schlittenhunde fand vom 24. - 26. September 1968 in Lokalahti statt. Acht Clubmitglieder, zehn Siberian Huskies, zwei Alaskan Malamutes und drei Samoyeden nahmen teil. Während der nächsten Jahre baute der Club seine Aktivitäten beständig weiter aus und registrierte weitere Hunde. Man nahm Kontakt zu Clubs in anderen skandinavischen Ländern auf und veranstaltete regelmäßig mit den Schweden und Norwegern gemeinsame Wettkämpfe.

Die finnischen Huskies der 1970er Jahre waren hauptsächlich schwarz-weiß und meist blauäugig, da sie aus Linien amerikanischer Ausstellungshunde stammten. Man begann erst über andere Typen innerhalb der Rasse zu diskutieren, als norwegische Hunde die Konkurrenz beim Championat von 1977 um Meilen hinter sich ließen. Konnte es sein, dass der Erfolg dieser Hunde etwas mit ihrer Abstammung aus Arbeitshunde-Blutlinien zu tun hatte? Dies war der Wendepunkt für die Zucht von Siberian Huskies in Finnland.

Viele aktive Musher überdachten die Zusammensetzung ihrer Teams neu und kauften Hunde aus amerikanischen, norwegischen, kanadischen und niederländischen Arbeitshunde-Blutlinien hinzu. Die bemerkenswertesten dieser Hunde waren Arctic Trail's Who of Kelson, Igloo Pak's Candy To, Nugget of Calivali, Alaskan's Victor of Anadyr und Arctic Trail's Wing. Candy, Nugget, Victor und Wing wurden zu Begründern neuer Blutlinien innerhalb der Rasse. Sie wurden alle in Rennen eingesetzt, aber wegen der Einstellung der meisten Ausstellungsrichter zu Arbeitshunden nur selten ausgestellt. Heute lassen sich in Finnland viele verschiedene Rassetypen finden, einige Züchter erhalten nach wie vor den ursprünglich importierten Originaltyp. Letztendlich überlebt der Club jedoch nur als ein Resultat des aktiven Renngeschehens. Der FSHC bekam schließlich auch die offizielle Anerkennung des finnischen Dachverbandes für Hundezucht als zuständiger Zuchtverband für den Siberian Husky. Im Jahr 1975 wurden 500 Huskies registriert; die Gesamtzahl der Hunde betrug 1300, die der Mitglieder 500, die der in Rennen aktiven Teams 330 und die Zahl der Meldung für Ausstellungen 230.

In den 1980er Jahren wurden etwa 300 Hunde pro Jahr registriert, der Schlitten-

Nugget of Calivali - einer der ersten Originalimporte aus den USA mit bedeutendem Einfluss auf die finnische Zucht.

Siberian Husky -Heute-

Polar Speed Tukkimo (Igloo Pak Candy To x Arctic Trail's Who of Kelso).

hundesport wurde zusehends populärer. Viele der Pioniere, die in den achtziger Jahren in der Klasse für drei Hunde begannen, zählen heute zu den Top-Fahrern. Einige Musher sind auch auf Alaskan Huskies umgestiegen, um noch schnellere Zeiten zu erreichen. Der Alaskan Husky ist oft eine Siberian Husky Kreuzung und gilt als schnellerer und in Rennen erfolgreicherer Hund, viele Mitglieder des FSHC sahen und sehen in dieser Tatsache aber auch eine Herausforderung, noch bessere und schnellere Hunde zu züchten. Die Bemühungen dieser Arbeit tragen heute ihre Früchte. Reijo Jaaskelainen (Zwinger Polar Speed) und Erkki Rantanen (Zwinger Endhill) haben bewiesen, dass ihre Siberian Huskies im Rennsport immer noch eine ernst zu nehmende Konkurrenz sind.

Der FSHC führte immer wieder spezielle Richterseminare durch und motivierte die Ausstellungsrichter zum Besuch von Veranstaltungen, auf denen man den Siberian Husky in einer natürlichen Umgebung studieren kann als im Ausstellungsring: Rennen und Trainingscamps.

Während der 1980er Jahre nahm das Wissen rund um den Schlittenhund dank der Gastvorträge und Seminare von Experten aus den USA zu, Dr. Charles Belford, Natalie Norris, Vincent Buoniello, Harris Dunlap und Doug Willett sind einige der Namen, die man in diesem Zusammenhang nennen muss. Generell war man der Meinung, dass die finnischen Hunde von hervorragender Qualität waren, einige gingen sogar so weit, zu behaupten, dass diese Tiere die Rettung für den Fortbestand des erfolgreich im Geschirr arbeitenden Siberian Huskies darstellten.

Als Finnland 1988 zum Tollwutgebiet erklärt wurde, konnten finnische Hunde nicht mehr an Rennen und Ausstellungen in Norwegen und Schweden teilnehmen, während ihnen die Einreise in andere europäische Länder gestattet blieb.

Der FSHC hat heute eine Reihe von Aufgaben zu erfüllen. Zum einen ist er der offizielle Repräsentant der Rasse für den finnischen Dachverband für Hundezucht. Außerdem ist er offiziell für die Ausarbeitung von Leistungsprüfungen für Siberian Huskies zuständig. Seit vielen Jahren sammelt der FSHC nicht nur Ahnentafeln, sondern auch jede andere nur erdenkliche Information über den Siberian Husky in Finnland. Zur generellen Information über die Rasse hat er außerdem das *Blue Book* herausgebracht, das den Husky-Enthusiasten als so etwas wie eine Bibel gilt. Es enthält umfangreiche Informationen über die Geschichte der Rasse sowie Gesundheits- und Ernährungsfragen.

Der zweifellos wichtigste Züchter in Finnland ist Reijo Jaaskelainen. Sein Polar Speed Zwinger hat über die Jahre hinweg hervorragende Schlittenhunde gestellt. Ursprünglich baute er die Zucht auf Hunden von Doc Lombard's Igloo Pak, Calivali und Lloyd Slocum's Arctic Trail auf. Später setzte er hauptsächlich Hunde aus seinem eigenen Alpirod-Team ein (das *Alpirod* war ein größeres europäisches Rennen). Heute ist der Name Polar Speed weithin bekannt und Reijo Jaaskelainen für seine besonderen Fähigkeiten im Umgang mit Hunden geschätzt.

Weitere bedeutende Zwinger sind Hopevuoren und Goosak. Der Hopevuoren Zwinger wurde 1978 mit Hunden der Vargevass-Linie aus Norwegen gegründet. Im Zwinger kommen verschiedene Typen vor, die meisten der Hunde sind aber geborene Langstreckenläufer.

Der Goosak Zwinger wurde 1986 gegründet, seine Hunde stammten hauptsächlich aus der amerikanischen Seppala-Linie, wobei die Stammrüden Satin of Sepp-Alta, Ash of Markovo und Tagil Barney waren. Satin ist ein Sohn von Beowulf of Sepp-Alta, Doug Willett's Leithund der frühen achtziger Jahre. Ash of Markovo war ein bedeutender Deckrüde im Vargevass-Zwinger von Karsten Gronas.

RENNEN
Das erste Rennen in Finnland fand 1969 statt, in den folgenden Jahren nahm die Zahl der Veranstaltungen beständig zu. Es gibt Rennen der verschiedensten Kategorien, vom 100-Meter Sprint bis zum Langstreckenrennen über mehrere Tage. Eine finnische Spezialität ist das Triathlon. Es besteht aus einem Sprintrennen, einer Strecke mit erhöhter Zugbelastung am ersten Tag und einer längeren Distanz am zweiten Tag. Nachdem das Alpirod-Rennen nicht mehr durchgeführt wurde, gab es kein weiteres Langstrecken-Rennen mehr in Europa, weshalb John Elomaa das Scandreaen-Rennen ins Leben rief. Es führt über eine Distanz von 686 km in sechs Tagen, 38 Teams aus den verschiedensten Ländern nehmen teil.

Das Rennen wurde vom finnischen Polar Speed-Team gewonnen, das selbst die Alaskan Huskies schlug – eine große Genugtuung für alle Freunde der rein gezogenen Siberian Huskies. Reijo war auch in weiteren Rennen mit seinen Siberian Huskies erfolgreich, so zum Beispiel im Nordic Marathon und im Finnmarkaloppet.

Außerdem richtet der FSHC jedes Jahr eine Ausstellung nur für Siberian Huskies aus. Die Richter sind Spezialisten für die Rasse und kennen sich bestens mit als Schlittenhunden arbeitenden Siberian Huskies aus. Um den Titel FIN MVA zu erhalten, ist nicht nur ein Championat auf der Ausstellung, sondern auch ein akzep-

Eila Kuusinen (Lumirinteen) ist heute immer noch in finnischen Rennen aktiv.

tables Resultat in einer Leistungsprüfung gefordert. Es gibt zwei verschieden Arten der Leistungsprüfung: die Rennleistungsprüfung, in der ein Hund die Rennstrecke innerhalb einer bestimmten Zeit zurücklegen muss (die Zeit wird prozentual nach der Siegerzeit bemessen). Die zweite Prüfung ist eine Handling-Prüfung, in welcher der Hund beweisen muss, dass er die allgemein gebräuchlichen Kommandos beim Schlittenhundesport beherrscht. Die Handling-Prüfung ist in zwei Klassen unterteilt: Leithunde und andere.

Der Titel FIN KVA (Finnischer Arbeitshunde-Champion) setzt ebenfalls die Rennleistungsprüfung voraus, außerdem aber noch eine anspruchsvollere Handling-Prüfung und eine gute Bewertung auf der Ausstellung. Diese Titel werden vom finnischen Dachverband für Hundezucht vergeben, das einzige offiziell für Zucht und Zuchtbuchführung zuständige Organ in Finnland.

WEITERE AKTIVITÄTEN

Mehrere Zwinger haben Hunde, die an Obedience- und Agility-Wettkämpfen teilnehmen. Nadja av Vargevass (Leo av Vargevass-A ex Tatjana av Vargevass-A) im Besitz von Tuija Valkama war in beiden Sportarten aktiv.

Vor einigen Jahren wagten einige unternehmungslustige Menschen etwas, was noch nie jemand in Finnland zuvor getan hatte. Sie zogen in den Norden und begannen damit, ihre Hunde genau zu dem Zweck einzusetzen, der ihnen ursprünglich einmal zugedacht war – nämlich den Lebensunterhalt ihrer Besitzer zu sichern. Die wunderschöne Landschaft von Lappland und dem Osten Finnlands bietet eine geradezu ideale Kulisse für Abenteuertouren in den Ferien. Also organisierten diese Menschen Fahrten

Madame Stodkovic's May Be The Best De La Vallee de Morava: einer der erfolgreichsten Siberian Huskies des Jahres 1999.

mit dem Schlittenhundegespann und gaben so Touristen die Möglichkeit, einmal selbst Finnland aus der Perspektive hinter den Hunden zu erleben.

FRANKREICH

Die ersten Botschafter der Rasse kamen in den 1960er Jahren in Frankreich an, aber erst im Jahr 1972 wurden die ersten Siberian Huskies bei der Société Centrale Canine (SCC), dem französischen Dachverband für Hundezucht, registriert. Dies waren Kamut Kyat of Anadyr, Koliam du Patis au Roi und Alaskan's Igloo of Anadyr. Es gab nur einen einzigen offiziellen Zuchtverband, und der Siberian Husky wurde vom »Verband der Liebhaber des Samoyeden und nordischer Hunde«, später umbenannt in »Französischer Club für nordische Hunde«, geführt. Seit den frühen 1980er Jahren stieg die Beliebtheit der Rasse jedoch so stark an, dass 1989 der Zuchtverband Siberian Husky Frankreich gegründet wurde, der heute der offiziell zuständige Zuchtverband für die Rasse ist. Nach einem bemerkenswerten Popularitätsboom Mitte der neunziger Jahre, als die SCC bis zu 6000 Welpen pro Jahr registrierte, hat sich die jährliche Eintragungsrate für Welpen heute bei etwa 1000 bis 1300 eingependelt.

Die ersten Siberian Huskies Frankreichs stammten aus Blutlinien wie Alaskan Anadyr, Yeso Pac, Monadnock und Karnovanda sowie aus Importen aus dem englischen Forstal-Zwinger. Zu den ersten bekannten französischen Züchtern für Siberian Huskies zählten der Amarit-Zwinger (F. Mannato), l'Aurore Boreal (E. Oudin), O'Pieds Agiles (Y. Belmont), Amarok (M. Paranthoen) und Pointe Barrow (M. Heitzmann). Die französischen Champions der ersten Stunde waren Hunde wie Ch. Lupa (C. Leneuf), Ch. Chamak (F. Mannato) und später Ch. Amarok's Sergei (M. Paranthoen). Heute sind unter den bekanntesten Züchtern Frankreichs Baker Lake (E. Barba-Lopez), la Baisse de Leveillat (C. Bedarride), L'Igloo des Sables (G. Denance), Reves de Neige (B. Abadie) und Crystal Lake (M. Di Tommaso) zu nennen. Einer der besten Siberian Huskies der 1990er Jahre war der französische Champion (Brevet level 2) Eikinah de la Baisse de Leveillat im Besitz von M. Cayol. Im Ausstellungsring sind immer wieder aus dem belgischen Arctic Sun Zwinger (M. Manco) und aus dem kanadischen Tundrafoot-Zwinger (Knight) importierte Hunde präsent.

Die französischen Siberian Husky Züchter sind aktiv am internationalen Ausstellungsgeschehen beteiligt und mehreren französischen Hunden ist es über die Jahre hinweg gelungen, den begehrten Titel FCI International Champion zu erringen. Im Frühjahr 1999 hatte der Baker Lake Zwinger einen ganz besonderen Erfolg, als er mit vier verschiedenen Siberian Huskies auf internationalen Ausstellungen siegreich war. Ch. Moody Blues of Baker Lake errang auf der nationalen ungarischen Rassehundausstellung unter dem Richter Peter Harsany den Titel *Best in Specialty Show* und den Goldpokal für seine Besitzerin Angelique Pasquier. Zwei Wochen später errang Ch. Mitka Temudjin of Baker Lake im Besitz von Herrn G. Bellac, Schweiz, auf der FCI Welthundeausstellung in Mexiko den Titel mexikanischer Champion und 1999 World Show Champion unter den Richtern Rafael de Santiago (Portugal), Betsy Merill (Canada) und Jean Fournier (USA). Auf der gleichen Ausstellung errang Ch. Norma Jean of Baker Lake (Marilyn) das mexikanische Championat und stellte die Reserve für die Weltsiegerhündin 1999. Eine Woche später wurde Ch. Maybeline of Baker Lake auf der französischen Championatsausstellung 1999 in Paris von der holländischen Richterin Nancy van Gelderen-Parker mit dem CAC/CACIB belohnt, so dass ihrem internationalen Championatstitel nichts mehr im Wege stand.

RENNEN
Das Renngeschehen nahm in Frankreich mit einem 1979 am Col de la Schulcht veranstalteten Rennen seinen Beginn. Siberian Husky Teams gehörten mit den Fahrern Yannick Belmont, Franco Mannato und Monique Heitzmann-Bene zu den siegreichen Teams jener Zeit. Die erste Rennorganisation wurde 1980 gegründet: der *Club de Pulka et Traineau à Chiens*. Zu den im Rennsport aktiven Zwingern zählen heute O'Pieds Agiles (Belmont), Wolvescreek (S. Lescao) und Blau Fontein (I. Travadon) sowie einige weitere, kleinere Zwinger. Noch immer sind die Anadyr-Blutlinien in den Rennteams vorherrschend, aber in den 1990er Jahren wurden auch Zuchttiere aus Linien wie Sepp-Alta und Igloo Pak importiert, letztere vor allem aus

dem Polar Speed Zwinger von Reijo Jaaskelainen. Weiteres amerikanisches Zuchtmaterial wurde ebenfalls in jüngerer Zeit importiert, so dass sich in einigen Arbeitshundelinien Hunde aus den Zwingern Northome und Fortsalong wiederfinden.

Dr. Daniel Fourrier und Dr. Philippe Travadon gehörten in den 1990er Jahren zu den Top-Fahrern auf mittleren und langen Distanzen; Sophia Lescao und Isabelle Travadon in der unbeschränkten Klasse, Claude Tomasino und Raymond Arnoldi in der Klasse für acht Hunde, Thierry Fontaine und J.J. Court in der für 6 Hunde; Eric Guiral, Lionel Poncin und Gerard Chaudron in der Vierspänner-Klasse sowie Serge Heitz und Patrick Geley in der Skandinavier- und der Skijöring-Klasse.

Die SCC stellt zur Registrierung von Welpen eine vorläufige Ahnentafel aus. Um eine endgültige Ahnentafel und damit die Zuchtberechtigung zu erhalten, müssen die Hunde in Frankreich nochmals einem Rasserichter vorgestellt werden. Die Anforderungen an Siberian Huskies sind äußerst streng und beziehen sogar die Anzahl der Zähne und die Rutenhaltung mit ein. Einmal jährlich veranstaltet *Siberian Husky France* eine nationale Zuchtausstellung, auf der die Hunde individuell von Rassezuchtrichtern begutachtet werden und eine zwischen »exzellent« und »ungenügend« liegende Wertnote erhalten. Anschließend stimmt die Jury darüber ab, welcher der mit exzellent bewerteten Rüden und Hündinnen von so hoher Qualität sind, dass man sie als »empfehlenswert« einstuft, was den Züchtern die Möglichkeit eröffnet, mit diesen Hunden und deren Nachkommen auch um den Titel »Elite« zu konkurrieren. Die empfohlenen Rüden und Hündinnen werden auf Platz eins bis vier platziert, wobei der Erst- und der Zweitplatzierte jeweils ein CAC und Reserve CAC erhalten, die für die Qualifikation zum Titel »französischer Champion« angerechnet werden können.

Der Zuchtverband und die SCC bieten außerdem eine Arbeitshundeprüfung an, das »Brevet de Travail«. Sie kann in vier verschiedenen Schwierigkeitsstufen abgelegt werden, vom einfachen »Brevet« bis zum »Level 3 Brevet«. Die Hunde müssen dazu in anerkannten Rennen und registrierten Teams laufen, wobei sie, um sich für eines der Brevets zu qualifizieren, die Strecke innerhalb eines Zeitlimits zurücklegen müssen, das nach der Durchschnittszeit der drei besten Teams bemessen wird. Ein Hund mit dem Brevet Level 1 kann an offiziellen Arbeitshundeprüfungen teilnehmen, sein Nachweis ist auch die Mindestvoraussetzung, um den French Championship Show

Aus dem Zwinger Polar Speed gingen zahlreiche erfolgreiche Schlittenhunde hervor. Im Bild: Polar Speed Jasmini.

Thierry Fontaine und sein Sechser-Team 1999.

Titel zu erreichen. Hunde mit dem Brevet Level 3 (der höchsten Stufe) können in einer Konkurrenz um den Titel Arbeitshunde-Champion antreten. Neben Ausstellungen und Rennen nehmen Siberian Huskies auch an Agility-Wettkämpfen teil. Seit vor kurzem auch Obedience als Disziplin von der SCC offiziell anerkannt wurde, werden sicher auch einzelne Besitzer von Siberian Huskies künftig in dieser Sportart ihr Glück versuchen.

DEUTSCHLAND
In Deutschland gibt es den Siberian Husky seit mindestens dreißig Jahren und er ist heute dort eine sehr beliebte Rasse. Der erste Hund wurde 1967 registriert und stammte aus der Schweiz – es war Kamtschatka's Burning Daylight aus dem Besitz von Thomas Althaus, einem bekannten Rassespezialisten und Richter. Der Großvater dieses Hundes war der berühmte American Mulpus Brooks the Roadmaster. Weitere Importe folgten in den späten sechziger Jahren aus Holland, nämlich aus den Zwingern Matanuska von Liz Urlus und Green Beret von Nancy van Gelderen-Parker. Einige Hunde kamen auch aus Dänemark hinzu, so zum Beispiel aus dem Chukchi-Zwinger von Grethe Westring. Der im November 1972 von Anneliese Braun-Witschel gegründete Alka-Shan Zwinger ist vor allem für seine hervorragenden Arbeitshunde bekannt.

Anneliese Braun-Witschel erwarb ihren ersten Siberian Husky Kara of Chippoorwill in den frühen siebziger Jahren, als sie sich zur Ausbildung von Pferden im Osten der USA befand. Kara war eher fein gebaut, gescheckt und stammte aus Blutlinien von Ausstellungshunden wie Alakazan oder Marlytuk. Kara und ihr Sohn Eskimo of Northland Husky reisten zusammen mit Anneliese nach Deutschland zurück.

Kara wurde dort mit Matanuska's Chenuk Taku verpaart, der aus einer holländischen, auf Anadyr-Blut basierenden Linie stammte. Das Ergebnis war der A-Wurf mit Alaska Lady of Alka-Shan und Arctic Melody of Alka-Shan. Lady wurde mit ihrem Halbbruder Eskimo verpaart und brachte den Welpen, den Anneliese später als ihren »ersten bedeutenden Schlittenhund« bezeichnete, nämlich Black Magic of Alka-Shan. Im Jahr 1977 kaufte sie von H. Knott den schwarzen Rüden Kamtschatka's Borax hinzu. Knott verwendete für seinen Zwinger zu Beginn den Namen *Kamtschatka,* bevor er herausfand, dass die gleiche Bezeichnung bereits von Thomas Althaus in der Schweiz verwendet wurde. Er benannte seinen Zwinger folglich in *Ketchikan* um, die Hunde aus den ersten Würfen konnten jedoch nicht mehr umbenannt werden. Zu Borax' Vorfahren zählten zur Hälfte kanadische Ausstellungshunde und zur Hälfte niederländische Hunde (Anadyr). Zur Anadyr-Seite gehörten Hunde wie Voodoo of Anadyr und Green Beret's Snowy Dancer (Alaskan's Babiche of Anadyr ex Alaskan's Ginny). Letztere war eine Schwester von Snowy Angara, die sich in vielen Pedigrees der ersten skandinavischen Hunde finden lässt. Anneliese beschrieb Borax als von besonders gutem Körperbau, mit fließenden Gängen, intelligent und einer der zähesten Hunde, den sie je besessen hat.

Die Stammhündin des Alka-Shan Zwingers war Elegance-Elecktra of Alka-Shan, die aus einer Paarung mit Arctic Melody den Rüden Hideaway of Alka-Shan brachte, Annelieses bekanntesten Leithund und während der frühen achtziger Jahre erfolgreichen Deckrüden. Hideaway wurde wiederum mit seiner Mutter Elegance-Elecktra gepaart und sorgte für die N-, R- und Y-Würfe, deren Hunde den Kern von Annelieses 1985 im Championat siegreichen Achtspänner-Team stellten.

In den späten achtziger Jahren importierte der Alka-Shan Zwinger zur Aus-

Kamtschatka's Borax kam im Jahr 1977 in den Alka-Shan Zwinger.

Anneliese Braun-Witschel, hier mit Elektra und Hideaway als Leithunden und den Wurfgeschwistern Happy und Enjoy dahinter, anschließend der alleine laufende Black Magic sowie B-Timber (hinten rechts) und Kamtschatka's Borax (hinten links).

kreuzung einige Hunde aus modernen Leistungslinien. Ein ganz besonderer dieser Hunde, Ely of Sepp-Alta, brachte die Wildfarbe mit in die Zucht und wurde in Deutschland, den Niederlanden und Belgien so häufig als Deckrüde verwendet, dass er einen bedeutenden Einfluss auf die Zucht ausübte. Anneliese verwendete außerdem den Rüden Hercules of Sepp-Alta (bekannt als Hank) für ihre Hündinnen, woraus sie acht Hunde für ihr auf Langstrecken in den USA siegreiches, zehnköpfiges Erfolgsteam gewann. Anneliese ist nach wie vor in der Zucht und im Schlittenhundesport aktiv.

Weitere Hunde wurden aus Kanada und Finnland nach Deutschland eingeführt, die meist auf alte Blutlinien aus Neuengland zurückgingen.

So importierte Volker Schön die Hunde Innisfree Ferg und Innisfree Savage Sam aus den USA, die heute in den Ahnentafeln zahlreicher deutscher Ausstellungshunde zu finden sind. Sams Vater war der bekannte Ch. Innisfree's Sierra Cinnar.

Zwischen 1969 und 1979 wurden etwa 175 Würfe registriert. Nach der Wiedervereinigung Deutschlands wurde der Genpool für die Rasse plötzlich um ein Vielfaches vergrößert, so dass es heute etwa 15.000 eingetragene Huskies und cirka 700 Neueintragungen pro Jahr gibt.

DEUTSCHE ZUCHTVERBÄNDE

Der Dachverband für Hundezucht in Deutschland ist der Verband für das Deutsche Hundewesen (VDH), der wiederum dem internationalen Dachverband Fédération Cynologique Internationale (FCI) angegliedert ist. Der VDH versammelt unter einem Dach die einzelnen Rassezuchtverbände, die dazu autorisiert sind, Prüfungsordnungen und anderes Regelwerk zu erlassen, so beispielsweise ein Zertifikat zur Bescheinigung des HD-Status. In Deutschland wird der Siberian Husky nach FCI-Standard gerichtet.

Heute existieren zwei Zuchtverbände für den Siberian Husky. Der erste, der *Deutsche Club für Nordische Hunde* (DCNH) wurde 1968 gegründet und betreut heute 24 verschiedene nordische Hunderassen, wovon die Siberian Huskies allerdings den größten Anteil stellen. Der DCNH vergibt auch Auszeichnungen an erfolgreiche Musher, die auf den Ahnentafeln der jeweiligen Hunde verzeichnet werden. Außerdem werden die Augen aller Hunde auf eventuell vorhandene Erbkrankheiten überprüft.

Der zweite Verband wurde 1991 gegründet und nennt sich *Siberian Husky Club Deutschland e.V. (SHC)*. Er zählt etwa 250 Mitglieder und spricht hauptsächlich Musher an, die aktiv mit ihren Hunden im Geschirr arbeiten.

Um zur Zucht zugelassen zu werden, muss der Hund zunächst einen Arbeitsnachweis erbringen. Dazu zählt beispielsweise der Nachweis von einhundert auf Schnee zurückgelegten Rennkilometern, was in der Regel kein größeres Problem darstellt, da während der Wintermonate praktisch jedes Wochenende an irgendeinem Ort Rennen ausgerichtet werden.

In deutschen Ausstellungsringen sieht man heute in der Regel etwa 30 - 50 Hunde, die den Richtern vorgestellt werden. Diese Hunde rekrutieren sich aber nicht alle aus Deutschland, sondern zum Teil auch aus Ländern wie Belgien, Frankreich und Italien.

Das erste deutsche Schlittenhunderennen fand im Februar 1972 im sauerländischen Latrop statt. Drei holländische Fahrer nahmen daran teil. Im darauf folgenden Jahr waren bereits 14 Teilnehmer aus unterschiedlichen Ländern zu verzeichnen, darunter auch vier aus Deutschland.

Heute konkurrieren etwa 800 deutsche Musher mit reinrassigen Siberian Huskies regelmäßig auf Wettkämpfen neben Teams aus Alaskan Huskies oder anderen Schlittenhunden. Für jedes Niveau findet sich das richtige Rennen und jeder kann sich das für ihn passende auswählen.

ITALIEN

Der vermutlich erste registrierte Siberian Husky Italiens war im Jahr 1975 die schwarz-weiße Hündin Majo de le Tre Torri. Herr Modesto Contiero hatte sie von einem in Italien lebenden Amerikaner erworben. Diese Hündin wurde zum ersten italienischen und internationalen Champion und wurde 1976 mit Ch. Matanuska's Chenuk Taku gepaart. Aus diesem Wurf behielt Herr Contiero eine Hündin namens Yaska dei Navajos; die spätere Mutter von Synuk dei Navajos, einem bekannten und oft eingesetzten Deckrüden.

Der erste Import nach Italien fand im Jahr 1975 statt. Monadnock's Happy Prince (Tawny Hill's Gaibryel ex Tawny Hill's Molina) wurde von Marisa Brivio Chellini, einer international bekannten Ausstellungsrichterin, ins Land gebracht. Ungefähr zur gleichen Zeit importierte Jessica Vallerino aus England eine Hündin namens Forstal's Ivich (Forstal's Kassan ex Micnicroc's Nanuska), eine Wurfschwester des ersten britischen Champions Ch. Forstal's Mikishar the Amarok.

Innisfree Savage Sam, ein Amerika-Import, spielt in vielen deutschen Zwingern eine Rolle.

Ch. Matanuska's Chenuk Taku (links) geht auf den ersten eingetragenen Siberian Husky Italiens, Majo dele Tre Torri (rechts) zurück.

Einen größeren Einfluss auf die italienische Zucht hatten jedoch die Hunde, die in den 1980er Jahren importiert wurden und die Grundlage für die Zucht bildeten. Viele von ihnen stammten aus dem Innisfree-Zwinger von Kathleen Kanzler. In den späten achtziger Jahren importierte Maura Bensi den roten Rüden Innisfree Golden Arrow und die graue Hündin Star Enchantress.

Viele der Spitzensieger von heute sind Kinder und Enkel der Hunde von Frau Bensi, Herrn Contiero und Herrn Cattaneo.

ZUCHTVERBÄNDE

Der Italienische Zuchtverband für Nordische Hunde (CIRN) wurde 1976 gegründet, um einige nordische Hunderassen zu schützen und weiter zu verbessern.

Der CIRN ist für italienische Besitzer, aber auch für Richter nordischer Rassen ein wichtiger und sehr rühriger Verband. Die Mitgliederzahlen sind stark angestiegen und der Verband betreut heute etwa zwanzig Rassen, darunter auch den Siberian Husky. Der Siberian Husky ist eine von vier Hunderassen, die während der letzten Jahre in Italien einen sehr starken Beliebtheitsaufschwung erlebt haben, weshalb der CIRN seine Betreuung im Verband in vier Sektionen aufteilte. Jede von ihnen hat ihre eigenen Repräsentanten und organisiert je nach Zuständigkeit Ausstellungen, ernennt Richter, plant Seminare oder veröffentlicht Bücher über die Rasse. Im Jahr 1998 führte der CIRN eine obligatorische Überprüfung aller Hunde auf erbliche Augenerkrankungen und Dysplasie der Hüftgelenke ein und nahm damit eine Vorreiterrolle in der Kontrolle von Erbkrankheiten ein.

DER SPORT

Es existieren verschiedene Arbeitshundeorganisationen, die Schlittenhunderennen auf regionaler oder nationaler Basis durchführen. Die bekannteste ist der Italienische

Der italienische und schweizer Champion Akzal (Innisfree's Red Calypso x Yukon Shadow.

Club für Schlittenhunde (CIS), welcher der FISTC angehört und nur rassereine Hunde zu den von ihm veranstalteten Rennen zulässt.

Weiterhin gibt es die Assoziation italienischer Musher (AIM), bei der alle Hunde zugelassen sind. Der CIS richtet die italienische Meisterschaft für Schlittenhunde aus, 1999 wurden im Januar und Februar vier Rennen in den Alpen durchgeführt. Die Teams werden in sieben Kategorien eingeteilt, das beste Team jeder Kategorie qualifiziert sich für die italienische Meisterschaft und wird dann für die Weltmeisterschaft in der Sprintdisziplin nominiert.

Außerdem wurde 1999 in Annaberg (Österreich) eine Meisterschaft über Mittel- und Langstrecke abgehalten; die Europameisterschaft im Sprint fand in Baqueira (Spanien) statt. Im Jahr 1998 erzielten die italienischen Musher mit dem Sieg von Giovanni Nardelli in der Klasse für sechs Hunde (Kategorie B1) und Alex Zanier in der Kategorie B2 auf dem internationalen Championat hervorragende Ergebnisse.

NIEDERLANDE

Die Jahrbücher des niederländischen Hauptverbandes für Zucht der Jahre 1934 und 1939 enthalten Fotos von Huskies, die Herkunft dieser Hunde ist allerdings unbekannt.

Vermutlich wegen des Zweiten Weltkrieges dauerte es viele Jahre, bevor zum ersten Mal ein Siberian Husky registriert wurde. Schließlich war es die Stewardess Liesbeth Urlus, die 1966 die ersten Siberian Huskies aus den USA mitbrachte. Dies waren der Rüde Kayak Thunder Taku und die Hündin Vaskresenya's Tanana Taku. Liesbeth begann ihre Zucht unter dem Zwingernamen Matanuska. Zwar hatte sie zahlreiche Würfe zu verzeichnen, der Einfluss ihres Zwingers auf die niederländische Zucht blieb aber insgesamt gering. Matanuska's Chenuk Taku war der Vater des ersten in Italien geborenen Wurfes und des A-Wurfes der deutschen Züchterin Anneliese Braun-Witschel (mit der Hündin Kara of Chippoorwill). Heute ist er in den Ahnentafeln der meisten Alka-Shan-Hunde zu finden.

Els und Lau van Leeuwen (Zwinger Kolyma) importierten eine ganze Reihe von Hunden aus dem Anadyr-Zwinger von Earl und Natalie Norris, so kamen die silbergraue Hündin Alaskans Chatka of Anadyr und der rot-weiße Rüde Alaskans Sha-Luk-King of Anadyr kurz nach den beiden Hunden von Liesbeth Urlus nach Holland.

Da Earl und Natalie Norris ihre Hunde sowohl arbeiteten als auch ausstellten, hatten die niederländischen Züchter das Privileg, ihre Zucht mit sehr gutem Ausgangsmaterial zu beginnen. Bekannte Zwingernamen der frühen Züchtertage waren Nancy van Gelderen-Parker (Green Beret, 1969), Leo Van Groenewegen (Naoyaks, 1970), Leo van Pieterson (Ilaranaitok, 1973), Hyls und Nies Heeringa (Komaksiut, 1975), Piet Van

Nimwegen (Sikusalingmiut, 1976) und andere.

In den frühen achtziger Jahren reiste Doug Willett vom amerikanischen Sepp-Alta Zwinger durch Europa und schrieb für das *Racing Siberian Husky Magazine* Artikel über die Hunde, die er dort gesehen hatte. Das Resultat war, dass Siberian Huskies aus den Niederlanden in der Folge einen starken Einfluss auf die Zucht in anderen westeuropäischen Ländern und in Skandinavien nahmen.

Bei der Gründungsveranstaltung des Siberian Husky Club Niederlande (SHKN) am 29. November 1969 waren alle damaligen Besitzer von Siberian Huskies anwesend. Zu den Gründungsmitgliedern zählten Liesbeth Urlus, Els und Lau van Leeuwen, Leo und Gerri Groenewegen sowie Nancy van Gelderen-Parker.

Das Hauptziel des neu gegründeten Clubs war es, einheitlich für den Erhalt eines dem Standard entsprechenden Arbeitshundes zu stehen, so war eine der ersten Richtlinien, die man einführte, die röntgenologische Untersuchung auf Dysplasie der Hüftgelenke.

Der Club begann mit 56 Mitgliedern und etwa 120 beim Dachverband registrierten Siberian Huskies. Zur regelmäßigen Information der Mitglieder wird eine Vereinszeitschrift herausgegeben.

Die erste Verbandsausstellung wurde am 07. Mai 1971 mit 29 Hunden abgehalten. Heute werden zu dieser Veranstaltung häufig auch ausländische Richter für diese Rasse gebeten. 1998 betrug die Zahl der Meldungen für die Ausstellung 125; als Richter waren Karsten Gronas aus Norwegen und Helga Vent aus Deutschland verpflichtet. Der sechsjährige Rüde Anartjok's Toesca, ein wunderschöner grau-weißer mit braunen Augen aus der Zucht von Karin van Eyk und im Besitz von Paul und Maya Brunner erhielt den Titel BOB (Best of Breed). Das CC für Hündinnen ging an Patouche of Novaja Semlja im Besitz und vorgestellt von Ton Kievits.

Das erste Rennen wurde 1966 vom Schweizer Club für Nordische Hunde in Axalp veranstaltet, Lau und Els van Leeuwen sowie Leo und Gerri Groenewegen nahmen teil. Bis zum Jahr 1996 war es in den Niederlanden von Gesetzes wegen untersagt, Hunde im Geschirr arbeiten zu lassen, weshalb viele Holländer gezwungen waren, ihre Hunde in anderen Ländern zu trainieren und antreten zu lassen. Als aber offensichtlich wurde, mit wie viel Eifer und Begeisterung die Hunde ihre Arbeit tun, wurde das Gesetz geändert.

Nancy van Gelderen-Parker's Green Beret Zwinger war einer der ersten Zwinger Hollands. Im Bild: Green Beret's Snowy Babbet, 1974.

NORWEGEN
Der erste Siberian Husky erreichte Norwegen im Jahr 1957 - ein von Gisle

Anartjok's Toesca, Best of Breed und Best in Show auf der Ausstellung des niederländischen Siberian Husky Clubs 1998.

Bang in Alaska erworbener Rüde namens Pogo. Dieser Hund wurde vom norwegischen Dachverband für Hundezucht als Siberian Husky anerkannt und registriert. Im Jahr 1958 schenkte Leonard Seppala der bekannten norwegischen Forscherin und Autorin eine weiße, beim AKC registrierte Hündin namens Molinka of Bow-Lake, die später mit Pogo zwei Würfe brachte. Die Familie Ingstad importierte später außerdem die Hunde Sepp und Sindy aus dem amerikanischen Norvik-Zwinger. Sie wählten *Brattalid* zum Namen ihres Zwingers, dem ältesten europäischen Zuchtzwinger für Siberian Huskies. Während der sechziger und siebziger Jahre wurde der Bestand von Brattalid beständig durch Importe, meist von Hunden aus Anadyr-Linien, ergänzt.

Norwegen ist ein Land des Wintersportes und der naturverbundenen Menschen, weshalb das schnell wachsende Interesse am Schlittenhundesport nicht weiter überraschend war. Der norwegische Siberian Husky Club wurde 1972 gegründet. Zu Beginn spannten die meisten Norweger ihre Hunde vor Pulkas oder nordische Schlitten mit einem nachfolgenden Skifahrer, aber schnell entwickelte sich unter den Mitgliedern des Clubs ein weiter gehendes Interesse am Schlittenhundesport. Schon bald wurde er so populär, dass in den siebziger Jahren diverse Rennen veranstaltet wurden. Weitere Importhunde kamen ins Land, wovon einige mehr Einfluss auf die Zucht nahmen als andere. Bis zum Jahr 1981 waren etwa 50 Hunde nach Norwegen importiert worden, seitdem kamen nur noch wenige Hunde ins Land. Norwegen hat sehr strenge Quarantänevorschriften, was die Einfuhr von Hunden relativ teuer werden lässt. Heute ist immer noch eine viermonatige Quarantäne für Hunde aus anderen europäischen Ländern vorgesehen, aber seit 1994 können Hunde mit dem Nachweis einer Blutuntersuchung und Tollwutimpfung einreisen, so dass norwegische Musher auch im Ausland zu Wettkämpfen antreten können und umgekehrt.

Die bedeutendsten Änderungen fanden statt, als der Schwede Ingvar De Forest vom Snowtrail-Zwinger in die USA und nach Kanada reiste, um elf Hunde zu kaufen (drei aus dem Zero-Zwinger, drei vom Igloo Pak-Zwinger, einen aus dem Arctic Trail-Zwinger und vier aus Anadyr). Begleitet wurde er von Karsten Gronas aus dem Vargevass Zwinger, der ebenfalls zwei Rüden erwarb.

Heute haben einige dieser Importe von 1978 eine Schlüsselfunktion in den Ahnentafeln schwedischer und norwegischer Hunde. In Norwegen waren die beiden Vargevass-Importe am bedeutendsten: Arctic Trail Fang und Yeso Pac's el Diablo. Die einflussreichsten der schwedischen Hunde waren Zero's Dargo, Zero's Cider, Zero's Milky Way, Alaskans Mona of Anadyr, Arctic Trail's Amber, Igloo Pak's Beaver,

Siberian Huskies in aller Welt

Igloo Pak's Chena und Igloo Pak's Shagtoolik.

Über die Jahre hinweg gab es in der Siberian Husky-Szene immer wieder Diskussionen zum Thema Ausstellungshunde und Gebrauchshunde. In Skandinavien gab es während der siebziger Jahre eine Blutlinie von Ausstellungshunden, aber durch das wachsende Interesse am Schlittenhundesport wurden sie niemals besonders populär. Später diskutierte man die Frage der nordischen Rennen. Für die Pulka-Rennen sahen die Reglements eine recht hohe Zuglast vor, weshalb man versuchte, entsprechend große Hunde zu züchten, um in dieser Disziplin konkurrenzfähig zu bleiben. Als man aber das Gewicht reduzierte und mehr Menschen sich dem Schlittenhundesport zuwandten, erledigte sich das Problem von selbst.

Schließlich kam es noch zu einer größeren Debatte über die Frage der aus dem Zero-Zwinger importierten Hunde: Waren es Siberian Huskies oder nicht? Darüber stritt man sich bis zum Jahr 1985, als alle Hunde zu den Rennen zugelassen wurden, nicht nur die rassereinen. Die meisten Züchter, die mit Zero-Blutlinien arbeiteten, verlagerten sich auf Alaskan Huskies, so dass die Gemüter sich wieder beruhigten. Heute existieren Zwinger, die Zero-Hunde völlig aus ihren Ahnentafeln verbannt haben und andere, die hauptsächlich mit ihnen züchten; die meisten Hunde in Norwegen tragen jedoch eine Mischung der gängigsten Blutlinien in sich. In Norwegen einflussreiche Zero-Hunde waren, neben den schwedischen Hunden, Zero Bumper, Sparkey, Gleemer, Spaceman, Blizzard, Ruh-Hoe und Jeeree.

Die größte Welpenzahl wurde in Norwegen 1984 erreicht, als 565 Siberian Huskies eingetragen wurden. Der Schlittenhundesport hatte den Gipfel seiner Beliebtheit erreicht, kurz bevor die Rennen für alle Hunde geöffnet wurden. Seitdem hat die Zahl der Welpeneintragungen nach und nach abgenommen und sich bei etwa 150 Registrierungen pro Jahr eingependelt. Die letzten amerikanischen Importe waren Ash of Markovo (importiert von Karsten Gronas) und Ezra of Sepp-Alta (importiert von Oivind Nord). Ash war in der skandinavischen Zucht von größerer Bedeutung als Ezra.

Der einflussreichste norwegische Zwinger ist Vargevass. Karsten Gronas erwarb seinen ersten Siberian Husky 1965 und ist der Rasse seitdem treu geblieben. Neben den amerikanischen Hunden nahm auch Thalitta of Kolyma Einfluss auf die frühe Zuchtarbeit. Karsten Gronas führte stets einen der größten norwegischen Zwinger für Siberian Huskies und war auch ein führender Rennfahrer. Über die Jahre hinweg gingen auch viele seiner Hunde ins Ausland. Früher war er hauptsächlich in Sprintrennen aktiv, hat sich aber jetzt eher auf mittlere Distanzen spezialisiert.

Weitere in norwegischen Ahnentafeln bedeutende Hunde stammen aus der Zucht gut bekannter Musher wie Asbjorn Erdal Aase, Kjetil Hillestad (Speedos-Zwinger) und Roger Legård (Teamster-Zwinger).

Auch Christen R. Andersen (Zwinger Finnemarkas) brachte eine Reihe von Hunden nach Norwegen, die die skandinavische Zucht beeinflussten: Natomahs Neka Nemik und Lisa, Arctic Trail's Graatass, Igloo Pak's Daisy, Zero's Sparkey, Gleemer und Ruh-Hoe.

Ein weiterer Zwinger, der zahlreiche Hunde exportierte und Einfluss auf andere Zwinger nahm, ist Vargteam (Ole Dag Lovold).

Seitdem die Schlittenhunderennen in

Norwegen für alle Hunde geöffnet wurden, hat das Interesse an rassereinen Schlittenhunden spürbar nachgelassen. Die am Wettkampfsport interessierten Menschen wichen eher auf Alaskan Huskies und Jagdhunde aus, »Freizeitfahrer« wählten in der Regel rassereine nordische Hunde. Norwegen bietet fast endlose Weiten unberührter Natur, in denen sich Menschen mit ihren Siberian Husky-Teams entspannen können, ohne jemals in ihrem Leben an einem Rennen teilzunehmen. In den letzten Jahren war ein leicht gestiegenes Interesse an Langstreckenrennen mit Siberian Huskies feststellbar und auch neue Zuchtzwinger sind entstanden; auf norwegischen Sprintrennen spielen Siberian Huskies, übrigens im Gegensatz zu Schweden, jedoch absolut keine Rolle.

Sowohl in Norwegen als auch in Schweden ist das Interesse am Ausstellen von Siberian Huskies sehr gering, aber auch hier zeichnet sich ein leichter Aufschwung ab und in beide Länder wurden neue Hunde eingeführt.

SPANIEN

Der erste Siberian Husky wurde 1981 von Bartolome Bernal importiert – die Hündin Verite's Magic Maiden, später spanischer Champion. 1983 folgte ihr der Rüde Kohoukek's Jaro Jaro. Jaro wurde internationaler spanischer Champion und Vater weiterer Champions wie Donna De la Espanola, Zorba de la Espanola und Jaro de la Espanola. 1984 wurde die Hündin Kortar's Tara of Madrid aus den USA importiert und wurde Mutter von Isla de la Espanola, die auf der National Specialty Show von 1989 den Titel *Best of Breed* errang. Sekene's Image of Innisfree, ein kanadischer Champion, wurde ebenfalls von Bartolome Bernal nach Spanien gebracht und wurde Reservesieger bei der Weltausstellung von 1987. Einer der Top-Deckrüden der 80er Jahre war Innisfree Chateaugay, der heute in vielen Ahnentafeln zu finden ist.

Fernando Salas gründete seinen Lupiak-Zwinger im Jahr 1982. Sein erster Siberian Husky Ch. Tarnak stammte aus Frankreich und gewann 1984 die National Specialty.

Arctic Blue ist der Zwingername von Rhonda Hayward, die seit 1983 züchtet. Aus den USA importierte sie die Hündin Portbay's Lady Foxfire, die Mutter von Arctic Blue's Winter Melody, die 1991 ihren Championtitel erhielt. Ch. Arctic Blue James Bond, ein schwarz-weißer Rüde, erreichte sein Championat 1991. Er ist ein Sohn von Innisfree Chateaugay und Karnovanda's Shasta Groznyi und gewann die National Specialty 1993.

Ch. Artic Blue's Texas Ranger, ein rot-weißer Rüde im Besitz von Antonio Llado Gaspar und Daniela Vidal Leaver vom Winterfrost-Zwinger wurde 1994 als Welpe gekauft und wurde 1996 in Österreich zum Weltchampion, spanischer Champion und BOB auf der National Specialty 1998.